KB274767

퓨처코드

대한민국 미래 트렌드

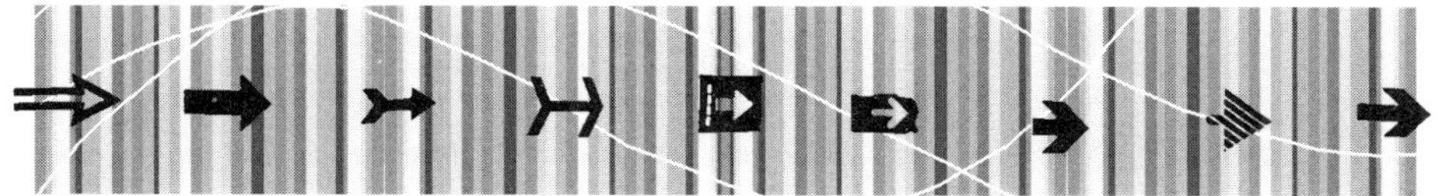

미래전략포럼 지음 | **IT전략연구원 · 이각범** 편저

한국경제신문

미래는 불가피한 것입니다. 미래는 반드시 찾아오게 마련입니다. 그러나 그 미래의 모양을 우리가 선택할 수 있습니다. 즉 미래는 만들어질 수 있는 것입니다. 그러기에 우선 어떤 미래를 원하는가를 결정하는 것이 중요합니다.

개인이든 나라든 미래에 대한 꿈이 발전의 시발점이 될 수밖에 없습니다. 우리는 아직도 전통적인 강대국이 되는 꿈을 버리지 못하고 있습니다. 고구려의 광개토대왕이나 신라의 장보고를 생각할 때마다 흥분하는 이유가 바로 거기에 있습니다. 그러나 전통적 군사력이나 기동력을 앞세웠던 강대국의 시대는 이미 지나가고 있습니다. 새로운 소프트파워soft power, 즉 지식, 정보, 문화가 국력의 중심이 되는 시대가 도래한 것입니다.

소프트파워, 네트워크, 유비쿼터스의 시대는 우리 한민족에게 위대한 문화대국을 건설할 수 있는 역사적 기회를 열어주고 있습니다.

빈부격차 등으로 말미암은 인류 공동체의 파탄이나 지구온난화 등에 따른 자연환경의 파괴를 예방하는 노력에도 앞장설 수 있는 기회가 온 것입니다.

이러한 시대적 소명에 부응하여 우리의 꿈을 이루려면 치밀하고 현명한 미래전략을 짜고 가다듬는 작업이 시급합니다. 미래전략포럼의 《퓨처코드Future Code》가 바로 그러한 작업의 출발을 알리는 종소리가 되기를 기대합니다.

중앙일보 고문, 전 국무총리

이홍구

이 책을 열며

현대 사회의 빠른 변화속도와 역동성으로 인해 미래의 불확실성은 상대적으로 증가하고 있지만, 오히려 준비된 자에게는 새로운 도전의 기회로 다가오기도 합니다. 물론 그 기회는 미래에 대한 통찰력과 이를 바탕으로 한 철저한 대비에서 나올 것입니다. 특히 'IT 강국'이라는 세계적 명성을 넘어 디지털 지식국가로 변화하는 중심에 서 있는 우리나라의 경우, 그 미래에 대한 준비가 어느 때보다 더욱 절실히 요구되고 있습니다.

'모방은 창조의 어머니'란 말이 있습니다. 지금까지 창조적 발전의 역사는 모방을 바탕으로 시대가 원하는 적합한 변형을 통해 이루어진 경우가 많았습니다. 완전히 새로운 창조보다는 모방을 통한 재창조가 각광을 받는 'the survival of the fittest'가 사회 전반에 걸쳐 설득력을 갖고 있었습니다. 하지만 창조적이며 생산적인 발상에 더 많은 가치가 부여되고, 지적 재산권이 강화되는 등의 새로운 환경 속에서는 2등이 모방을 통해 1등이 되는 과거의 사례들이 더 이상 반복되기는 어렵습니다. 미래 지식정보사회에서는 이전에 없던 가치를 창조하는 'the survival of the creator'가 핵심경쟁력이 되어 새로운 시대를 정의하는 패러다임으로 자리 잡게 될 것입니다.

정보화시대의 선두주자로 그 위상을 지켜나가기 위해서 우리나라는 창조의 산실이 되어야 합니다. 이제 우리 스스로가 미래의 방향을 설계하고 한 발 앞서 나아가 우리의 방향이 곧 다른 국가의 미래가 되도록 노력해야 합니다. IT 강국의 선도적인 위치에서 우리만의 고유하고 창조적인 미래 모델을 디자인해야 합니다. 이를 위해서 중장기적인 비전 수립과 전략적 실행이 선행되어야 함은 물론입니다. 이 모든 것이 대한민국의 미래를 위한 필수요건입니다.

이런 맥락에서 지난 5년간 미래전략포럼은 우리나라의 다양한 분야를 대표하는 전문가들이 머리를 맞대고 각자의 지식과 지혜를 교류·공유하며 창조적 시너지 효과를 이끌어내왔습니다. 활동의 결과물들은 작게는 개별 기업들이 장기적인 안목에서 미래를 예측하고 새로운 성장기회를 모색할 수 있도록 하는 데 도움이 될 것이며, 크게는 급변하는 글로벌 경영환경, 에너지, 사회, 문화, 콘텐츠, 환경 등 시대적인 요청을 이끌어갈 다양한 주제들을 발굴하여 선도적인 국가전략과 미래 비전을 제시하는 데 역점을 두고 있습니다.

미래의 새로운 가치를 창조하고 사회 각 분야에서 지속 가능한 성장을 이루기 위해서 우리에게 필요한 것은 폭넓은 지식과 경험, 날카로운 분석력, 그리고 앞을 내다보고 통찰하는 혜안입니다. 미래학자 앨빈 토플러는 지식이 상호 작용하면 더 거대하고 힘 있는 지식으로 재편된다고 했습니다. 다양한 분야의 전문가들이 상호 작용하여 만들어낸 힘 있는 지식이 담긴 《퓨처코드Future Code》가 미래 사회를 여는 마스터 키로 다가설 수 있기를 기대합니다.

KT 대표이사 사장

남 종 수 드림

신문명의 커다란 전환점에서 세계의 주요 국가와 일류 기업은 급변하는 세계 조류를 주도적으로 수용하기 위하여 미래 비전을 만들고, 이를 실현하기 위한 체계적 준비에 힘을 쏟고 있습니다.

미래를 연구하는 데는 두 가지 목적이 있습니다. 하나는 변화의 추세를 이해하고 다가올 미래를 예측하는 것입니다. 다른 하나는 변화에 대한 적응 수준을 뛰어넘어 변화를 창조함으로써 미래의 주체가 되고자 하는 것입니다.

이 두 가지 목적을 실현하기 위해 '미래전략포럼'이 조직되었습니다. 미래에 대한 장기적 비전을 갖고 구체적인 전략을 수립하여 세계를 주도할 수 있는 대한민국을 만들고자 하는 커다란 포부를 가지고 시작된 것입니다.

지난 5년간 '미래전략포럼'을 통해 우리나라 각 분야의 전문가들이 높은 안목과 지혜를 모아 미래를 창조적으로 이끌어나갈 비전과 전략을 연구하는 소중한 기회를 가져왔습니다. 이제 그 연구성과의 일부나마 많은 이들과 공유할 수 있는 기회를 마련하고자 《퓨처코드 Future Code》를 출간합니다.

미래는 창조적 시각으로 새로운 가치를 만들어가는 사람들의 것입니다. 이 책이 세계 일류 국가, 기업, 국민을 꿈꾸는 모든 사람들에게 미래를 예측하고, 혁신하고, 창조해가는 데 도움이 되는 지침서가 되기를 바랍니다.

미래 연구에 대한 취지에 동감하고 적극적으로 참여해준 국내 최고의 전문가 집필진과 포럼을 후원해준 KT에 깊이 감사를 드립니다. 또한 출판에 힘써준 한국경제신문에도 고마움을 전합니다.

2008년 1월
IT전략연구원장

| 차례 |

추천사 이홍구 _ 중앙일보 고문, 전 국무총리 · 003
추천사 남중수 _ KT 대표이사 사장 · 005
발간사 이각범 _ IT전략연구원장 · 008

Future Code　1부 │ **대한민국의 미래**

01 _ 2008년 대한민국 국가전략 · 015
　　이각범 (재)IT전략연구원 원장, 전 청와대 대통령비서실 정책기획 수석 비서관

02 _ 미래를 보는 틀 · 034
　　김진현 (재)IT전략연구원 이사장, 전 과학기술처 장관

03 _ 세계화와 한국의 선택 · 049
　　박세일 서울대학교 국제대학원 교수

04 _ 그물망 지식국가로 거듭나는 한반도 · 063
　　하영선 서울대학교 외교학과 교수

05 _ 흔들리는 가족 : 위기인가, 기회인가? · 076
　　함인희 이화여자대학교 사회학과 교수

06 _ 세상을 이끄는 힘, 에너지와 그 미래 091
　　심상렬 에너지경제연구원 에너지정책연구본부 선임연구위원

07 _ 지구가 살아야 인간도 산다 · 105
　　윤성규 국립환경과학원 원장

 2부 | **기업의 미래**

01 _ 미래의 기업 • 123
곽수일 서울대학교 명예교수

02 _ IT 산업의 경쟁력, 인재가 답이다 • 134
김재철 동원그룹 회장

03 _ 성공하는 기업의 미래전략 • 139
이각범 (재)IT전략연구원 원장, 전 청와대 대통령비서실 정책기획 수석 비서관

04 _ 미래 노동세계, 빛과 그림자 • 151
김장호 숙명여자대학교 경제학부 교수

05 _ 중국의 성장과 한국 기업의 과제 • 161
정영록 서울대학교 국제대학원 교수

 3부 | **문화의 미래**

01 _ 미래 문화 콘텐츠는 어떻게 진화하는가? • 177
서병문 단국대학교 멀티미디어공학 전공 교수

02 _ 현실과 환상이 교차하는 문화 콘텐츠 세계 • 191
심상민 성신여자대학교 문화 · 커뮤니케이션학부 문화콘텐츠 전공 교수

03 _ 음악 산업, 위기 속에서 미래를 꿈꾸다 • 207
방극균 예전미디어 대표 ㅣ 안석준 워너뮤직코리아 부사장

04 _ 한국 영화 르네상스여, 다시 한 번 • 221
최평호 CJ 엔터테인먼트 영화사업 본부장

Future Code | 4부 | 기술의 미래

01 _ 유비쿼터스 미래와 글로벌 선도 전략 • 237
천경준 삼성전자 부사장

02 _ 미래 디지털 기반 사회 시스템 • 251
김현곤 한국정보사회진흥원 연구위원

03 _ 정보통신 산업에서 경쟁의 힘 • 262
양승택 부산과학문화진흥회 이사장, 전 정보통신부 장관

04 _ 소프트웨어의 미래와 새로운 도약의 기회 • 274
고현진 LG CNS 부사장

05 _ 미래 도시로의 초대 • 287
연해정 U-Mobile(말레이시아 이동통신 사업자, KTF 지분투자) CEO

Future Code

1부

대한민국의 미래

2008년 대한민국 국가전략 **이각범**

미래를 보는 틀 **김진현**

세계화와 한국의 선택 **박세일**

그물망 지식국가로 거듭나는 한반도 **하영선**

흔들리는 가족 : 위기인가, 기회인가? **함인희**

세상을 이끄는 힘, 에너지와 그 미래 **심상렬**

지구가 살아야 인간도 산다 **윤성규**

FUTURE CODE 퓨처코드

2008년 대한민국 국가전략

이각범 ㅣ (재)IT전략연구원 원장, 전 청와대 대통령비서실 정책기획 수석 비서관

ㅣ 2008년의 의미

20 08년은 새로운 정부가 새로운 국정을 펴는 첫해인 동시에 새로운 시대의 획을 긋는 첫해이기도 하다.

'잃어버린 10년'으로 명명된 지난 10년 동안 우리나라가 발전의 역동성을 잃어버리게 된 가장 큰 이유는 문명사적 대전환이 일어나는 세계적 흐름에 순응하지 못했기 때문이다. 지난 10년의 집권 엘리트층이 나라 안의 주류세력 교체에 성공하는 동안 대한민국은 세계의 주류에서 한발 물러서 있었다. 지난 10년의 우리 사회는 미래지향적이지 못하고, 세계 지향적이지 못한 낡은 패러다임에 묶여 있었다. 낡은 이념적 성향은 포퓰리즘적인 정책을 낳았고 이는 다시 국가경쟁력이 저하되고, 국민적 자신감이 상실되는 결과를 낳았다. 이러한

까닭에 우리나라는 세계적 흐름에 주도적으로 참여하지 못한 채 세계 경제 서열에서 차지하던 지위가 조금씩 밀려나게 되었다.

우리 사회에서 흔히 통용되고 있는 진보-보수라는 이념적 대치점은 기실 산업사회적 이분법에 입각하여 형성된 낡은 도식이다. 지식정보사회는 세계화와 정보화를 통하여 전개되는 세계적 변화에 실시간으로 대응해야 하기 때문에 낡은 이념의 경직된 구분에서 탈각하여 실사구시의 원칙에서 접근해야 한다. 변화의 속도가 워낙 빠르기 때문에 유연성을 갖추어야 된다. 열린 눈으로 세계의 네트워크를 활용할 수 있는 진취적이며 개방적인 비전이 필요하다. 그러므로 잃어버린 10년을 회복하여 국가경쟁력을 향상시키고 삶의 질을 높일 재도약의 10년을 이룩하려면 지식정보사회의 패러다임에 입각한 발전전략이 필요하다.

▎ 소프트파워의 시대

지난 세기까지 강대국은 하드파워의 강대국이었다. 자본력, 군사력 등이 하드파워를 대변한다. 이에 반해 지식정보사회에서는 국력의 큰 비중이 지식력, 정보력, 문화력, 기술력, 품격 등 소프트파워에 있을 것이다.

소프트파워에는 크게 보아 두 가지 범주가 있다. 첫번째 범주는 자유민주주의와 시장경제를 기본 체제로 하는 근대산업사회의 제도적 힘이다. 두번째 범주는 지식정보사회의 힘으로서 조셉 나이(J. Nye)

교수가 언급한 지식력·문화력 등이다. 21세기적 의미의 소프트 파워로서 선진국들이 이를 경쟁력의 핵심요소로 파악하고 획득경쟁을 벌이고 있는 힘이다.

근대 선진국가는 기나긴 산업화와 민주주의 형성과정을 거치는 동안 첫번째 범주의 소프트파워를 이미 갖추었다. 우리나라도 압축적 산업화와 뒤이은 민주화 과정을 거치는 변동기적 특성을 극복하고 근대사회의 제도적 기반을 완성하기 위하여 노력해야 한다.

첫째, 법과 원칙이 살아 있는 법치의 실현이다.
둘째, 사회적 신뢰의 수준을 높여야 한다.
셋째, 공정한 경쟁의 터전을 확립해야 한다.

현재 선진국으로 분류되고 있는 나라들이 지식정보사회에서 발전의 관건으로 생각하는 것은 21세기형 소프트파워를 키우는 일이다. 선진국을 지향하는 우리나라는 근대국가적 소프트파워를 다지며, 동시에 새로운 시대의 진검승부처인 소프트파워를 키워나가야 하는 이중적 과제를 안고 있다.

새로운 시대 소프트파워의 첫 번째 요소는 지식력이다. 지식정보사회의 총체적 기반이 되는 지식의 힘은 새로운 권력자원으로 부상했다. 지금까지 세계에서는 GDP 규모, 1인당 국민소득 등 경제적 힘을 가지고 한 국가의 경제적 위상을 평가하여 왔다. 이제는 세계지식질서 안에서 국가의 위상이 달라진다. 기초과학, 기술력은 물론 인문과학적 지식, 합리적 의사소통의 구조, 사회를 통찰하고 조직할 수 있는 노하우를 통틀어 한 나라의 지식력이라고 하며, 바로 지식력이 소프트파워의 핵심을 구성하는 것이다. 오늘날 미국의 연구소나 언론기관들이 생산한 정보와 지식이 전 세계의 여론 주도층에 던지는 엄청난 영향을 감안하여 볼 때 10년 후 지식력과 정보발신력을 갖춘 나라는 세계적 담론 형성 과정에서 더욱 큰 비중을 차지하게 될 것이다.

소프트파워의 두 번째 요소는 문화 콘텐츠 실력이다. 지식력이 논리적, 이성logos적 기반 위에서 형성되는 것에 대비하면 문화 콘텐츠 실력은 감성pathos적 기반 위에서 형성된다. 21세기 커뮤니케이션의 방식은 지식과 더불어 감각과 상상력을 풍부하게 담게 되므로 한 국가 안에서 감각을 창조하는 모든 실력이 이에 해당된다. 문화, 디자인, 커뮤니케이션 능력과 더불어 감동적인 역사 소재 등이 문화 콘텐츠 실력을 만들어낸다. 할리우드는 전 세계 문화와 대화의 소재가 되었으며 생활방식을 결정하는 중요한 척도 중의 하나가 되었다. 문화 콘텐츠 실력은 한 국가의 가치와 생활방식이 세계적으로 수용될 수 있는 근거를 제시하므로, 한 국가 안의 특수한 가치를 세계적인 보편적 가치로 전화할 수 있는 힘을 가지고 있다.

소프트파워의 세 번째 요소는 이미지다. 한국과 한국인이라고 하면 떠오르는 이미지가 우리나라의 소프트파워를 구성하는 요소 중의 하나이다. 프란시스 후쿠야마가 강조하는 신뢰라든가 위생적 청결, 개방적인 국민의 태도, 유연한 사회적 담론 구조 등이 한 사회의 이미지를 만들고 있다.

소프트파워는 이와 같이 한 국가를 세계 속에서 자리 매김한다. 세계와의 연관 속에서 국가의 실력이 길러지는 경향이 더욱 가속화될 10년 후 북한이 폐쇄적인 '강성대국' 전략에 의존하여 이 지구상에서 계속 존속될 수 있을 것인가를 예측하는 것은 대단히 어려운 문제이다.

| 세계화 · 정보화 · 지방화

산업사회에서 국민국가가 갖는 특권적 지위는 세계화 시대, 지식정보사회에서 상대적 지위로 변화한다. 세계와 시민사회가 국가와 더불어 나라 안팎의 정치와 행정을 통제하는 힘을 분점하는 시대로 이행하는 것이다. 이러한 이행의 과정에서 세계적 범위, 국가적 범위, 지방적 범위, 시민사회의 범위 등 다양한 차원에서 네트워크가 형성된다. 국가는 이에 따라 종래의 지위에 근거한 힘은 점차적으로 잃어버릴 것이나, 네트워크를 구사하는 실력에 따라 새로운 힘을 얻게 될 것이다.

산업사회의 근대국가가 갖던 독점적 지위가 지식정보사회에서 상대적 지위로 변화하면서 정부 중심의 국정운영은 거버넌스 형태로 전환하게 된다. 이에 따라 정부의 역할도 정책결정자decision maker 역할에서 조종steering의 역할로 바뀌어가고 있다. 10년 후 정부의 모습은 세계, 정부, 지방자치단체, 시민사회, 시장이 함께 참여하는 협치協治의 맥락에서 찾게 될 것이다. 이의 가장 대표적 예로, 지식정보사회의 새로운 경제 환경에 유연하고 전략적으로 대응하기 위하여 중앙정부-지방자치단체로 수직계열화한 통치조직을 중앙정부와 지방 정부의 협치로 바꾸어야 한다. 지난 5년 동안의 국토균형개발론은 중앙의 정부기관과 공공기관을 제각각 떼어내 각 지방으로 분산 배치하는 것을 목표로 하였다. 이 작업이 완료되면 중앙정부와 공공기관의 행정비효율성이 대폭 증가할 뿐, 세계와 지방의 네트워크 구축이라는 21세기형 지역발전방식은 먼 나라의 이야기가 된다. 진정한 세계화와 정보화, 그리고 지방화의 선진적 정착은 중앙정부의 지리적 분산이라는 매우 어설픈 포퓰리즘적 공작이 아니라 지방을 세계와 경쟁할 수 있게 세계-중앙정부-지방을 수직적 위계체계에서 수평적 협력체계로 바꾸는 것이다. 이렇게 하면 지방경제를 바탕으로 세계적 경쟁력을 가진 소프트 산업을 육성할 수 있으며, 지방의 지식경쟁력, 문화경쟁력, 환경을 포함한 생활경쟁력을 향상시킬 수 있다.

세계사회, 지식정보사회에서 선진국이 되려면 선진국의 역할을 수행해야 한다. 개발도상국 지위를 향유하면서 선진국과 같은 책임과 권리를 가질 수 없기 때문이다. 그러므로 전 세계가 당면과제로 설정하고 있는 지구온난화의 억제와 이산화탄소 배출의 문제, 세계적 자원 개발과 배분의 규제, 자유무역의 확장과 도전 등의 이슈에 대하여 분명한 비전과 전략을 갖출 수 있어야 한다. 이러한 과제들에 대한 논의는 이미 오래전부터 양자간 협의에서 다자간 협의로, 나아가 세계적 협의 단계로 차원이 격상하고 있으므로, 우리나라도 이러한 세계적 논의에 보다 주도적으로 참여함으로써 세계의 책임 있는 일원임을 보여주어야 한다. 또한 '위험사회'는 국제정치적 차원으로부터 생활공간의 차원으로 확산되었다. 이에 따라 테러리즘의 문제, 핵 문제 등 지구적 네트워크가 작동하여야 하는 문제군問題群 또한 다양해지고 있다.

세계적으로 네트워크의 범위가 확산되고 지식이 문제의 파악과 해결에 중요한 변수로 떠오름에 따라 IT를 중심으로 하는 지식정보역량은 세계적 네트워크를 구성하는 데에 우리의 중요한 자산이 될 것이다.

경쟁과 협력의 세계적 네트워크는 이제 보다 치밀해지고 있다. 나라가 발전하려면 이러한 세계적 변화에 대해 보다 장기적이고 구조적인 비전을 가져야 한다. 그리고 지식정보역량을 강화하여 세계적 네트워크에서 보다 적극적인 역할을 할 수 있어야 한다.

| 민주주의의 변화

정부의 역할이 변화하고 시민의 참여가 확대되면서 민주제도의 운영방식 또한 변화할 수밖에 없다. 다원적 사회에서 민주주의는 다양한 집단의 다양한 이해를 반영하여 사회적 합의를 이끌어내는 기능을 수행한다. 그러나 기존의 국가를 단위로 하는 사회의 범위를 넘어서서 세계-국가-지방으로 다층화된 사회에서 차원이 다른 이해를 협의하고 조정하는 일은 쉬운 일이 아니다. 세계적 수준에서 통용되는 보편적 이해와 국내 이익집단의 구체적이고도 특수한 이해가 충돌하는 과정은 합의를 어렵게 만든다. 토론과 협의 끝에 다수결의 원칙이 작동하던 민주주의의는 국내용이라는 한계를 지닌다. 국내에서는 대중 민주주의가 포퓰리즘으로 흐를 수밖에 없는 개연성을 지니고 있지만 세계적 차원에서 포퓰리즘은 통하지 않는다. 왜냐하면 세계적 보편가치를 실현하는 데 도움을 주지 못하기 때문이다.

　이제 대중민주주의의 취약성은 질적으로 보완되지 않으면 안 되게 되었다. 아마도 10년 후 민주주의는 숙의민주주의deliberate democracy의 면모가 훨씬 강화된 형태로 발전될 것이다. 그렇지 않으면 민주주의에 대한 심각한 도전이 전개될 것이기 때문이다. 숙의민주주의가 정착되려면 시민사회의 자유 공간이 넓어져야 한다. 특정한 이념집단이 토론의 장을 독점하며, 대중을 교양한다는 입장에서 벗어나 다양한 의견이 자유스럽게 표출될 수 있어야 한다. 그리고 세계의 나아가는 방향을 담지하고 수용하는 비전이 민주적 의사결정에 큰 비중을 차지해야 할 것이다. 숙의민주주의가 긍정적으로 자리 잡으려면 합리적 이성이 지배하는 건강한 공공영역이 형성되어야 하며, 대중사회적 요소와 지식사회적 요소가 결합해야 할 것이다.

세계 각국의 21세기 전략

세계 각국은 당면한 21세기적 문맥에서 사회적 문제들을 해소하고, 일류국가가 되기 위한 전략의 핵심으로서 지식역량을 집중적으로 동원하고 있다.

우선, 중국을 살펴보자. 중국은 2050년까지의 21세기 국가 디자인을 했으며, 이를 다시 10년 단위로 세분화하여 구체적 상황평가와 전략을 구사하고 있다. 이 전략에는 21세기의 새로운 문명을 조합하여 21세기 중반까지 풍요롭고 민주적이며 문명화한 사회주의를 건설한다는 비전을 담고 있다.

현재 중국은 인구팽창, 부족한 자원, 환경오염과 생태계 파괴, 경제와 사회의 괴리현상으로 많은 부담을 안고 있다. 낡은 산업화 모델을 탈각하여, 조화로운 사회 건설이라는 궁극적 목표를 달성하기 위하여 이러한 부담은 반드시 극복해야 할 과제다. 이에 2007년 10월 15일 폐막된 중국의 전국인민대표자회의에서 후진타오 중국 국가주석은 환경과 격차시정을 중시하는 '과학적 발전관'을 채택했음을 보고했다. 이는 정치적으로 국민의 정치참여 요구와 중국공산당의 사회주의 지도력 사이에서 조화점을 찾으며, 경제적으로 고강도 긴축정책과 성장 모델을 조정하여 분배와 혁신을 중시하는 전략을 의미한다. 그리고 사회적으로 경제발전 못지않게 민생안정에 역점을 두며, 문화보호를 당의 정책으로 명시하여 역사 속에 살아 숨 쉬는 현대를 구현하고자 하는 모델을 채택했다.

다음으로 일본의 경우를 보자. 일본은 침체되었던 경제를 회복하면서 구조를 역동적으로 바꾸고자 한다. 새롭게 부상하는 동아시아를 중시하여 자유경제권을 형성하며, 민간자유형 경제사회를 더욱 높은 수준으로 발전시키는 목표를 달성하기 위하여 장기전략을 펴고 있다.

이를 위하여 지구환경문제 대응 등 현재 전 지구적으로 문제가 되고 있는 부분을 일본 주도로 해결하는 데 앞장서며, 과학기술을 진흥함으로써 일본의 잠재력을 높이고, 저출산 고령화 사회에 대비한 장기적이고 체계적인 준비에 만전을 기울인다는 계획을 세우고 있다. 그러면서도 전 세계가 각축하고 있는 자원획득, 지식정보사회로의 진입에 적극적인 노력을 기울이며, 첨단기술융합과 친환경사회구축을 통하여 지속 가능한 첨단 일본의 위상을 확보하는 데 주력하고 있다. 교육 대개혁, 산업, 노동, 고용제도의 개혁과 더불어 자연을 회복하면서 각 지역을 활성화하는 분권화의 대안 마련에도 적극적이다.

결국 세계의 발전방향을 선도적으로 제시함으로써 매력 있고 활기찬 일본을 가꾸기 위한 일본식 21세기 디자인을 그리고자 하는 것이다.

마지막으로 미국의 경우를 살펴보자. 미국은 21세기에도 세계에서 주도적 지위를 유지하고자 한다. 현재의 경쟁우위를 유지하면서 미래를 창조하는 노력을 통해 지속적 번영을 기하고자 하는 것이다. 미래를 위한 투자 중에서 핵심은 교육혁신과 과학기술의 육성에 있다. 한편으로 미국의 가치를 범지구적으로 확산하면서, 다른 한편으로 세계의 인재를 미국으로 유치하는 두뇌 미국의 전략을 펼치고자 하는 것이다. 유럽은 세계에서 고령화와 저출산화가 가장 빨리 진행되는 지역으로서 늙어가는 대륙의 커다란 부담을 안고 있다. 이 문제를 유럽은 하나의 유럽으로 극복하려고 한다. 기존의 늙은 유럽과 새롭게 유럽에 가입하는 젊은 유럽이 하나가 됨으로써 고령화의 부담을 줄이고자 한다. 동시에 종래의 복지와 조화 모델 중심의 유럽식 발전모델을 수정하여 첨단과학 중심의 혁신과 성장이 지속될 수 있는 새로운 유럽식 디자인을 실현하기 위하여 노력하고 있다. 신新리스본 전략Renewed Lisbon Strategy이 이러한 유럽의 새로운 적응방식을 요약하고 있다.

21세기 지식기반경제에서 강소국들은 효율적이고 유연한 발전 모델로서 최적의 조건을 향유하고 있다. 강소국들은 상대적으로 작은 크기의 국가로, 외부 환경에 민감하게 반응하며 계속적인 변화와 개척의 노력을 기울이고 있으며, 선택과 집중을 통해 차별화한 국가 경쟁력을 확보해 나가고 있다.

극심한 외환위기로부터 벗어나 IT와 같은 신산업을 중심으로 선진국으로 도약한 아일랜드와 핀란드 등이 대표적인 강소국 모델을 시현하고 있다. 유럽의 IT 선두국인 네덜란드, 덴마크, 스웨덴의 경우도 새로운 지식정보사회에 적극적으로 적응하면서 종래 국가모델을 바꾸고, 21세기형 국가 디자인을 하고 있다.

리콴유 총리의 강력한 리더십과 정책의 일관성을 통해 1994년 국민소득 2만 달러를 돌파한 싱가포르는 개방경제, 자유무역, 글로벌 스탠더드를 지향하며 산업구조 고도화, 지식 서비스 허브화, 국제교육 거점화를 전략으로 내세웠다. 이를 위해 외국계 기업의 '싱가포르 지역 기지화'를 지원했고, '창조적이며 기업가적인 국가' 건설을 위해 연구 투자를 강조하고 있다. 또한 세계적인 대학의 유치 성공으로 동남아시아의 교육 허브로 부상했다.

현재 세계를 주도하고 있는 선진국들, 그리고 새로운 강국으로 부상하고 있는 중국은 다같이 21세기 세계적 변화를 수용하고 그 토대 위에서 선진국 전략을 구사하려 한다.

첫째, 사회체제(중국)나 발전방식(유럽)의 차이에 상관없이 이들 국가들은 시장을 보다 중시하게 되었다.

둘째, 지식산업에서 세계적 우위를 점하는 나라가 21세기형 선진국이라는 사실을 절실히 인식하고 교육개혁과 과학기술 중심의 혁신에 정책의 우선순위를 두고 있다.

셋째, 자원획득과 친환경사회구축도 이제는 치열한 국제경쟁시대가 되었다는 사실이다. 지구온난화에 대비하기 위하여 환경은 전 세계가 다같이 지불해야 할 비용이지만, 다른 한편에서는 새로운 시장이며, 첨단기술이 각축하는 신산업이라는 점에서 그 발전을 위하여 기업과 정부가 협력하여 노력하고 있다.

넷째, 미국을 제외한 대부분의 선진국에서는 저출산과 고령화의 추세가 겹쳐서 연금과 사회보험 그리고 공적부조의 부담이 더 커지게 되었다. 우리나라도 예외가 아니다. 선진국에서는 오래전부터 이에 대한 대비를 하고 있으며, 이러한 국가적 부담 역시 새로운 실버산업의 개발 등 새로운 시장의 기회로 활용하고 있다.

다섯째, 지방분권화를 통해 지방 경제를 세계 속의 경제로 격상시키고 있다. 각국은 선택과 집중 전략을 통해 금융, 교육, IT, 에너지와 같이 지역별, 도시별 특성에 맞는 주력산업을 육성하고 있다. 또한 적극적 개방과 외자유치를 바탕으로 개별 지방정부의 역량 개발을 통해 자생력을 키워감과 동시에 세계 변화에 민첩하게 대처할 수 있는 경제의 역동성을 제고시키고 있다.

| 2008년 매력적인 대한민국을 위하여

Tri-Softpower를 통해 소프트파워 국가로 거듭나자

소프트파워는 물리적 힘에 의한 강제력에 의해서가 아니라, 세계인이 살고 싶은 나라, 투자하고 싶은 나라, 교역하고 싶은 나라로 만듦으로써 세계를 주도하는 힘이다. 우리나라가 새로운 시대에 세계를 주도하기 위해서는 소프트파워가 필요하다.

소프트파워는 하이로직high logic(이성)과 하이터치high touch(감성)가 조화를 이루고, 거기에 하이테크high tech(기술)가 뒷받침될 때 비로소 제 빛을 발한다. 다가오는 미래는 이성과 감성, 그리고 기술이 조화를 이루어 새로운 관계를 발견하고 창조적 결합을 이뤄낼 수 있는 Tri-소프트파워Tri-Softpower가 필요한 시대다.

하이로직은 다가올 변화를 예측하고 그 변화에 대한 적응 수준을 넘어 새로운 변화를 창조하는 지식력이다. 기존의 투입, 모방 중심의 지식획득에서 지식 창출형 혁신으로 거듭날 때 그 힘이 배가될 수 있다.

하이터치는 감성, 창조, 상상이 그 핵심으로 문화 콘텐츠, 디자인 역량과 직결된다. 또한 상호 공감하는 능력을 키워 구성원간의 소통을 원활히 하고, 산업간 경계를 넘나드는 융합을 이끌어내는 데 중심 역할을 한다.

하이테크는 창조, 개방, 수요 중심의 기술혁신으로 하이로직과 하이터치를 현실로 가능하게 만드는 역할을 한다. 하이테크에서는 혁신주도형 선순환 경제를 구축하는 일이 중요하다. 즉 기업의 기술혁신으로 산업경쟁력이 강화되고 산업이 고도화되면 일자리가 창출되고 삶의 질이 향상되며, 이를 재투자하여 기초 연구가 육성되면 다시 기업의 기술혁신이 촉진되는 것이다.

혁신을 통한 자기계발로 지식강국으로 도약하자

국가의 부는 지식과 혁신에 의하여 결정된다. 교육 혁신, 인적 자원 개발, 지식창출 클러스터 형성을 통해 국내 지식 생산 체계를 혁신하고, 세계적 인재 유치, 해외 연구 협력을 통해 세계 지식창출 네트워크에 동참해야 한다.

지식과 혁신은 승수효과를 일으키며, 상호작용하고 있다. 그러므로 선진국으로 도약하기 위하여 우리 사회의 지식역량을 높여 정부와 기업 혁신이 지속적으로 이루어질 수 있는 환경을 조성하여야 한다.

우리나라는 산업사회 시대에 '추격하여 따라잡는 전략catch-up strategy'으로 산업화를 성공적으로 이룩할 수 있었다. 지식정보사회에서는 지식의 선점효과가 절대적인 위치를 점하는 관계로 혁신을 통한 자기계발 이외에는 선진국으로 도약할 수 있는 길이 없다.

감성, 창조, 상상의 힘으로 문화와 디자인 강국이 되자

단순히 필요에 의해 제품을 소비하던 '생존경제survival economy'에서 소비활동 자체에서 만족을 추구하는 '경험경제experience economy'로 변화했고, 이제 21세기는 '환상경제fantasy economy(Craig M. Vogel and Jonathan Cagan and Peter Boatwright)로 전환되고 있다. 환상경제에서는 손에 잡히지 않는 감성, 문화, 이미지 등의 가치가 더 중요해지고 창조력과 상상력을 바탕으로 한 새로운 도전이 필요하다.

두바이는 기발한 상상력을 기반으로 국가의 기본적인 수익모델을 새롭게 디자인했다. 도시와 해양과 환경과 인적 인프라까지 새롭게 디자인하여 중동의 무역중심, 금융중심, 관광중심 도시가 되었다. 영국은 창조산업에 대한 도전과 지원을 통해 195만 명의 일자리를 창출했고, 창조산업이 GDP의 8.2%를 차지하여 영국 경제의 성장 동력이라는 평가가 나오고 있다.

국가 전체를 대상으로 하는 디자인은 창조적인 국가 경영에 대한 아이디어를 제공할 수 있다. 국가적 차원뿐만 아니라 기업 경영에 있어서도 문화, 예술과 같은 감성적 요소는 기존의 비즈니스 모델과는 차별화된 영역을 창출하여 새로운 사업 기회를 제공하는 성공 코드가 된다.

우리나라의 감성과 창의성이 세계 문화 흐름의 주류로 부상할 수 있는 가능성은 이미 나타나고 있다. 《뉴욕타임스》는 에든버러 프린지fringe 페스티벌에 출전한 우리나라의 비보이B-boy팀 '라스트 포 원Last For One'과 그들의 작품 〈스핀 오디세이〉를 집중 조명했다. 세계 최고 수준이라는 아낌없는 찬사를 보내며 우리나라의 B-boy가 새로운 물결의 중심으로 등장하고 있다고 평가한 바 있다.

문화 콘텐츠, 디자인 영역을 국가 및 기업 경영에 활용할 수 있는 창조적 시각을 바탕으로 융합 기회를 적극 활용하고 고용을 창출하여 21세기 문화의 시대, 감성의 시대를 열어야 한다.

Convergence+를 통해 네트워크 강국에서 기술강국으로 업그레이드 하자

IT를 중심으로 전개되는 컨버전스convergence는 소프트파워를 일으키는 원동력이다. Convergence+는 단순한 번들링이 아닌 학제간, 산업간 컨버전스를 통한 기술혁신을 기반으로 하고 있다.

디지털 컨버전스가 다양한 산업에서 활발하게 전개되려면 정보 보호가 필수적이며 정보통신 선진국에 부합하는 기술개발이 필요하다. 한국의 정보통신은 1980년대 TDX 교환기 자체 개발, 1990년대 CDMA 독자표준 상용화, 1990년대 후반부터 2000년대까지 와이브로WiBro의 개발 · 보급으로 융합시대를 여는 선구적 역할을 했다.

2008년부터의 과제는 원천기술의 확보, 연구개발 투자의 확대, 우수기술인력의 양성과 확보를 통해 정보통신기술에서 명실상부한 선진국으로 부상해야 한다. 종래는 네트워크 강국이었으나, 이제는 명실상부한 기술강국으로 업그레이드해야 한다.

이와 함께 컨버전스 시대에 걸맞는 규제 개혁과 경쟁 촉진이 필요하다. 수평규제 체계 마련, IPTV의 조속한 도입을 통해 산업경쟁력 강화와 소비자 욕구를 충족시켜야 한다.

인적 자원 개발로 세계 인재 허브 국가로 부상하자

지식정보시대에 인적 자본은 국가성장의 핵심이다. OECD는 지식기반경제의 4대 요소를 지식 인적 자원, 경제적 · 제도적 체제, 정보기술IT, 국가혁신 시스템NIS으로 분류하고, 그 중에서도 특히 지식 인적 자원의 중요성을 역설하고 있다.

지식정보시대에는 창조적이고, 글로벌 마인드를 갖추었으며, 공감 및 네트워크 능력을 지닌 인재가 필요하다. 디지털 컨버전스를 수용하기 위해서 경계와 구분을 뛰어넘는 창조성은 미래 인재가 갖추어야 할 핵심 요소이다. 그리고 세계적 변화에 적응하기 위해선 글로벌 감각과 사업 능력을 갖춘 인재가 필요하다. 또한 선형적 논리력만이 아닌 타인과 교감하고 소통할 수 있는 공감 능력이 중시된다.

이러한 인재를 육성하기 위해서는 교육 방식을 글로벌 교육 트렌드에 맞춰야 한다. 세계의 교육 시계와 시차가 없는 교육을 해야 세계 변화에 적응할 수 있기 때문이다. 특히 우리의 경우 '평준화 신화'를 접는 교육 혁신을 통해 창조적 인재 육성이 필수적이다.

세계관의 코페르니쿠스적 전환으로 세계와 공존하자

천동설적 세계관에서 지동설적 세계관으로 인식을 전환해야 한다. 한반도 중심에서 글로벌 중심으로 세계관을 바꾸어야 하고, 개인 중심에서 인간, 국가, 세계, 자연이 모두 조화롭게 살아가는 방향으로 생각을 전환해야 할 시점이다.

그리고 기후 및 환경, 에너지, 보건 의료, 안보 분야에서 합리적이고도 현실적인 합의를 위한 글로벌 거버넌스가 구축되어야 한다. 특히 환경 문제를 해결함에 있어 성장인가 환경인가라는 뺄셈 사고방식이 아니라 충분히 환경을 고려하는 성장 방식을 택해야 한다.

그리고 탄소배출의 주범인 화석연료가 고갈되고 있으면서도 여전히 그것에 크게 의존하고 있는 현 경제 기반에서 어떻게 안정적으로 에너지를 확보하고 동시에 친환경적 에너지를 개발하는가에 관한 문제도 국제 협력을 통해 대응해야 할 것이다.

| 2008 국가전략 : 지식과 창조, 속도와 타이밍

2008년 세계 경제는 금융 불안 심화, 원유 및 원자재 가격 급등, 신흥국의 주가 하락 도미노 현상과 같은 리스크를 안고 있다. 이러한 환경에서 한국 경제는 지속 가능한 성장을 위협받고 있다.

새로운 정부의 탄생은 '대한민국 경제를 살리자' 는 국민의 염원을 근간으로 하고 있다. 새 정부의 과제는 저성장 고착화로 인한 양극화 심화에서 벗어나 기업하기 좋은 환경을 만들고, 신 성장 동력을 발굴하여 한국 경제를 활성화하는 데 있다. 또한 국가와 사회에 대한 신뢰 축적을 통해 국민들의 자발적인 참여와 통합을 유도해야 한다.

국민들은 무의미한 이념적 지향이나 탁상공론이 아닌 구체적이고도 실천적인 성과를 원하고 있다. 하지만 경제 회생에 중점을 둔 실용주의적 관점에서의 국정 운영에 있어 간과해서는 안 되는 것이 21세기 국가 발전의 토대가 되는 것은 바로 소프트파워라는 것이다.

단기적인 경제 활성화 이슈에 주력하더라도 메가트렌드에 대한 장기적 비전을 놓쳐서는 안 된다. 소프트파워 시대의 근간이 되는 지식력과 창조력 개발에 대한 투자와 발전은 이제부터 본격화되어야 한다.

21세기 경쟁은 속도와 타이밍의 경쟁이다. 문명사적 변화의 메가

트렌드에 맞춰 민감하고 민첩하게 장기적 비전을 세우고 유연한 전략을 구사해야만 21세기의 승자가 될 수 있다.

직관, 공감, 창의가 조화를 이루는 하이퍼 휴먼hyper human(Richard W. Samsom), 새로운 생산요소인 지식과 네트워크high logic, 융합을 주도하고 상상을 실현시키는 기술high tech, 개성, 창조성, 다양성이 보장된 유연한 사회high touch, 이들의 조화는 소프트파워를 구성하고, 21세기 국가를 발전시키는 힘이 된다.

이를 위해 국가는 신속하고 유연한 제도와 정책, 창조적 가능성에 대한 확신과 지원을 추진해야 한다. Tri-소프트파워tri-softpower의 조화와 융합은 대한민국을 역동적이고 진취적이며 활기찬 국가로 거듭나게 할 것이다.

미래를 보는 틀

김진현 | (재)IT전략연구원 이사장, 전 과학기술처 장관

| 지구사회시대, 미래를 보는 창

인구 150만 명이 넘는 요르단의 수도 암만은 《구약성서》에서도 언급되는 고대도시다. 시내 중심가에 있는 로마식 원형극장에서는 아직도 문화 공연이 펼쳐지는 역사와 전통이 살아 숨 쉬는 곳이다. 이 곳의 대졸 월급은 30만 원에 불과하지만, 3,000~4,000원가량의 커피를 파는 스타벅스가 중상류층의 문화공간으로 자리 잡고 있다. 스타벅스 문화가 역사의 도시인 암만에도 파고든 것이다.

흔히 세계화라고 하면 국제연합UN, 세계무역기구WTO와 같은 국제기구와 맥도날드, 스타벅스 같은 다국적 기업 등 정치적·경제적·사회적 측면이 있고, 정보통신, 항공, 해운과 같은 네트워크 측면에서도 이야기할 수 있다. 또 하나 빼놓을 수 없는 것이 바로 지구

온난화와 같은 환경적인 측면이다. 이러한 것들을 통틀어 표현할 때 세계화라고 하기에는 부족함이 있는 듯해 '지구사회적 관점'—어떤 이는 행성 즉 'Planet'이라는 표현도 쓴다—이라고 표현했다. 그러면 지구사회시대의 미래를 관찰, 연구, 전망하는 자세는 어떠해야 하는 가?

미래를 보는 관점에서 극단적인 비관론은 맞지 않는다. 결론부터 이야기하면 미래를 연구하는 자세는 희망을 잃지 않는 온건한 비관주의mild pessimism여야 한다.

1970년대까지만 하더라도 '3차 대전'으로 인한 파멸의 픽션이 미래를 보는 관점에서 가장 리얼한 이슈였다. 그런데 1989년에 냉전이 끝나면서 3차 대전이라는 이슈가 사라졌다. 1972년, 로마클럽(1968년 4월 서유럽의 정계·재계·학계의 지도급 인사가 이탈리아의 로마에서 결성한 국제적인 미래 연구기관)의 보고서를 책으로 출간했는데, 바로 《성장의 한계The Limit of Growth》이다. 이 책에서는 에너지와 환경, 식량 공급의 위기로 2010년에 성장한계의 위기가 온다고 했다. 하지만 지금부터 불과 몇 년 뒤인 2010년에 다소 파동은 있겠지만 성장의 정지가 오리라고 생각하지는 않는다.

또한 슈펭글러의 《서양의 몰락》이 표제로 결정된 때가 1912년, 연구가 끝난 것이 1914년, 출판된 때가 1917년인데, 약 100년이 지난 지금 서양은 몰락하지 않고 오히려 100년 전보다 더 영향력이 커졌다. 반대로 서양의 근대화는 비서양까지도 근대화를 시켰다. 슈펭글러의 서양의 몰락이 아니라 오히려 서양의 근대화 확장, 즉 '근대화의 세계화'로 이어진 것이 바로 오늘의 세계화라 볼 수 있다. 엄밀하게 '서양 근대화의 비서양 세계로의 침투 성공' 이다.

로마클럽에 가장 비판적인 미국기업연구소American Enterprise Institute/AEI(1943년 기업들의 이익을 정책적으로 대변하기 위해 미국기업협회라는 이름으로 출범. 1960년 현재의 이름으로 바꾸면서 본격적 싱크탱크로 발돋움하기 시작했다)는 현대에 들어 환경이 개선되었다는 통계를 제시하면서 기술 낙관주의적 성향을 보인다. 미국기업연구소가 낙관하는 근거는 기술적인 발전이 아닌 미학적·도덕적인 가치다. 그들은, 인간에게 자유가 살아 있는 한 미학적·도덕적 자산이 반드시 잘못을 스스로 교정할 수 있다고 믿는다.

로마클럽의 《성장의 한계》 중 결론 부분에 이런 내용이 나온다. 낙관과 비관의 가장 큰 차이는 '인간이 사랑을 기초로 해 공동체 활동을 할 수 있느냐' 는 질문에 대해 '그렇다' 고 대답하는 사람은 낙관적이고, '아니다' 라고 대답하는 사람은 비관적이라는 것이다. 《성장의 한계》의 저자들이 말한 '사랑을 기초로 한 공동체 활동' 이나 미국기업연구소의 미학적·도덕적 자산이 유지되게 하는 '자유' 가 존재하는한 우리는 미래를 낙관할 수 있다. 이것은 역으로 '사랑의 공동체' 가 불가능하거나, 폭군이나 기술 중 원인이 어디에 있든 '자유' 가 상실되면 인간과 사회의 미래는 비관적일 수밖에 없다는 것을 의미한다.

미래 관찰 연구에서 지나치게 극단적인 비관주의는 맞지 않다. 그렇다고 낙관주의에 서면 미래를 예측할 필요가 크게 없을 것이다. 따라서 우리가 미래를 예측한다고 하는 미래를 보는 틀이 '희망을 잃지 않는 온건한 비관주의' 에 서 있을 때 미래 연구의 가치가 있고, 미래의 과제에 자극을 받게 된다.

한국에서도 1972년에 '한국미래학회'(당시의 명칭은 '서기 2000년회')가 1970~2030년의 60년간이라는 기간을 정해놓고 미래를 예측한 적이 있다. 그리고 그후 15년 뒤인 1987년에 필자는 그 기간의 미래예측을 다시 살펴보았다.

그 결과, 1970~85년의 15년간의 변화 중 인구, 수명, 도시화에 대한 예측은 대체로 이르거나 맞았다. 현재의 인구문제를 당시의 예측과 비교해보면, 너무 초과 달성한 탓에 노령화 속도는 세계 최고이면서 동시에 출산율은 세계 최저인 나라가 되었다. 또한 1970년 미래예측 당시에는 전기가 보급되지 않은 지역이 많았고, 전기 보급이 시급했을 정도로 컴퓨터, 자동차, TV, VTR 등 보급률에서 예측보다 훨씬 빠른 속도로 소비가 증가하고, 첨단기술 응용제품도 예측보다 보급률이 매우 빨랐다. 거시경제지표인 1인당 GNP, 수출, 중화학 공업화는 대체로 예측과 일치했다.

1970년대에 우리가 예측할 때는 상당히 기술 낙관론적인 입장에서 대륙붕의 개발로 에너지가 자급되거나 석유로부터의 식량 생산까지도 예상했다. 그러나 서울-부산 간 초고속 전철, 대륙붕 개발, 해수의 담수화와 같은 거대기술, 시스템 기술 분야 등이 늦어지거나 예측과 빗나갔다. 또 자유, 인간화, 인간의 연대조직, 복지에 속하는 부분은 어떠한가? 모두 실현되지 못함으로써 예측이 완전히 빗나갔다. 특히 1970년대에 약 15년 뒤인 1985년쯤에는 신용사회, 기업의 소유와 경영 분리. 주5일제가 실현될 것으로 보았지만, 주5일제는 그 후로도 20년이 넘어서야 출발이 가능했고, 기업의 소유와 경영 분리는 아직도 먼 이야기일 뿐이다.

정치의 진보적 측면인 자유, 정권의 평화적 교체, 정당정치, 지방 자치 등은 1985년에서 보았을 때 완전히 현실과 유리된 꿈이었는데, 20여 년 뒤인 지금 우리나라는 반자유주의 민주주의, 과잉 민주주의가 문제가 되어 있다. 게다가 국제정치 관계, 아시아 지역 통합 등에 대해서도 지나치게 낙관적이었다.

다시 1985년에서 20년이 더 지난 지금, 또 앞으로 20년 뒤를 보더라도 아마 비슷한 추세와 현상이 나타날 것이다. 상업 기술적 또는 시장 기술적인 부분은 예측보다 빨리 성취될 것이고, 거대기술, 복합기술, 시스템 기술 분야는 늦어질 것이다. 그리고 남북한 통합, 세계 통치 분야는 많이 늦거나 심지어는 실현이 안 될지도 모르겠다.

| 히말라야권, 문제군

'서양 근대화의 비서양 세계로의 침투'란, 지금까지 역사상 로마, 중국, 무굴, 터키의 지배가 모두 한 지역에 불과했던 것에 비해 아프리카에서부터 남아메리카, 영국·미국에서 유라시아 대륙에 이르기까지 인류 역사상 처음으로 전 세계가 하나의 지구촌이 되는 현상을 말한다. 따라서 명실 공히 지구화라는 것은 처음 있는 현상으로, 엄격히 따지면 1980년대 이후의 현상이라 할 수 있다.

근대 산업혁명 이후 250년 동안 1인당 국민소득 1만 달러 이상을 달성한 국가의 인구를 보면 약 8~9억 정도로, 세계 인구의 약 15%도 되지 않는다. 그런데 13억 인구의 중국이 정치적으로는 1989년 냉전

종식 이후, 경제적으로는 1987년 개방과 2002년 세계무역기구WTO
의 가입 이후 근대화 체제에 수용되었다. 이렇게 정치적 · 경제적으
로 지구화 · 세계화라는 현상이 벌어지고 있다.

더구나 1990년대부터는 IT의 폭발적인 기술혁명으로 그야말로 세
계가 IT 네트워크화가 되었다. 예전에는 네팔과 같은 곳에서 컴퓨터
를 사용하는 것 자체가 화제가 되어 신문의 기삿거리가 되었겠지만,
이제는 세계의 오지 어느 곳에서도 컴퓨터를 사용하는 것이 기삿거
리가 되지 않을 만큼 세계화가 된 것이다.

우리가 이것을 '만약 ~라면'을 붙여 역으로 생각해보자. 만약 아
직도 소련이 스탈린이나 흐루시초프의 통치하에 있다면, 그리고 만
약 중국이 문화혁명의 상태로 2005년까지 있었다면, 만약 인도가 네
루식 사회주의로 지금까지 있었다면, 한국 즉 우리나라는 어떠했을
까? 우리나라는 아마 1인당 소득이 지금쯤 2만 달러, 2만 5천 달러,
더 나아가 3만 달러가 되어 있을지도 모르고, 훨씬 복지국가가 되어
있거나 소득 분배가 훨씬 균등하게 이루어져 있을지도 모른다. 그런
데 세계화가 이루어져 중국, 인도의 30억 노동력이 선진국 시장으로
제품과 서비스를 제공하게 됨으로써 냉전시대, WTO 시대 이전의
우리나라를 비롯한 네 마리 용이 선진국에 독점적으로 공급하던 상
품들이 경쟁력을 잃게 된 것이다. 또한 세계화가 됨으로써 우리나라
에서 소득 불균등화가 더 심화된 면이 있고, 부가가치가 더 늘어났는
데도 고용은 늘지 않은 면도 있다. 또한 IT 쪽은 발전했지만, 농업 분
야는 정부의 100% 지원보조 없이는 유지되지 못하고 있다. 그래서
앞서 언급한 '서양 근대화의 비서양 세계로의 침투'라는 부분이 미

래예측의 출발점이다.

나는 '히말라야권Himalaya Zone' 이라는 말을 2000년도부터 사용해 왔다. 골드만 삭스에서 2004년에 중국과 인도를 합쳐 '친디아 Chindia(China + India)' 라는 말을 쓰기 시작했지만, 필자는 친디아보다는 히말라야권이라는 개념이 훨씬 더 적합하다고 생각한다. 왜냐하면 친디아는 지금 당장의 경제 현상만을 고려한다면 의미가 있겠지만, 앞으로 더 크게 2040년쯤을 내다보면 중국이 약 16억의 인구가 되고 인도가 약 16억, 방글라데시가 3억, 파키스탄이 3억으로 인도 대륙을 포괄하면 약 42억 인구가 되므로, 이들의 종합적인 영향력을 고려해볼 때 장기적인 관점에서 히말라야권이라는 개념이 더 의미가 있다고 생각한다. 이들 42억 인구가 펼치는 드라마가 에너지, 자원, 환경, 무역, 지정학적 세력균형에 결정적 요소로 작용할 것이기 때문이다.

히말라야권의 42억 인구가 서양의 근대화 방식을 쫓아간다고 하는 것은 엄청난 잠재적 폭발을 의미한다. 현재 그 지역의 교육 부문을 보면 우리와 같거나 더 빠른 속도로 열을 올리고 있다. 지금 미국에서 외국인 유학생과 교수 중 제일 많은 비중을 차지하는 것이 우리나라와 함께 중국과 인도다. 더구나 가난한 환경이지만 KT, 인텔, IBM, 마이크로소프트, 삼성전자, LG전자 같은 멀티내셔널 기업들의 정보통신기술을 제공함으로써, 42억 히말라야권의 어린이는 과거 우리나라가 가난할 때보다 훨씬 값싸고 질 좋은 교육을 받을 수 있게 된 것이다. 그래서 과거에는 교육을 받을 수 없다는 전제하에서 인구가 과다한 것이 국력의 손실, 국부의 마이너스라고 생각했지만, 이제는 인구의 수가 곧 국력이 될 수 있는 시대로 바뀌는 것이다.

결국은 인터넷 보급에 의한 정보화·네트워크화의 환경에서 발달된 교육을 받는 히말라야권의 인구, 서양 근대화로 무장된 히말라야권, 그것은 앞으로 세계의 중심이 될 것이다. 실제로 지금까지 세계는 영국 옥스브리지(옥스퍼드 대학교와 케임브리지 대학교)와 미국 동부 아이비리그 대학 출신의 리더십 독점에 의해 세계질서가 유지되어왔다. 그런데 앞으로 지금 같은 추세라면, 압도적인 수에서 비非옥스브리지, 비非아이비리그인 세계적 엘리트의 영향력이 결정적으로 늘어날 것이다. 그렇기 때문에 단순히 히말라야권 인구가 늘어난다는 것에만 그치지 않는다. 이미 히말라야권의 사람들 중에는 노벨 수상자도 많고 세계적 시인이나 작가, 과학자 들도 많다.

존 루카스는 《20세기의 끝―근대의 끝》에서 20세기 '근대의 끝'이란, 유럽 팽창의 끝, 백인 우월의 끝, 식민주의의 끝, 세계 역사의 중심으로서 대서양의 끝, 해양세력 지배의 끝, 부르주아 문화의 끝, 주거가 항상 일정하다고 생각하는 것의 끝, 프라이버시에 대한 존중의 끝, 책의 시대의 끝이라고 보았다. 히말라야권의 등장으로 볼 때 그 중 '유럽 팽창의 끝'과 '백인 우월의 끝'은 예측이 맞는 것 같다.

그러나 히말라야권이 과거 제국주의 시대의 팍스 브리타니카Pax Britannica, 팍스 루소아메리카나Pax Russo-Americana나 같은 그런 의미, 권력적 의미의 중심이 된다는 뜻이 아니다. 바로 세계 문제군의 중심이 된다는 뜻이다. 인구이동의 문제, 경제, 에너지 문제, 환경 문제, 정치의 통치governance 문제 등 세계 문제군의 중심이 이제 히말라야권으로 옮겨간다는 것을 의미한다.

이렇게 영향력이 세계질서를 창조하는 중심으로서의 히말라야권으로 발전했으면 좋겠지만, 히말라야권에 있는 사람들이 그런 훈련이 전혀 되어 있지 않다. '중화주의'라는 것은 대표적으로 '국제관계'가 없는 패권 개념이다. 중화주의라는 것은 이 세계에 중국만 있고, 중국과 그 밖의 야만과의 관계만 있는 것이다. 대등한 국제관계가 존재하지 않는다. 이 히말라야권의 문제군은 결국 서양 근대화의 히말라야권으로의 침투와 더불어 서양 근대화는 끝이 난다는 것을 의미한다. 르네상스 이후 서양 근대화 500년의 실체는 만리장성과 히말라야 산맥에 부딪치면서 변질될 것이다.

이러한 히말라야권의 등장으로 정치와 자원, 그리고 자원의 수출과 수입 간 매치match와 미스매치mismatch의 문제가 등장한다. 미국, 유럽과 오스트레일리아 간에는 자원과 정치의 매치 관계가 있지만 러시아와 유럽 간 자원의 미스매치, 미국과 중국, 러시아 간에 정치와 에너지 관계는 미스매치가 생기고 있다. 이렇게 자원을 중심으로 한 수출자와 수입자 간의 미스매치가 심각한 문제가 될 것이다. 이것은 정치이념과 경제이익 간의 미스매치 문제이기도 하다. 미국과 중국 간의 관계가 대표적인 예다.

또한 우리에게는 동북 아시아와 아세안과의 관계가 있다. 많은 사람들이 아직도 말레이시아나 인도네시아를 자원 수출국으로 착각하고 있지만, 말레이시아는 이미 석유 수출이 중단되었고, 인도네시아도 수입 국가로 변화될 것이다. 그렇게 되면 중국과 히말라야권＋한국, 일본＋아세안 전부가 거대한 에너지 수입 국가가 된다. 그래서 이제는 미국과 유럽이라고 하는 가치동맹이 앞으로 자원문제를 둘러싸고 히말라야권과 매치 또는 미스매치 중 어느 결합 방식을 이룰 것인가 하는 것이 또한 큰 정치적 논점이 될 것이다. 단순히 '미·일 관계', '한·미 관계', '미·중 관계'라는 차원을 떠나 자원과 에너지라는 측면과 체제 가치라는 관계를 검토해야 한다.

그리고 기술혁신과 생활양식 변화를 동시에 추구해야 한다. 지금보다 몇십 분의 일 값으로 처리할 수 있는 폐기물 쓰레기 처리기술, 교통 처리기술, 에너지 환경 처리기술, 물 공급기술이 발명되어야만 히말라야권 사람들도 현재 우리나라나 미국과 같은 삶을 살아갈 수 있을 것이다. 그렇지 못할 때는 지구촌적 소비양식의 변화 또는 생활양식의 변화를 시도해야 할 것이다.

| 2050년까지와 2050년 이후의 시간 관리

시장에 적용되는 기술만 추구하는 것은 분명히 한계가 있다. 따라서 이제 지구촌적 하부구조, 지구적 공공재 개념이 도입되어야 한다. 중요한 것은 절대로 근대화의 이익과 근대화의 문명성을 부정해서는 안 된다는 것이다. 어떻게 근대의 자유 가치를 보존, 유지, 발전하면서 지구촌적 통치체제global governance를 개선하느냐에 따라, 그리고 어떻게 기술혁신을 만들어낼 수 있느냐에 따라 모습이 달라질 것이다. 그것은 지구촌적 통치체제, 지구촌적 마을global village, 지구촌적 시민global citizen이라는 의도적인 콘셉트가 들어간 노력이 아니면 안 된다. 지구촌적 통치체제에서 2050년까지 히말라야권의 문제가 인류의 재앙이 되지 않도록 해결해야 하는 것이 가장 중요한 과제다.

2050년까지 인구는 약 80억~90억이 될 것이다. 그리고 2100년에는 약 60억, 2150년에는 약 36억 정도로 예상된다. 선진국이나 중국의 인구 감소 추세를 보면 이러한 추론이 가능하다. 실제로 일본의 경우, 모든 인구 학자들이 공통적으로 2020년까지 약 1억 2,000만, 2050년에는 약 1억이 될 것으로 계산함으로써 인구의 감소가 예상된다.

근대화의 경험에 따르면 도시화, 여성의 사회참여 확대, 인간수명의 연장 등은 출산율을 낮추고 인구를 감소시킨다. 그렇다면 후진국 중심으로 인구가 늘어나 지구촌 인구수의 절정이 될 2050년까지 인류재앙을 막을 수 있느냐가 관건이 된다. 2050년 이후는 인구 감소와 더불어 지리적 공간, 자원, 에너지, 물 소비에서 모두 여유가 생기기 시작할 것이다.

2050년 이후의 시간 관리는 어떻게 해야 하는가? 온건한 비관주의 입장에서 또 한 가지 강조해야 하는 부분은, 지질학적 시간의 재앙을 어떻게 예방할 것인가이다. 석굴암이 약 1,300년 전에 만들어졌지만 어느 때부터인가 우리나라 사람들 눈에서 사라졌다. 그후 1930년대에 일본의 탐험가가 다시 발견함으로써 우리나라의 국보가 되었고, 유네스코 인류유산으로 등록이 되었다. 이렇듯 인간에게는 1,000년의 시간 관리를 하는 것도 어렵다.

세계적으로 제일 오랜 역사를 유지했다는 우리나라의 조선왕조도 시간의 길이로 따지면 500년에 불과하다. 현재 인류가 근대화라는 편리와 문명을 유지하기 위해 만든 에너지가 바로 원자력이다. 그런데 이 원자력을 사용한 뒤에는 여러 가지 핵종이 생기는데, 핵종 중에는 10만 년, 심지어 200만 년까지 존재하는 것도 있다.

지금 미국 의회에서는 플루토늄 원자력 폐기물에서 나오는 방사선으로부터 주민들을 보호하기 위한 기준 마련을 한창 논의중이다. 그런데 사실 고준위 핵폐기 물질에 대해서는 세계 어느 나라도 폐기방침이 정해져 있는 나라가 없다. 그나마 현재 제일 먼저 논의되고 있는 곳이 미국의 환경보호국이다. 미국의 환경보호국이 의회에 제출한 기초안은, 고준위 폐기물을 콜로라도에 있는 유카 산에 묻는데, 1만 년까지는 150밀리렘mrem 기준으로 관리를 하고, 1만 년 이후 100만 년까지는 350밀리렘 기준으로 관리하겠다는 것이 골자다. 미국 연방정부가 1만 년 동안 계속 존재하면서 원자력 폐기물을 관리하고, 그후 100만 년까지는 350밀리렘으로 관리를 한다는 것이 과연 실체성이 있는 논의인가. 1만 년까지는 역사시간이라고 볼 수도 있다. 신석기 시대가 1~2만 년 전이니까. 그러나 10만 년, 100만 년 단위는 역사시간이 아니고 고고학적 시간도 아니다. 지질학적 시간이다. 미국 환경보호국의 안이 의회에서 통과된다 하더라도 과연 과학기술적으로, 사회기능적으로 실천 가능한 것인지, 실천적으로 유효한 것인지는 지질학적 시간 관리의 문제다.

| 민주주의의 지구촌 위기

앞으로 세계는 미국의 위상이 후퇴하고, 중국, 러시아, 인도, 브라질,

이집트 등의 세력이 강화되어 다극화 · 다각화의 세계가 될 것이다. WTO와 같은 기구들과 금융의 진행방향을 보면 세계화로 가고 있는 것 같지만, 실제 외교 분야에서는 상당히 다각화로 진행되고 있다. 게다가 현재의 세계화 세력과 히말라야권이 각각의 세계질서를 수립, 보존하고 창조하는 부분에서 영향력을 행사할 것이다.

민주주의라는 정치 개념과 제도는 점점 세계화하는 데 반해, 민주주의의 내용은 점점 왜곡되고 있다. 투표 민주주의voting democracy는 상당히 확산되어 동유럽은 물론이고 중앙아시아, 아랍, 아프리카까지 진행되고 있지만, 이른바 비非자유주의, 비非합헌 민주주의, 시민이 없는 민주주의, 법치가 없는 민주주의도 확대되고 있다. 심지어 미국, 영국, 프랑스, 독일 등 민주주의 본고장에서조차도 포퓰리즘 Populism(일반 대중의 인기에 영합하는 정치행태를 말하며, 종종 소수 집권세력이 권력 유지를 위해 다수의 일반인을 이용하는 것으로 이해되기도 한다)화가 현저히 강화되고 있다.

수단, 북한, 이란, 르완다, 이라크 등 실패한 국가failed state들이 점점 늘어나고 있다. 그런데 미국마저도 일종의 고립주의, 보호주의, 일방주의 여론이 형성되고 있다. 이민법 강화 같은 경우가 그렇고, 사실상 세계경찰의 역할을 하기 어려워졌다.

이렇듯 세계 상호의존이 급진적으로 세계화하는데도 세계 하부구조와 지구촌 공공재를 유지 · 발전시키는 부담을 아무도 맡으려고 하지 않는다. 이러한 현상을 1970년대 갈브레이스John Kenneth Galbraith 가 불확실성의 시대age of uncertainty라고 표현한 데 비해, 필자는 현재와 미래의 세계통치 주체들이 결정을 못하거나 이성적 결정이 아닌 포퓰리즘에 끌려다니거나 결정을 못하고 막혀버리는 '우유부단의 시대age of indecision' 또는 '비결정의 시대age of undecidedness'로 규정하고자 한다.

선진국이든 후진국이든 어떠한 결정을 내리지 못하고, 결정을 해도 유효하지가 않고, 또 실천이 중도반단이 된다. 그렇다 보니 혁명과 반혁명, 민주와 독재, 복지와 시장, 종교화와 세속화, 교육과 반反교육, 건설과 파괴, 부족성部族性과 다민문화多民文化 간의 단파적 길이의 끊임없는 교대와 폭발이 일어나게 되고, 문제 해결의 지연과 회피로 이어져 결국 빅뱅으로 가게 된다.

지금까지는 민주주의, 즉 근대화에 따른 시민적 자유라는 것이 선진화를 이루고, 시민적 자유가 시장을 통해 중산층을 확대하고 사회통합의 기능을 했다. 그리고 현대 민주주의의 자유라는 것이 시민을 양성하고, 그 시민이 자율과 책임의 확대를 통해 공공이익을 강화하는 선순환을 이루었다. 그러나 이제 시민에게 주어진 확대된 자유가 유목민적인 자유가 되어버렸다. 소비나 이벤트를 좋아하고 재미, 자폐autism, 사이버테러, 스포츠와 놀이 같은 시민의 참여 민주주의가 아닌 개인의 본능적 충동을 강화하는 모습으로 변화하고 있다. 그 결과는 바로 정치에서의 포퓰리즘이다. 그리고 이것은 다시 정치의 과격화와 비결정성을 강화하면서 악순환이 벌어진다. 만약 이대로 가면 중세 봉건사회와 같은 분할체제, 종교나 언어를 중심으로 하는 신정(theocracy 또는 pseudo-theocracy)이나 지역 분산으로 악화한다. 또는 끊임없는 내란, 내전으로 '실패한 국가'가 늘어날 것이다. '신야만주의', '신중세시대'가 될지도 모른다. 그리고 여기에 IT를 이용함으로써 빅 브라더〔영국의 소설가 조지 오웰George Orwell(1903~50)의 소설인 《1984년》에서 비롯된 용어로, 긍정적 의미로는 선의 목적으로 사회를 돌보는 보호적 감시, 부정적 의미로는 음모론에 입각한 권력자들의 사회통제 수단을 말한다〕가 등장할 수도 있을 것이다.

다시 자유와 시장을 거쳐 중산층을 확대할 수 있는 본질적인 주제, 자유가 시민의 이성과 책임을 북돋아 공익과 공공성을 발전시킬 수 있는 기회를 만들어야 한다. 그래야만 지구촌 단위의 시민, 지구촌 단위의 민주주의, 지구촌 단위의 시장, 지구촌 단위의 하부구조를 만들 수 있다. 그렇게 되면 우리는 지구적인 민주주의 정치도 개척해 나갈 수 있을 것이다.

세계화와 한국의 선택

박세일 | 서울대학교 국제대학원 교수

세계화, 도전과 기회

뉴욕의 심장부 맨해튼, 이제는 뉴요커들이 그 곳의 식당에 앉아 떡볶이를 먹는 풍경도 그리 낮설지 않다. 우리나라에서는 서민적이고 저렴한 먹을거리가 소호, 헬스키친 등 뉴욕 맨해튼에 있는 23곳의 음식점에서 최고 20달러 정도에 판매되고 있다. 뉴욕뿐만이 아니다. 맵기로 유명한 신라면은 중국에서만 연간 5,000만 달러어치가 팔리며, 미국, 일본, 캐나다 등 전 세계 60개국의 소비자들이 해찬들 고추장과 된장을 먹고 있다.

국경을 넘어선 활발한 교류가 이루어지고, 돈과 사람과 재화와 정보 등이 교환되는 속도와 범위는 기하급수적으로 증대한다. 한 곳에서 일어난 일이 다른 곳으로 빠르게 영향을 미치며, 교류 주체도 다양해진다. 개인이나 시민사회 단체도 중요한 교류의 주체로 등장하면서 국민국가의 역할은 상대적으로 약화하고, 다국적 기업이나 비정부 기구의 교류 작용이 크게 증가하는 경향을 보인다.

이러한 세계화를 간단히 정의하면, 국가간 각종 교류의 증대와 교류 주체의 다양화로 세계의 상호의존성, 상호관계성이 심화하는 과정이라고 할 수 있다. 교류의 종류와 주체 그리고 양과 속도가 급격히 증가하면서 사람과 사람, 조직과 조직, 국가와 국가 간의 상호의존성이 더욱더 심화하고 있다.

세계화가 불가피한 대세이기는 하지만, 세계화의 시대가 약속하는 긍정적인 면을 찾아 최대한 활용함과 동시에 세계화가 초래할 부정적 문제점들을 파악해 교정할 수 있는 방안을 모색하는 것도 필요하다.

IMF 구제 금융을 거치면서 우리나라에서도 평생직장이라는 것에 대해 다시 생각하게 되었다. 세계화 시대에는 한 사람이 평생 3~5번 정도 직장을 옮기게 되고, 직종도 2~3번 정도 바꿔야 하는 상시 구조조정의 시대로 접어들면서, 해고나 명예퇴직 등 사회경제적 위험이 일상화된다. 또한 사람과 물자와 정보의 국가간, 지역간 대량 이동이 일상화하면서 한 곳 또는 한 종류의 사고가 다른 곳 또는 다른 종류의 사고에 미치는 영향이 크게 증폭된다. 그만큼 사회경제적 위험의 강도와 빈도가 증대되는 것이다.

또한 전 세계적으로 하루에 이루어지는 외환 거래는 약 3조 100달러에 육박하고, 그 가운데 약 40%가 이틀 이내에 거래방향을 바꾼다. 엄청난 돈이 상당히 빠른 속도로 이동하기 때문에 금융시장의 구조적 불안정성과 예측 불가능성이 크게 높아지고 있다. 그 결과, IMF 자료에 따르면, 세계는 1975~97년에 158차례의 외환위기와 54차례의 금융위기를 겪었지만, 이러한 세계 금융시장의 구조변화 문제를 전 세계적 관점에서 효율적이고 공정하게 풀어 나갈 제도나 기구는 크게 미흡한 상태다.

하지만 세계화가 불안한 미래만 제시하는 것은 아니다. 시장의 범위가 세계로 확대되는 것은 새로운 경제 성장과 발전에 엄청난 새로운 기회가 될 것이다. 특히 개발도상국들은 이러한 기회를 잘 활용한다면 선진국을 따라잡는 강력한 동력을 창출할 수 있다.

소득 분배의 측면에서는 어떠한가? 세계화에 참여한 나라와 참여하지 않은 나라 간의 소득 분배의 격차가 크게 심화하는 경향을 보이면서, 전 세계적으로는 소득과 부의 격차가 점점 더 벌어지고 불평등이 악화하는 경향을 띤다. 그러나 세계화에 참여하는 선진국과 후진국 간 소득 분배의 격차는 줄어드는 경향을 보인다. 또한 세계화가 한 국가 내에서 계층간 분배구조를 개선하는 나라도 있고 악화시키는 나라도 있으며, 어느 쪽이 더 우세한가를 판별하기는 어렵다. 결국 각 나라가 어떠한 성장전략과 분배정책을 선택했는가에 따라 결과가 다르게 나타난다고 본다.

정치적·군사적 측면에서는 어떠한 변화를 보여주고 있는지 살펴보자. 세계질서는 현재 미국의 일극一極 체제로 변화하고 있다. 그러나 세계를 한 교실로 가정해 UN을 담임으로, '미국이'를 반장으로 그렸던 이야기처럼, 미국이 세계를 자신의 뜻대로 일방적으로 관리할 수 있는 리바이어던leviathan이라기보다는 세계에는 여러 강대국들이 있고, 이들보다 미국이 상당히 앞선 제1인자의 지위에 있다고 보는 것이 정확하다. 따라서 앞으로 미국이 자국 중심의 일극 체제 쪽으로 세계질서를 몰고 나갈 것인지, 아니면 다른 강대국들과 긴밀한 국제 협조체제를 이루면서 세계 경영을 함께해 나갈 것인지가 중요하다.

세계 경제와 과학기술의 보편주의적 힘이 전 세계를 뒤덮으면서 개별 국가의 문화, 의식, 전통, 역사와 갈등을 빚고 대립하는 현상이 증대하고 있다. 세계화에 따라 국민국가의 통제력은 약화하는데 경제와 과학기술의 원심적 경향은 증대하고 있기 때문에 종교와 문화의 갈등이 정치·군사의 갈등으로 비화하고 있다. 즉 민족, 인종, 종교와 연관된 여러 형태의 근본주의fundamentalism가 다시 등장하고 있다.

냉전 이후 세계화의 흐름에 따라 안보의 이해관계는 다양해지면서 느슨하고 분산된 지역 안보체제의 틀이 주된 경향으로 등장했다. 유동적인 이해관계에 따라 이합집산하는 현재의 분권적 세계 안보의 구도하에서는 국지전이나 지역 차원의 중범위 분쟁이 발발할 가능성이 오히려 증대했다. 분권화하는 구조를 규율할 효율적이고 공정한 새로운 게임의 규칙이 수립되지 않았기 때문이다.

또한 미국의 9·11 사태와 탄저균 살포 등으로 전 세계가 공포와 혼란을 겪은 것처럼, 소수의 해커가 세계의 생존과 번영을 위해 갈수록 크게 의존하는 인터넷 전산망을 컴퓨터 바이러스로 조직적인 공격을 한다면, 어떠한 결과가 초래될지 상상하기 어려울 정도다.

세계 전역에서 이른바 '맥도널드화'가 진행되면서 '빅맥 지수Big

Mac Index'가 각국의 화폐 구매력을 평가하는 통속적인 도구로 등장하고, 아직도 폐쇄적인 사회체제를 유지하는 부탄의 산골 마을에서도 엠티브이MTV는 어김없이 사람들의 눈길을 사로잡고 있다. 스포츠 팬들은 이른바 '빅리그'의 선수들이 벌이는 경기를 실시간으로 시청하면서 국제적 규모의 응원집단을 만들어낸다. 이러한 현상에서 보듯이 세계화는 문화적인 면에도 영향을 크게 미친다. 그러면 문화적·정신적 세계화는 어떠한가? 우선 개방적이고 다원적인 사회를 목표로 하는 세계화가, 획일적인 소비문화의 확산으로 다양한 토속문화를 파괴하면서 문화적 창조성의 원천을 고갈시킬 수 있다. 세계표준global standards이라는 이름으로 자리 잡은 정보와 지식 재생산구조를 받아들이는 것은, 그 안에 담긴 가치와 문화와 이념의 수용까지를 강요하는 결과를 낳기 때문이다. 특히 세계표준 중 많은 부분이 실은 미국 표준American standards인 경우도 많다. 그래서 미국적 가치, 문화와 역사의 산물인 미국적 법과 제도가 각 나라에 맞지 않는데도 세계표준이라는 이름으로 강요될 때 문화적 충돌과 갈등이 발생한다.

또한 과거에 큰 힘을 발휘하던 가시적인 물리적 생산력이나 기술에 기초를 둔 이른바 하드파워hard power보다 지식과 정보 그리고 문화와 상징에 기초를 둔 소프트파워soft power의 중요성이 점점 더 커져간다. 그러나 앞에서 논의한 세계표준의 지배력이 강화함으로써 지식과 정보, 문화와 상징의 생산과 유통의 기반이 소수 지역이나 소수 국가에 집중되면서 다른 국가나 지역의 전통적인 지식·정보·문화의 기반은 힘을 잃는다. 경제적 자본의 격차에 더해 문화적 자본의 격차까지 심화하는 상황이 된다. 그 결과, 하층 계급이나 주변부 국가의 '따라잡기 전략'은 현실적으로 더 어려워짐으로써 지식과 정보 창조력의 국가간·계층간 격차가 더욱 확대되는 경향을 보인다.

세계화 시대가 진전되면서 국민국가의 중요성이 하락하는 동시에 민족적 또는 종족적 귀속의식도 크게 감소한다. 평생직장 또는 평생직업을 보유하는 것 자체가 불가능해지면서 개인의 직업적 귀속의식도 크게 약화한다. 또한 비정규직atypical job과 불규칙적 수입이 보편화하면서 가족의 붕괴, 범죄의 증대, 나아가 사회적 연대의 해체도 상당히 증가했다. 결국 근대인이 사회적 삶의 정박점으로 삼았던 대부분이 기반을 잃게 되고 개인적 삶의 의미와 자기 정체성에 대한 혼란이 가중되었지만, 아직도 새로운 21세기형 정체성과 삶의 의미는 등장하지 않았다. 즉 개인의 정체성individual identity 위기가 대두되고 있다.

이러한 물질주의의 보편화에 대한 반동과 개인의 정체성 위기의 심화로, 일반 사람들은 기존 종교 또는 새로운 정신주의에 대해 높은 관심을 갖는다. 서유럽의 뉴에이지 운동이나 각종 명상운동 등이 그 예다. 그런데 새로운 정신주의new spiritualism적 경향의 등장은 때로 기존 종교간 갈등의 심화로, 또는 사이비 유사 종교집단의 사회적 폐해의 증대로도 나타난다. 오늘날 벌어지고 있는 이슬람교와 기독교의 갈등은 단순한 문명 충돌의 수준을 넘어 사실상 종교전쟁의 성격을 띤다고 보아야 할 것이다.

11세기 영국을 배경으로 한 《로빈 후드》에서 주인공은 영주에게 저항하는 의적의 모습을 보여준다. 이야기의 배경이 되는 중세에는 왕이 영주들에게 땅을 나누어줌으로써 영주가 실질적으로 그 지역을 지배하는 체제였다. 영주들은 지역을 군림하며 막강한 힘을 발휘했다. 또한 왕도 한 지역의 영주로 절대적 왕권을 갖지 못했으며, 현재와 같은 국가의 개념도 아니었다. 이런 중세와 마찬가지로 현재 국제관계에서 주도적 역할을 수행해온 국민국가의 주권이 대외적으로는 여러 국제기구로 부분 이동되고 있고, 국내적으로는 국가의 권력이 시장, 시민사회 그리고 지방정부로 분산 이동되고 있다. 이에 국가의 역할이 경제 성장에 우호적인 환경과 질서 등 여건만 제공하는 간접적 역할로 바뀌고 있다. 이러한 현상을 신중세적 경향이라고 표현한다.

국가에 대한 귀속의식이 약화되고, 영토의 개념 또한 유동성을 더하게 되면서 국내와 국외의 구별도 예전처럼 명확하지 않게 되었다. 그러면서 시장경제와 자유 민주주의가 보편적 이념으로 자리를 잡게 된 것이다.

이렇게 권력이 다극 분화no single ruler하고 있고, 보편이념이 존재한다는 점에서 오늘의 세계는 1,000년간 지속된 유럽의 중세와 흡사하다. 그러나 중요한 차이점은 전 세계적인 상호 의존성의 증대다. 정치 · 경제 · 군사 · 문화 등 주요 부문의 상호 의존성과 상호 작용성이 증대함에 따라 시스템의 민감성이 증대되었고, 그만큼 시스템 위험 또한 증가한다.

세계화 과정 속에서 경제와 과학기술은 전 지구적 규모로 단일화하는 반면, 정치와 군사는 아직도 종래의 국민국가 중심으로 분권되어 있다. 이러한 상황이 일으키는 문제는 바로 지구적 공공재global public goods의 공급이 구조적으로 어려워진다는 점이다.

지구적 공공재란 무엇인가? 안정되고 예측 가능한 세계 금융자본시장 구조, 공정하고 효율적인 세계무역구조, 그리고 핵, 테러, 대량살상무기, 지역분쟁과 같은 문제를 신속하고 공정하게 해결할 수 있는 지구적 군사안보질서, 또 성장과 환경의 장기적 조화를 가능하게 하는 지구적 환경체제, 여기에 인권, 이민, 종교와 같은 문제를 해결할 효과적인 지구적 갈등 해소의 구조, 더불어 세계 지식과 정보를 더욱 공평하게 생산·분배하는 체계 등 이 모두를 구축하는 것을 의미한다.

현재는 이들 지구적 공공재의 공급이 전혀 원활하지 못하다. 아니 충분한 공급이 부족한 상황에 있다. 그 주된 이유는 효과적인 세계통치구조global governance가 없기 때문에 대부분의 국민국가들이 비용을 내지 않고 이익만 향유하려는 무임승차 노력을 하고 있기 때문이다.

지구적 상호의존성이 증대되는데도 이 때문에 발생하는 지구적 문제를 해결할 효과적인 세계통치구조가 없다면 불가피하게 무정부적 상황의 세계가 등장하게 된다. 그리하여 새롭게 발생하는 지구적 문제를 풀어나가기가 더욱 어려워진다. 게다가 현재는 국가간 힘의 비대칭성, 세계자본의 기존의 이해관계, 국제기구의 관료주의, 정치·경제 지도자들의 단견 등의 문제가 있기 때문에, 현재와 같이 분산된 중세적 통치구조로는 지구적 문제의 해법을 찾기가 더욱더 어려운 상황이다. 따라서 지구적 공공재가 더욱 원활하게 공급되기 위해서는 획기적인 새로운 세계통치구조의 모색이 필요하다.

정부, 기업, 지방정부, 시민사회, 종교단체 등이 나름대로 네트워크를 이웃나라, 이웃지역으로, 나아가 전 세계적으로 확대해나가야 한다. 다양한 형태의 네트워크가 다양한 주체에 의해 세계적 규모로 형성되어야 한다. 그리하여 지구적 공공재 생산의 문제를 이러한 세계적 네트워크 속에서, 때로는 국제기구나 개별정부가 주도하고, 때로는 다국적기업이나 시민사회 또는 종교단체가 주도해 끊임없이 문제의 중요성을 제기하여 적극적으로 문제 해결을 위한 협력의 길을 모색해나가야 한다. 새로운 통치구조 구축의 주체와 차원이 다양해야 한다.

IMF, IBRD, WTO, UN 등 국제기구를 개혁해 더욱 효율적이고 공정하며 투명한 세계통치구조로 만들어나가는 것이 중요하다. 국제기구의 민주화는 참여하는 선진국의 입장뿐만 아니라 중진국의 입장, 후진국의 입장도 비교적 고르게 반영할 수 있는 시스템을 갖추어야 한다. 이와 더불어 국제기구의 내부에 관료주의와 비밀주의가 구조화하는 경향이 있으므로 조직의 내부개혁을 통해 운영의 투명성과 책무성을 높이고, 현재 국제기구의 실효성을 어떻게 제고할 것인지가 중요한 문제다.

또한 경제적·안보적 불안정성을 지역적 차원에서 대처할 수 있는 방안을 강구하는 것이 대단히 중요하다. 배타적이 아닌 개방된 지역주의라면 그것이 유럽연합EU이나 북미자유무역협정NAFTA과 같은 경제적 지역주의든 군사안보적 지역주의든 간에 바람직한 세계통치구조를 만들어나가는 데 크게 기여할 수 있을 것이다.

더 나아가 앞으로 시민사회가 세계통치구조의 구축에 적극적으로 기여해야 한다고 생각한다. 지금까지 우리나라 시민사회운동은 권위주의적 사회에서 시작된 운동이었기 때문에 상당히 전투적인 성격을 보일 수밖에 없었다. 그러나 기본적으로 시민사회운동은 이웃사랑 또는 이웃나눔운동으로 돌아와야 하며, 공동체주의를 개별 삶의 장에서 실현하는 운동이 그 중심이 되어야 한다.

그리고 여기에 추가해 세계화과정에서 더욱 중요해지는 시장에 대한 민주적 통제, 즉 시장의 인간화에 노력해야 하고 민주주의의 토착화를 위한 자치능력의 제고, 민주시민의식과 함양에 노력해야 한다. 동시에 국제적 차원에서도 시민사회가 지구적 범위의 시민 네트워크를 잘 조직해 세계화를 좀더 민주화하고 인간화하는 데 기여해야 한다. 즉 아래로부터의 세계화globalization from below에 시민사회의 지구적 범위의 시민 네트워크가 크게 기여하도록 해야 한다. 특히 인권, 환경, 평화, 이민 등 지구 전체의 문제를 고민하고 해결책을 찾는 데 시민사회의 지구적 네트워크가 중요하다.

이러한 개혁과 새로운 통치구조 구축의 방향은 현재의 세계통치구조를 더욱 효율적global effectiveness이고 더욱 정의롭게global justice 만드는 것이다. 따라서 바람직한 세계통치구조의 목표는 결국 인류의 안전한 삶human security과 지속 가능한 발전sustainable development의 확보에 있다고 볼 수 있다.

세계화가 진행되고 있다고는 하지만, 지구적 규모에서 전체적인 현상이라고 하기에는 아직 이르다. 현재의 세계화는 전체가 아닌 부분 세계화partially globalized world다. 이러한 시대에 세계통치구조를 만들어가기 위해서는 아래의 세 그룹간의 경제 수준과 구조의 차이, 정치 제도와 조건의 차이, 사고와 문화의 차이를 관리하고 조화시켜야 한다.

첫째, 세계화 그룹으로 시장경제와 자유 민주주의에 성공한 선진국들이다. 전 세계 60억 인구 가운데 10억 정도의 인구가 이미 상당히 세계화가 진행된 사회에서 살고 있다. 이들은 분권화·다극화한 통치구조 속에 살면서 다양한 주체들의 다각적 협력을 통해 인류 공통의 보편이념을 추구한다.

둘째, 근대화 그룹은 시장경제와 자유 민주주의라는 근대화 프로젝트가 아직도 진행되고 있으며, 세계화가 부분적으로 진행중인 나라들이다. 이 그룹에 속한 세계 인구가 약 30억 명 정도다. 사회주의 계획경제에서 시장경제로 복귀한 나라들, 후진국에서 중진국으로 올라선 나라들이 여기에 속한다고 볼 수 있다. 이 그룹은 아직도 부국강병을 위한 국가의 역할을 중요하게 여기고 있으며, 세계통치구조로서는 경쟁과 세력 균형balance of power의 동학이 아직도 유효하게 적용된다고 보는 집단이다.

마지막으로 전근대화 그룹으로 세계화나 정보화 또는 민주화와는 전혀 무관하게 살고 있는 집단이다. 전 세계적으로 20억가량의 인구가 여기에 속한다. 이들은 경제적 낙후, 종족간 전쟁, 정치군사적 불안, 사회적 혼란 등이 주요 특징을 보인다. 이 그룹은 지난 10년간 연평균 경제성장률이 −1%를 기록해 경제수준이 절대적으로 낮은 나라들이다. 세계화의 흐름과는 상관없이 당분간 출구 없는 쇠퇴의 길을 가고 있다.

| 한국의 선택은

두 얼굴을 가진 야누스처럼 세계화는 빛과 그림자를 모두 제시하고 있다. 특히 부분 세계화의 시대에 한국은 앞으로 어떤 방향의 국가발전 전략을 세워나가야 하는지 묻지 않을 수 없다. 이에 대한 대답으로 한국은 근대화 전략과 세계화 전략을 동시에 추진하는 복합전략을 써야 한다. 한반도에는 아직 근대화가 끝나지 않았다. 특히 전근대화 그룹에 속한 북한은 아직 근대화 프로젝트를 시작도 하지 못한 상황에 있다. 따라서 남한에서는 근대화가 상당히 진전됐다 해도 한반도 전체로서는 아직 근대화 프로젝트의 의미가 크게 남아 있다. 경제 성장, 부국강병, 민주화, 민족 통일과 같은 근대적 기획이 우리나라 국가전략의 중요한 부분이 되어야 한다. 이러한 근대적 프로젝트와 동시에 시민사회의 성숙, 첨단 지식경제의 달성, 일류의 보편적 발전에 대한 기여 등 세계화 구상도 함께 병행해야 한다. 동북아시아에 새로운 경제협력과 지역안보 공동체의 구상도 성공시켜야 하고, 바람직한 세계통치구조 건설에도 기여하는 한국이 되어야 한다.

근대화와 세계화의 복합전략을 성공시키려면 국가와 시장 그리고 시민사회가 각각의 소임을 잘 수행해야 한다. 국가는 정의를, 시장은 자유를, 그리고 시민사회는 박애를 잘 대변하고 실현하면서 서로 조화를 잘 이루어야 한다. 더 나아가 민족주의와 세계주의가 조화를 이루며, 종전의 제조업과 첨단 지식 서비스 산업을 함께 발전시켜야 한다. 이러한 복합전략은 한마디로 고난이도의 과제다.

이렇게 복합적인 세계화 전략과 관련해 두 가지 원칙이 필요하다.

첫째, '자주적 세계화' 전략이다. 독자적인 동북아시아 구상, 나아가 세계전략 구상이 있어야 한다. 미국, 중국, 일본, 북한, 러시아, EU, 동아시아에 대해 우리나라가 어떤 입장과 원칙으로 어떤 국가이익을 추구할 것인가 하는 문제를 심각히 생각해야 한다. 또한 앞으로는 세계화 전략의 하나로 세계 보편주의와 우리 문화를 어떻게 자주적으로 조화시킬 것인지가 매우 중요한 문제가 된다. 이러한 과제를 달성하지 못하면, 우리가 국제표준global standards이라고 부르는 많은 제도가 형식적으로는 들어오겠지만, 현실에 뿌리를 내리지 못한 채 결국 실패할 것이다. 세계화를 적극 추진하되 자기중심을 세우고 해나가야 한다. 이것이 자주적 세계화다.

둘째, '민주적 세계화' 전략이다. 대외적으로는 더욱 효율적이고 공정하며 투명한 세계통치구조를 만드는 데 적극적으로 참여하는 동시에, 대내적으로는 각종 세계화 정책을 추진하는 데 국민들을 설득하고 이해를 구하는 노력이 필요하다. 또한 세계화로 얻어지는 풍요와 세계화에 따른 위험을 사회 구성원들이 어떻게 공정하게 나눌 것인지를 고민해야 한다.

마지막으로, 우리 모두가 앞으로 나아갈 방향을 위와 같이 합의했다면, 그 다음으로 중요한 문제는 현재 과연 우리 정부의 능력과 시장 능력 그리고 시민사회 능력의 합인 국가 능력state capacity이 위와 같이 올바르게 국가정책을 집행해낼 수 있는지를 점검해보아야 할 것이다.

그물망 지식국가로 거듭나는 한반도

하영선 | 서울대학교 외교학과 교수

▎세계정보화, 21세기 역사의 큰 틀을 바꾸다

21세기 문명사적 전환을 맞이해 역사의 주인공, 무대, 연기의 표준이 바뀌고 있다. 지난 세기, 세계 역사의 주인공과 무대를 만드는 기준이 되었던 근대적 삶의 표준은 15세기 유럽에서부터 모습을 드러내기 시작해, 19세기에는 한반도를 포함한 동아시아에까지 전파되었다. 이는 국민국가(민족을 단위로 형성된 국가)라는 주인공들이 부국과 강병의 중심무대에서 열연한 국가 중심의 치열한 경쟁 활동이었다. 이러한 모습에 새로운 변화가 찾아오고 있다.

우선, 주인공의 변모를 보자. 20세기 말, 소련의 해체는 자연스럽게 미국을 유일한 초강대국의 위치에 놓이게 했다. 양극체계가 단극체계로 바뀐 것이다. 변화는 거기에서 멈추지 않는다. 근대의 단독

주연이던 국민국가는 21세기 복합시대의 무대에서 여전히 주인공의 위치를 확보하기는 했지만, 동시에 국가의 안과 밖에서 새롭게 부상하는 신인 연기자들과 함께 연기해야 하는 새로운 변화를 겪고 있다.

국가 밖에는 UN과 같은 전통적 국제기구뿐만 아니라, 지구 기업, 지구 테러 조직, 지구 시민사회조직 등의 지구 주인공들이 상대적으로 빠른 속도로 자율성을 높여가고 있다. 동시에 EU는 단순히 유럽국가들의 한계를 보완하는 것이 아니라, 개별국가와 지역국가가 상호 보완하는 복합국가의 가능성을 모색하고 있다. 국가 내에는 시민사회가 성장하고 있고, 이들 시민사회조직은 세계 정치적 역할도 맡고 있다. 그리고 정보기술혁명은 사이버 공간의 출현을 가능하게 했다. 사이버 공간은 디지털 정보에 기반을 둔 집단의 상상으로 구성된 다양한 그물코node들이 끊임없이 상호 작용하는 그물망network으로 복잡하게 얽혀 있다. 따라서 21세기 국가는 과거와 같이 단순히 국가들간의 공식적인 국제관계 유지만으로는 더 이상 생존과 번영을 추구하기 어렵게 됐다.

21세기 복합시대는 주인공만 변화하는 것이 아니다. 무대도 바뀌고 있다. 근대 국제정치의 화려한 무대였던 부국과 강병의 경쟁 무대는 21세기에도 여전히 중심무대의 위치를 차지하지만, 새로운 치장을 하기 시작했다. 강병의 군사 무대의 경우, 과거 일국 중심의 생존 극대화만 모색하는 과정에서는 전 세계의 공멸共滅이라는 안보의 자기모순security dilemma(안보 딜레마. 무정부상태인 국제정치 상황에서 자국의 생존과 안보를 위해 군비증강을 추진하려는 각국의 노력이 오히려 더 큰 안보 위협을 초래하게 된다는 뜻이다)을 초래했다. 그러나 이제는 지구

와 지역의 안보 그리고 사회와 개인의 안보를 복합적으로 고려하는
안보 무대로 바뀌고 있다. 부국의 경제 무대도 마찬가지다. 일국 중
심의 번영 극대화가 가져오는 공빈共貧의 위험을 피하기 위해, 지구
와 지역의 번영 그리고 국내 복지를 복합적으로 추구하는 번영 무대
로 바뀌고 있다.

21세기 세계질서의 새로운 무대가 되고 있는 것은 지식, 문화 그리
고 환경의 무대다. 정보기술혁명은 21세기 세계질서의 새로운 무대
로 지식 무대를 제공하고 있다. 19세기 산업혁명이 경제력의 비중을
기하급수적으로 높였다면, 21세기 정보기술혁명은 지식력의 중요성
을 예측하기 어려울 정도로 높이고 있다. 한편, 탈냉전과 함께 그동
안 군사와 경제에 밀려 있던 문화 무대가 부상하기 시작했고, 9·11
테러와 함께 중요성을 더해가고 있다. 인간 집단은 폭력과 돈에 의해
상대방을 따르기도 하지만, 동시에 문화의 영향을 받아 상대방을 따
르기도 하고 멀어지기도 한다. 그리고 또 하나의 새로운 무대인 환경
무대는, 근대인들이 경제 성장을 위해 무리하게 파괴한 자연 환경이
역설적으로 인간을 파괴하기 시작하면서 주목받고 있으며, 이를 개
선하기 위한 사회적·지구적 협력이 시도되고 있다.

정보기술혁명, 역사를 바꾸는 힘

21세기 세계질서의 주인공과 무대의 복합화 과정에서 특별
히 주목해야 할 것은 정보기술혁명의 영향이다. 첨단 정

보기술의 혁명적 발전은 사이버 공간의 창출을 넘어 디지털화한 정보에 기반을 둔 집단상상으로 무수히 많은 주인공들이 세계무대에 등장하는 것을 예고하며, 동시에 주인공들간의 힘의 격차를 무한대에 가깝게 벌려놓을 수 있다. 무엇보다 중요한 것은 21세기 무대에 선 주인공들은 첨단 정보기술의 도움으로 이제까지 볼 수 없었던 복잡한 그물망을 짜나가고 있다는 것이다. 거미줄 그물망의 중요한 특징은 다중심, 더 나아가 무중심이라는 것이며, 동시에 모든 그물코들이 서로 연결되어 작동한다는 것이다. 21세기 주인공들은 첨단 그물망을 끊임없이 유동하면서, 근대적 시간과 공간의 제약성을 넘어 동시에 모든 곳에 존재하는 새로운 모습의 가능성을 보여준다.

정보기술혁명은 세계질서의 무대에도 중요한 변화를 가져오고 있다. 군사 무대에서는 핵전쟁 대신에 첨단 정보전쟁의 시대가 본격적으로 열리고 있다. 최근 이라크 전쟁은 대표적 실례라고 할 수 있다. 근대적 병력이나 무기체제의 동원 없이도 전쟁에서 승리할 수 있게 된 것이다. 경제 무대에서도 지구 첨단기업이 되려면 지식 경영이 필수다. 그리고 전자 상거래의 빠른 성장과 정보산업의 선도적 역할이 동시에 눈에 띈다. 정치 · 외교도 군사 못지않게 지식정치와 정보가 중요해지고 있으며, 따라서 정보와 지식력의 기반이 없는 군사력이나 경제력 그리고 정치외교력은 점점 상상하기 어렵게 되어간다.

그러나 정보기술혁명이 가져다준 무대 변화 중 가장 중요한 것은 지식 무대의 화려한 등장이다. 정보가 우리의 삶에 필요한 대상의 형태를 보여줄 수 있도록 정리한 자료라면, 지식은 더욱 많은 사람들의 삶에 유용한 정보를 뜻한다. 근대 세계질서의 무대에서 지식은 군사나 경제 무대의 보조무대로만 머물러야 했다. 첨단 정보기술혁명은 디지털화한 정보에 기반을 두고 있기 때문에 지식 무대가 무한대로 커지게 된 것이다. 따라서 이제 지식 무대는 근대의 보조무대에서 21세기의 중심무대로 성장함으로써, 다른 모든 무대에 커다란 영향을 미치기 시작했다.

21세기 주인공, 그물망 지식국가의 등장

21세기 역사의 주인공과 무대가 새로운 변화를 겪는 것과 함께, 근대의 단독 주인공이던 국민국가도 새로운 변화를 시도하고 있다. 이는 그물망 지식국가로의 재탄생이다. 21세기의 국가는 세계무대의 모든 연기자들이 부지런히 짜고 있는 그물망의 중심에 뛰어들어야 한다. 국가는 국가 밖의 지구와 지역 연기자들, 그리고 국가 내의 시민사회와 개인 연기자들과도 촘촘히 그물망을 짜고, 마치 21세기의 홍길동처럼, 그물망을 끊임없이 돌아다니면서 동시에 그물망의 모든 곳에 존재하려는 노력을 해야 한다.

또한 21세기 국가는 그물망 국가일 뿐만 아니라 지식국가여야 한다. 부국과 강병의 무대에서 치열한 경쟁을 벌이던 근대 국민국가는 기본적으로 군사국가, 경제국가 그리고 식민지국가였다. 21세기에 들면서 지식 무대가 양과 질에서 혁명적인 변화를 보여줌에 따라, 이제 국가는 지식국가에 기반을 둔 안보국가, 번영국가, 문화국가, 환경국가여야 살아남을 수 있다.

| 한반도 그물망 국가

19세기에 근대 국민국가 건설에 실패해 망국의 설움을 뼈저리게 겪었던 한반도가 21세기에 새로운 문명 표준인 그물망 지식국가를 성공적으로 건설하기 위해서는 어떤 노력이 필요할까? 아마 그 첫걸음은 남북통일일 것이다. 19세기가 닫힌 통일론의 세기였다면, 21세기의 통일론은 열린 통일론의 세기다. 한 걸음 더 나아가 그물망 통일론의 세기다. 남과 북이 하나 되는 것─統은 안과 밖의 주인공과 모두 통하기全統 위한 필요조건이기 때문이다.

다음으로 친親외세와 반反외세를 넘어 외세를 이용하려는 노력이 절실하다. 그러나 상대적으로 약한 세력이 강한 세력을 그물망으로 엮어 활용한다는 것은 생각처럼 쉬운 일이 아니다. 세력이 강한 상대방보다 먼저 무대의 변화를 읽어낼 수 있는 안목을 갖춰야 하고, 챙길 것을 최대한 챙기고 버릴 것은 과감히 버리는 전략적 사고를 구사할 줄 알아야 한다. 하지만 무대의 변화를 먼저 읽어내기가 쉽지는 않다. 그러나 미국이 오만과 일방주의의 유혹을 넘어 절제의 미학을 성공적으로 실천할 수 있다면, 미국은 21세기에도 동아시아 질서를 일본과 긴밀하게 협조하여 주도적으로 조종해나갈 가능성이 높다.

한편 중국의 부상은 21세기 동아시아 질서의 변화에 폭풍의 눈이다. 따라서 21세기 그물망 짜기는 미·일 관계를 상대적으로 중시하되 중국을 동시에 품는 복합 그물망 외교를 추진할 수밖에 없다.

21세기 한반도 그물망 국가를 위한 동아시아 공간의 활용은 더욱 신중하게 검토되어야 한다. 유럽이 근대의 노년기를 맞이해 비로소

유럽연합EU을 건설했으나, 아직까지 근대의 청춘기를 겪고 있는 동아시아는 상당한 기간 동안 협력과 갈등이 반복되는 것을 피하기 어렵다. 따라서 닫힌 동아시아의 중심보다는 열린 동아시아 그물망 짜기에 노력을 기울여야 한다.

21세기 한반도 그물망 국가를 위해 세계화는 필수적이다. 문제는 어떤 세계화인가 하는 것이다. 그것은 미국과 유럽 일부에서 논의되는 소박한 의미의 지구화가 되어서는 안 된다. 동시에 단순한 국가 이익의 지구적 확대라는 국제화나 세계 자본주의의 명분론이 되어서도 안 된다. 한반도 이익과 지구 이익을 동시에 충족시킬 수 있는 한국적 세계화의 모습을 갖춰야 한다.

21세기 한반도 그물망 국가는 동시에 사이버 공간을 그물망으로 엮을 수 있어야 한다. 인터넷이 1990년대에 접어들면서 본격적으로 대중화함에 따라 사이버 공간은 폭발적으로 성장했다. 불과 10년 사이에 세계 인터넷 인구는 6억을 넘어섰고, 2010년이 되기 전에 10억이 넘을 것으로 전망된다. 그 중에도 중국 인터넷 인구의 증가는 현재 사이버 공간의 모습에 상당한 변화를 줄 것이다. 사이버 공간이 현실공간에 비해 얼마나 중요한 위치를 차지하게 될는지는 조심스럽게 지켜볼 필요가 있다. 그러나 사이버 공간이 국가 그물망의 중요한 부분으로 포함되어야 하는 것만은 확실하다.

마지막으로 나라 밖의 그물망 짜기에 못지않게 나라 안의 그물망 짜기가 중요하다. 21세기는 국가 공간의 전성기에서 국가, 사회, 개인 공간의 복합적 공존기로 변모하고 있다. 따라서 국내의 다양한 정치, 사회 세력들과 개인까지도 그물망에 포함시켜 정책결정 이후가

아닌 정책결정 이전에 이들의 이해관계를 조정함으로써 사회 내 갈
등을 최소화해야 한다.

| 한반도 그물망 지식국가, 세계무대의 중심으로

21세기 한반도 그물망 국가는 세계 정보화시대의 중심세력이
되기 위해 지식국가의 모습도 동시에 갖춰야 한다. 이를 위
해 21세기 역사의 무대가 바뀌고 있다는 것을 우리의 정치, 사회 주
도 세력들이 하루빨리 깨달아야 한다. 한반도의 북쪽은 아직도 전형
적인 19세기 사고의 표현인 강성대국론을 21세기 국가목표로 삼고
있다. 한편 한반도의 남쪽은 20세기 사고의 표현인 국민소득 2만 달
러의 동북아시아 중심을 21세기 초 꿈으로 내걸고 있다. 그리고 21세
기 정치개혁의 기본 방향을 1980년대 잣대인 탈냉전, 탈권위주의,
탈지역주의에서 찾고 있다.

21세기 주도 국가들은 근대의 군사국가, 경제국가, 민족국가를 넘
어 지식국가에 기반을 둔 안보국가, 번영국가, 문화국가, 환경국가의
새로운 모습으로 탈바꿈하려는 치열한 노력을 하고 있다. 동시에 한
반도가 21세기 주도 국가의 대열에 동참하기 위해 겪어야 할 가장 어
려운 과제는 국내외 정치 무대에서 지식을 기반으로 하는 숙의
deliberative 정치국가를 실현하는 것이다. 오랫동안 권위주의 정치 현
실을 겪어온 우리나라는 자연스럽게 정치개혁의 최우선 순위를 참여
민주주의에 두어왔다. 그러나 참여 민주주의는 21세기 선진 정치개

혁의 최소한의 필요조건이지 충분조건은 아니다. 즉 경기 참가가 자동적으로 승리를 보장받는 것은 아니란 의미다.

정보기술혁명으로 전자 민주주의는 기존의 대의 민주주의(근대 이후 시·공간의 제약으로 아테네식 직접 민주주의가 현실적으로 불가능해지자, 대안으로 국민들이 선출한 대표자를 통해 간접적으로 지배하는 통치양식을 말한다)를 넘어 사이버 직접 민주주의의 가능성을 열어가고 있다. 그러나 국내외 정치현안에 이해관계를 달리하는 정치·사회 세력들이 단순히 참여해 떼쓰고, 목청 높이고, 힘겨루기를 하는 것으로는 문제를 해결할 수 없다. 승리의 관건은 지식을 기반으로 문제 해결을 숙의해 가장 경제적이고 효율적인 해답을 찾아내는 숙의 민주주의의 달성이다. 정치 무대의 주인공들은, 숙의 없는 참여 민주주의는 권위주의 못지않은 부작용을 우리 사회에 가져다준다는 것을 명심하고, 숙의 있는 참여 민주주의를 21세기 정치개혁의 최우선 과제로 삼아야 한다. 또한 국회는 숙의 민주주의 정당으로 다시 태어나야 한다. 그동안 우리 국회는 국민 전체의 삶을 진지하게 논의하는 공론의 장이기보다 선거구, 지역, 당파의 이해관계에 몰두하는 사론의 장이었다. 정보기술혁명을 최대한 활용해 숙의 정당에 기반을 둔 숙의 국회를 하루빨리 구성하는 것이 21세기 정치개혁의 또 하나의 과제다. 그리고 숙의 민주주의의 진정한 자리 매김은 시민사회조직들이 구호와 시위를 넘어 지식에 기반을 둔 공론의 장에 적극적으로 동참할 때 비로소 가능하다. 지식국가는 더 이상 사후에 폭력, 금력, 이념의 갈등 조절에 부심하기보다는, 사전에 지식 기반의 정책 형성과 실천으로 갈등 자체를 감소하려는 노력을 집중적으로 해야 한다.

또한 국내정치에서 숙의 민주주의를 추진함과 동시에 국제정치에서 지식외교를 우선적으로 실천하기 위해 노력해야 한다. 21세기 외교의 전초전은 지식외교에서 벌어지고 있다. 세계 정보화시대 외교에서의 첫 승부는 상대방 또는 참석자들의 협상전략을 남들보다 먼저 그리고 정확하게 읽어내고 합의 가능한 방안을 찾아냄으로써 달성할 수 있을 것이다. 그러나 아직도 아날로그 정보 외교 수준을 벗어나지 못하고 있는 우리 외교가 첫 승부에서 상대방을 압도하기 위해서는 하루빨리 디지털 지식외교의 중요성을 제대로 인식하고 실천에 옮겨야 한다.

지식국가라는 목표를 구체적으로 현실화하기 위해 가장 중요한 것은 국외의 지구 지식과 국내의 사회 지식을 모으고 분석해 제대로 된 국가 지식을 생산하는 것이다. 우선 지구 지식의 활용부터 검토할 필요가 있다. 우리 사회가 당면하고 있는 문제를 푸는 데 도움이 되는 분야의 세계 지식을 한반도에 제대로 모으기 위해서는 세계 지식질서의 주인공과 무대를 빠짐없이 관람하고, 필요한 것을 정리해 문제풀이에 활용할 수 있는 지구 수준의 제도적 장치가 필요하다. 특히 정보기술혁명으로 현실 공간의 아날로그 정보에 비해 사이버 공간의 디지털 정보는 거의 무한대로 늘어나고 있다. 따라서 사이버 공간에 떠 있는 4천만 개 이상의 웹사이트 정보를 활용해 우리의 문제를 풀어나가는 데 필요한 지식을 마련할 수 있어야 한다. 이를 위해서는 대통령이 한국 CKOChief Knowledge Officer의 대표가 되어야 하며, 국내의 모든 주요 조직들은 명실상부한 CKO조직을 활용해야 한다.

사이버 공간에서 상상을 초월하는 속도로 늘어나고 있는 디지털 정보는 축복이자 저주다. CKO는 우선 수많은 지구 정보 중에서 쓰레기와 보석을 가려 우리에게 도움이 되는 지구 지식을 찾아내야 한다. 그러기 위해서는 CKO들이 기존의 아날로그 지식 관리뿐만 아니라, 사이버 공간의 디지털 지식을 전 지구적 차원에서 본격적으로 관리해야 한다. 그리고 우리의 문제를 푸는 데 이것을 본격적으로 활용할 수 있는 교육 프로그램을 마련해야 한다.

21세기 한반도 지식국가 건설은 지구 지식의 활용과 함께 사회 지식의 활용 없이는 불가능하다. 우리 사회의 형식적 지식explicit knowledge(문서나 매뉴얼처럼 외부로 표출되어 여러 사람이 공유할 수 있는 지식)뿐만 아니라 암묵적 지식tacit knowledge(학습과 체험을 통해 개인에게 습득되어 있지만 겉으로 드러나지 않는 상태의 지식)을 효율적으로 모두 모아 제대로 된 사회 지식을 만들기 위해서는 사회조직과 구성원들이 지구 수준의 고급 디지털 지식에 항상 용이하게 접근할 수 있는 방안을 마련해야 한다. 우리 사회는 초고속 인터넷 보급률, 인터넷 사용자 수, 사용시간의 면에서 세계 정상 그룹의 위치에 있다. 그러나 접속하는 디지털 정보의 질적인 측면에서 보면, 선진 그룹의 위치에 있지 못하다. 따라서 사회 지식을 활용하기 위한 첫걸음은, 우리 네티즌들이 이미 제공되고 있는 고급 인터넷 서비스를 기반으로 이에 상응하는 지구 수준의 고급 디지털 지식을 얻을 수 있도록 하는 것이다.

세계 수준의 고급 지식을 기반으로 형성된 사회 구성원들의 의견을 국가 차원에서 적극적으로 활용하기 위해서는 정부, 지방자치단체, 시민사회조직, 기업, 대학 등이 풀어야 할 문제의 성격에 따라 지적 클러스터cluster로서 공론의 장을 형성할 필요가 있다. 현재 대부분의 정부 산하 정책 자문회의들은 정책결정 과정에 실질적으로 기여하기보다는 정책홍보에 형식적으로 동원되고 있다. 반면에 새로운 공론의 장은 문제의 성격을 어느 정도 객관적으로 파악할 수 있는 사회의 주인공들이 정부의 정책결정 이전에 충분히 논의함으로써 사회적 지식 창조에 기여하고, 정책결정 이후 사회 구성원들의 이해 갈등을 상대적으로 약화시킬 수 있을 것이다.

마지막으로 첨단 지식국가는 첨단 지식사회의 기반 위에서 가능하다. 사회의 지식수준은 교육기관, 연구소, 기업, 언론방송, 시민사회단체 등에 의해 형성된다. 그 중에서도 대학의 역할은 결정적으로 중요하다. 세계 첨단 지식질서의 축약이 세계 대학질서다. 세계 대학질서 구조의 단면이라고 할 수 있는 과학기술논문 인용색인SCI에 등재된 학술지의 논문 발표 수를 보면, 미국이 압도적으로 1위를 차지했으며, 다음으로 일본, 영국, 독일, 프랑스의 순서다. 미국의 논문 발표 수는 일본, 영국, 독일, 프랑스의 논문 발표 수를 다 합한 것보다 많다. 우리나라는 13위를 차지했다.

특히 주목해야 할 것은 첨단 지식국가들은 지구 지식의 활용과 주도를 최우선으로 한 다음, 사회 지식의 평준화를 모색하고 있으나, 우리나라의 최근 교육과 연구 정책은 사회 지식의 평준화를 우선으로 하고, 지구 지식의 활용과 주도를 부차적으로 추진하고 있다. 이런 현실이 계속된다면, 세계 지식질서는 물론이고 동아시아 지식질서에서도 주인공 역할을 담당하기 어렵다. 첨단 지식국가를 건설하려면, 현재의 대학 교육과 연구 정책부터 방향을 전환해야 한다.

21세기 세계 정보화시대의 새로운 문명 표준으로 등장한 그물망 지식국가의 건설이 선행되지 않고서는, 한반도가 21세기 세계질서의 중심무대에 서는 것은 불가능하다. 19세기 국제 부국강병 시대의 문명 표준이던 국민, 군사, 경제 국가를 제대로 건설하지 못했던 한반도는 20세기 초반 역사의 무대에서 내려와야 했다. 19세기의 불행한 역사를 반복하지 않기 위해서는 21세기 한반도의 정치·사회 중심세력들이 그물망 지식국가 건설이라는 확고한 비전을 정립하고, 국내외 역량을 최대한 효율적으로 활용해 비전을 실천에 옮길 수 있어야 한다.

흔들리는 가족 : 위기인가, 기회인가?

함인희 | 이화여자대학교 사회학과 교수

| '골드미스'를 꿈꾸는가?

탄한 직업, 개성, 매력을 가진 30대 여성을 일컫는 말이 '골드미스'다. 30대 싱글 여성들이 '골드미스'로 남으려는 이유는 여러 가지가 있겠지만, 우리나라에서 결혼한 직장 여성으로 산다는 것은 사랑하는 가족을 위해 희생을 감수할 만큼 녹록하지 않은 가혹한 현실이기 때문이다.

맞벌이부부의 일상은 전쟁과 다름없다. 새벽부터 출근 준비와 함께 아이를 챙겨 어린이집이나 시댁, 친정집에 맡겨야 하고, 퇴근시간에는 해야 할 일이 있어도 상사들 눈치를 보며 아이를 데리러 가야 한다. 시댁과 친정의 대소사를 챙겨야 하며 명절에는 허리가 휜다. '행복한 가정을 위해서라면 이런 수고스러움쯤은 견딜 수 있어야지'라고 하겠지만, 이런 고난의 시간이 대부분 여성의 몫이라는 게 문제다.

결혼해서 사랑하는 남편과 아이와 함께 행복한 가정을 꾸리고 싶지 않은 여성이 있을까? 행복한 가정을 꾸리고 일도 열심히 하면서 살고 싶지 않은 여성이 있을까?

우리나라는 아직 OECD(경제협력개발기구) 국가들 중 출산율이 최하를 기록한다. 2050년이 되면 인구증가율이 거의 0 수준에 근접할 것으로 예상되고, 노인 1명을 생산가능 인구 1.4명이 부양할 것으로 추정된다.

이대로 우리 사회, 가족이 지속될 수 있을까? 그동안 우리가 이상적으로 꿈꾸어오던 가족의 모습은 어떻게 변화될까?

│ '누구의 잘못도 아니지만 아무도 행복하지 않은' 가족

최근 우리나라 가족의 변화가 눈부실 만큼 현란하다. 곧 출산 파업, 이혼율 급증 그리고 고령사회 진입이 진행되면서(《표 5-1》 참조) 가족을 향해 강도 높은 도전을 시작했다. 이들 도전의 징후는 유럽 선진국에서는 이미 100여 년 전부터 나타나면서 완만한 속도로 진행되어왔음에 비해, 우리나라에서는 변화의 속도가 지나치게 빨라 전통-근대-탈현대적 요소들이 충돌하면서 우리네 가족은 '누구의 잘못도 아니지만 아무도 행복하지 않은' 역설적 공간으로 변화하고 있다.

표 5-1 인구학적 지표의 3대 반란

연도	출산율	이혼율	고령화율 (65세 이상 인구)
1980	2.83	5.9	3.8
1985	1.67	10.3	4.3
1990	1.59	11.4	5.1
1995	1.65	17.1	5.9
2000	1.47	32.5	7.2
2006년 현재	1.13	43.5	9.5
10년 후 추계	1.50 소폭 반등	40~45% 현재 비율 유지	12~13% 초고령사회 준비

출처 통계청, 《한국의 사회지표》, 해당 연도

10년 후의 가족 자화상을 추론해보면, 출산율은 정부의 출산부양책에 힘입어 현재 1.13명에서 제한적이나마 소폭 상승할 전망이다. 또한 이혼율도 2004년의 47.4%를 정점으로 과도기적 상승세를 멈추고 현재보다는 다소 낮은 비율을 유지할 것으로 예상된다. 하지만 결혼 5년 이내인 부부의 이혼율과 더불어 황혼 이혼율이 상승 추세를 나타낼 것으로 보인다.

한편 고령사회 진입과 관련해 1955년 출생한 베이비붐 세대들이 2015년에 60세로 접어들면서 우리나라도 '회색빛 사회gray society'가 될 전망이다. 노인인구비율이 15%에 육박하는 초고령 사회로 진입하면서, 노인 이미지는 수동적 부양대상에서 '인생 이모작' 시대의 능동적 주체로 획기적 전환이 이루어질 것이며, 이에 따라 노인의 다양성에 주목하는 '맞춤형' 노인복지정책이 증가하게 될 것이다.

이러한 변화의 와중에 가족이 솔직하게 자신의 모습을 드러내고 있는 것도 인상적이다. 실제로 지금까지 우리 가족은 '무엇을 이야기할 수 있는가' 보다 '무엇을 이야기해서는 안 되는가' 라는 규범이 정교하게 발달되어왔다. 그러나 최근 가족을 둘러싸온 겹겹의 신화가 하나 둘씩 벗겨지면서 지금까지 금기시되었던 주제들이 공론의 장으로 떠오르고 있다.

이는 대중문화 속에서 전형적으로 표출되고 있는바, 일례로 임상수 감독의 영화 《바람난 가족》에서는 배우자의 외도, 혼전·혼외 임신은 물론이요, 입양, 노년의 성性과 사랑, 그리고 아버지의 죽음을 바라보는 가족의 차가운 시선까지 이제껏 가족을 향해 품어온 환상과 신화를 여지없이 무너뜨리고 있다.

가족의 변화를 지켜본 학자들은 거의 예외 없이 가족의 '적응력'에 경탄을 보내고 있다. 가족은 변화가 요구되는 계기마다 스스로의 생존을 최우선 목표로 해 변화를 '스펀지처럼' 흡수함으로써 사회적 도전에 유연하게 대처해왔다는 것이다.

그런데 흥미로운 것은 사회가 급변할수록 변화에 대한 가족의 저항이 증가해왔다는 사실이다. 사회적 통합기반이 흔들린다고 생각될 때마다 사회적 결속의 주체는 가족밖에 없다는 전통적 의식이 사회를 지배해왔다. 실제로 정치·경제·사회·문화 등 공적 영역의 변화에 대해서는 '전근대로부터 근대로 진보했다' 는 긍정적 평가를 내리는 반면, 이혼율 급증, 출산율 감소, 한부모 가족의 증가, 동거, 독신, 노인 단독가구 등 다양한 가족형태의 출현에 대해서는 가족 해체와 사회적 통합의 저해라 간주하는 위기의식이 강하게 나타나고 있는 것이 사실이다.

이러한 위기의식은 가족의 변화와 사회의 변화 사이에 나타나는 일종의 지체lag 현상과 밀접한 관계가 있다. 이는 두 차원으로 나누어 볼 수 있는데, 하나는 가족의 변화가 진행되는 시기와 가족 구성원들이 변화를 인지하는 시기 간의 괴리다. 즉 가족 구성원들이 가족의 변화를 감지하고 그로 인한 갈등, 폐해 등을 문제로 인식할 때는 이미 가족은 그러한 사회변화를 경험한 이후라는 것이다. 오늘날 주요 사회문제로 부상하는 취업여성의 출산과 양육 부담, 노인 부양, 가족폭력, 낙태 등이 모두 이 범주에 속한다.

또 다른 차원은 가족의 변화속도와 사회의 변화속도 간에 나타나는 지체 현상이다. 여기에는 가족이 사회변화에 대응하지 못함으로써 나타나는 '가족 지체' 와, 사회가 가족의 변화를 수용하지 못하는 데서 나타나는 '사회 지체' 가 포함된다. 가족 지체의 예로는 여성의 취업률이 충분히 증가했는데도 여전히 '남자=바깥일, 여자=집안일' 을 고수하는 성역할 이데올로기를 들 수 있고, 사회 지체의 예로는 현재의 가족 재원으로는 노인 부양을 책임지기 어려운 상황인데도 사회는 여전히 전통적인 효 관념에 입각해 '핵가족 책임론' 을 고수하는 것을 들 수 있다.

가족은 같은 사회 안에서도 사회경제적 지위, 지역적 특성, 종교적 배경에 따라 다양한 모습을 보이며, 같은 가족 구성원이라 해도 성과 연령 그리고 가족주기family cycle에 따라 다양한 경험을 하기 때문에 미래를 단선적으로 예측하기가 불가능하다.

이 글에서는 현재의 가족 위기를 바라보는 시선들과 지금까지 진행되어온 가족주기의 획기적 전환 과정을 짚어보면서, 가족의 10년

후 모습을 전망해 우리나라 가족의 변화를 예측해보고자 한다.

| 가족 위기를 바라보는 시선 : 가족해체론인가, 재구조화론인가

우리나라 가족의 상황을 바라보는 시선에는 해체적 위기로 규정하는 비관적 입장과 재구조화 과정으로 진단하는 낙관적 입장이 공존한다. 흥미로운 것은 가족의 변화 실태에 관한 관찰 결과는 대체로 일치하는데, 해석에 따라 가족이 해체위기에 직면해 있다는 우려와 가족이 새로운 환경에 적응하면서 '재구조화' 한다는 두 가지 진단이 맞서고 있다.

이러한 대립은 가족의 전통성과 근대성의 충돌에 기인한 것으로, 무엇이 정상가족인가 하는 신념의 차이에서 파생된 결과라고 할 수 있다. 전통가족을 중시하는 입장에서는 '전통가족＝정상가족' 이라는 신념을 고수한 채, 전통가족의 회복이야말로 현재의 가족 위기를 헤쳐나갈 수 있는 유일한 통로라는 것이 이들의 신념이다.

한편 근대가족을 지지하는 측면에서는 개인의 자유와 양성평등을 지향하는 '핵가족' 이 정상가족이라고 믿고 있다. 이러한 맥락에서 여성의 가족 지위 상승과 평등한 성별 역할분담, 나아가 아동 양육과 노인 부양의 사회적 책임을 강조한다.

단, 현재의 가족 위기 논쟁은 일정한 한계를 보인다. 양측 모두 정상가족과 전형적 가족의 신화에서 자유롭지 못할 뿐만 아니라, 가족＝사적 영역, 사회＝공공 영역의 이분법을 자연스럽게 수용한 상태에서 전통적 가족 기능에 집착하는 성향을 보인다는 점에서 그러하다. 나아가 위기 논쟁이 전통가족 대 근대가족의 대결구도에 집중되면서, 부양 문제와 가장(남성)의 지위 하락에 대한 해석의 차이 등 제한된 부분에만 관심이 모이고 있다.

그 결과, 최근 급격히 증가하고 있는 다양한 가족유형에 대한 진지한 검토를 소홀히 하고 있음은 물론, 신념이 현실을 압도하면서 가족위기의 본질에 대한 깊은 탐색이나 사회적 합의를 유도하기 위한 노력보다는 자신만의 목소리를 내세우는 정치운동으로 변질되고 있다는 비판을 받기도 한다.

이러한 한계를 벗어나기 위한 노력으로 가족의 위기 상태 여부를 문제 삼기보다는 무엇이 가족의 위기인지, 특정 위기는 왜 나타났는지에 대해 원인을 진단해보고, 어떻게 이를 헤쳐나가야 하는지 해결방안을 모색하는 작업이 더욱 중요하다는 절충적 입장도 있다. 이러한 입장에서는 무릇 가족이란 이데올로기와 가치, 제도와 기능, 그리고 개별 가족의 선택적 전략이 각각 따로 작동하는 다면적 실체라는 사실에 주목하면서, 개별 가족행위가 매우 다양한 모습으로 전개된다고 하더라도 '신비화된' 가족 이데올로기는 여전히 굳건하게 유지되고 있음을 간과해서는 안 된다.

| 압축적 사회 변동과 가족주기의 변화

대부분의 사회 속에는 사회적으로 구조화한, 구성원들이 공통적으로 인식하는 사회적 시간표social time table가 존재한다. 우리나라와 같이 관습의 영향이 강한 곳에서는 '적령기'가 매우 중요한 의미를 갖는다. 대표적 사회적 시간표의 하나인 가족주기란 가족도 개인과 마찬가지로 탄생과 죽음을 반복해 이어간다는 것을 전제로, 부부가 결혼해 사망할 때까지 가족이 겪게 되는 주요 경험을 중심으로 단계를 설정한 것이다. 정상가족의 주기는 결혼, 출산, 단산斷産, 자녀가 독립할 때까지의 자녀 양육과 교육, 탈脫양육기의 빈 둥우리 가족, 그리고 배우자 사망, 본인 사망으로 이어진다.

다음의 〈표 2〉는 가족주기를 결정하는 사회적 시간이 각 세대별로 어떻게 변화되어왔는지 요약한 것이다. 먼저 결혼을 보면, 우리나라는 여전히 '보편혼普遍婚 사회'이기에 결혼 적령기를 넘어서면 결혼율은 대체로 90% 이상을 넘어선다. 평균 결혼연령은 계속 높아지고 있는데, 이처럼 만혼晚婚이 보편화하는 것은 전반적으로 교육수준이 높아지고, 경제적 자립이 결혼의 선행조건으로 등장하게 되면서 나타난 현상이다.

그러나 최근 들어 미혼남녀의 결혼율이 눈에 띄게 감소하는 경향이 있다. 이에 영향을 미치는 요인으로는 결혼을 필수로 생각하던 인식에서 결혼을 선택으로 생각하는 비율이 증가하면서 동시에, 청년실업이 주범으로 지목되고 있다. 10년 후를 예측하건대 평균 초혼연령은 더 이상 높아지지 않을 것이지만, 미혼남녀의 결혼율은 소폭 감

표 5-2 가족주기의 변화

(단위 : 연령)

구분	1935	1955	1975	2006	1935~44년 결혼한 부인	1955~64년 결혼한 부인	1975~85년 결혼한 부인	1995~2000년 결혼한 부인
결혼	17.1	20.4	23.6	27.8	16	20	23	26
첫자녀 출생	21.2	23.2	25.3	29.2	20	22	24	28
막내 자녀 출생	31.9	33.2	30.8	33.4	36	31	26	30
첫자녀 결혼	46.0	48.8	50.7	55.3	45	49	50	54
막내 자녀 결혼	56.7	58.8	56.2	58.8	60	58	52	56
배우자 중 1명 사망	55.5	58.9	63.6	73.0	55	59	67	72
나머지 배우자 사망	60.8	66.7	72.2	80.5	61	66	75	79
평균 자녀 수 (명)	6.2	6.0	3.4	1.2	6	4	2	1.3
혼자 사는 기간 (년)	5.3	7.8	8.6	6.5	6	7	8	7

출처 한국여성개발원, 《여성백서》, 1992. 통계청, 《한국의 사회지표》, 2006.

소할 것으로 예상된다. 이 과정에서 20대 후반부터 30대 초반을 중심으로 결혼과 비혼의 장점을 결합한 새로운 결합형태, 곧 종래의 동거나 별거형 결합living apart but together/LAT을 선택하는 비율이 증가할 것으로 보인다.

한편 결혼 이후 가족주기에서 획기적인 사건은 출산이다. 오늘날 출산율의 급격한 감소는 가족계획정책의 영향과 산업화·정보화로 인한 자녀의 효용가치 감소의 직접적인 결과로 해석된다. 자녀의 효용가치 감소란, 농경사회에서는 자녀가 노동력이었다면 산업사회 이후의 자녀는 소비재로 변화했음을 의미한다. 더불어 전통사회의 자녀는 노후보험의 성격이 강했으나 현재에는 자녀의 노후 부양기능이 극히 약화되었음을 의미한다.

실제로 첫 자녀 출산 이후 막내 자녀를 출산하기까지의 기간을 코호트(동일 연령집단)별로 추적해 살펴보면, 1935~44년에 결혼한 여성의 경우(2000년 기준 82~76세) 16년, 1955~64년에 결혼한 여성의 경우(65~59세) 9년, 그리고 1975~84년에 결혼한 여성의 경우(49~40세) 2년으로 줄어들었다. 단, 여성들의 단산 연령은 만혼의 경향 때문에 비교적 서서히 감소되었는데, 앞으로는 출산 파업으로 출산기간이 2년 이내로 줄어들 전망이다.

이로 인해 앞서 예시한 80대, 60대, 40대 여성들이 결혼생활 중 자녀 양육과 교육에 들이는 비중은 각각 88.9%, 78.3%, 53.8%로 줄어들었고, 출산기간만 비교하면 각각 35.6%, 19.6%, 3.8%로 감소했다. 20, 30대 여성들의 경우는 출산 파업과 선택적 무자녀 가족의 증가로 출산기간이 더욱 단축될 것으로 보인다.

그럼에도 한 가지 주목할 만한 사실은 부모가 자녀 양육과 교육에 들이는 기간은 출산율의 감소에 비례해 전격적으로 감소되지는 않았다는 사실이다. 곧 자녀양육 및 교육에 들이는 기간은 80대 여성의 경우 6명 출산에 40년, 60대 여성의 경우는 4명 출산에 36년, 그리고 40대는 2명 출산에 28년을 소비한 것으로 나타났다. 이처럼 자녀 1명당 들이는 양육과 교육 기간의 연장은 자녀의 교육수준이 높아지고 결혼연령이 높아지면서 나타난 현상이요, 또한 여전히 부모-자녀 관계가 가족생활의 중심을 이루는 우리나라 가족의 특성을 잘 반영한 지표라고 볼 수 있다.

이러한 특성은 역설적으로 출산 파업의 직접적 원인이 되고 있는

데, 고비용 저효율의 대표적 예로 지목되는 사교육비 부담과 입시 위주의 교육제도가 그대로 지속된다면 출산 파업 또한 장기화할 가능성이 높다.

자녀 수의 감소는 한편으로는 전업주부의 기회비용을 증가함으로써 맞벌이부부의 규범화를 가져오는 동시에, 다른 한편으로는 우리나라 가족의 중심축을 부모-자녀에서 부부중심으로 이동하는 계기를 마련해주었다. 1990년대 이후 이혼율 급증의 주된 원인 가운데 하나는 이혼에 대한 사회적 인식이 더욱 관용적으로 변화하는 가운데, 결혼의 의미가 역할중심의 제도가족에서 관계중심의 우애가족으로 전환되는 과정에서 남편의 변화 속도와 부인의 변화 속도 사이에 심각한 괴리가 나타났기 때문이라는 해석이 있다.

1997년 IMF 외환위기 이후 우리나라에서 가장 이데올로기의 실종 또는 약화가 두드러지는 상황에서, 남편 세대가 계속 자신의 아버지 세대를 준거집단으로 삼는다면 부부간 갈등과 불만족은 더욱 심화될 것이며, 불행한 결혼관계를 해소하고 대안을 모색하는 시도가 꾸준히 증가할 것으로 보인다. 그 결과 결혼-이혼-재혼이 반복되면서 다양한 유형의 '복합가족blended families'이 등장하게 될 것이며(〈표 3〉 참조),더불어 100쌍 중 15쌍이 다문화 가족을 구성하게 되면서 혼인유형의 다양화 또한 빠른 속도로 확대될 전망이다.

마지막으로 평균 기대수명의 증가는 배우자가 해로하는 기간을 꾸준히 증가시키면서 자녀를 키우는 일에서 벗어나 배우자와 함께 노년기를 보내는 '탈양육기의 노부부가족'을 출현시켰다. 과거의 부부는 막내를 결혼시키기도 전에 배우자의 사망을 경험했으나 이제 미

표 5-3 혼인 구성의 다원화

연도	초혼남-초혼녀	재혼남-초혼녀	초혼남-재혼녀	재혼남-재혼녀
1990	89.3	3.6	2.3	4.7
1996	85.9	3.6	3.8	6.7
2002	79.0	3.8	5.6	11.6
10년 후, 2014	감소	현상 유지	다소 증가	증가

출처 통계청, 《한국의 사회지표》, 해당 연도

래의 부부는 그 어느 세대보다 오랜 기간 '빈둥지 가족단계'를 지나게 될 가능성이 높아졌다. 이러한 변화는 부부 문화가 부재한 우리나라 가족의 아킬레스건으로 등장하게 될 것이며, 동시에 노년기의 삶의 질을 유지하는 과제가 생애주기상의 새로운 과제로 출현하게 될 것이다.

이들 가족주기의 변화가 가족의 기능 및 역할에 대해 '이중의 의미'를 지닌다는 점은 주목할 만하다. 즉 출산율 감소는 자녀교육의 강화와 가족공리주의의 심화로 연결되고, 가족관계의 친밀성에 대한 기대상승은 가족관계의 불만족 또는 갈등의 심화로 연결된다. 나아가 부부관계의 중요성 증대는 가족 안정성의 약화로 인한 부부의 해체 증가로 연결되고, 평균수명의 연장 또한 한편으로는 축복이자 다른 한편으로는 심각한 노인문제를 발생시키는 것임을 상기할 필요가 있다.

이제 우리나라의 가족도 핵가족화를 넘어 새로운 가족 분열과 융합의 시대를 맞고 있는 듯하다. 결혼-혈연-공간의 공유가 가족의 필요충분조건을 구성하던 시대를 지나 新가족을 향해 나아가고 있는 것이다. 新가족이란 한마디로 다양한 형태의 '대안가족'의 출현을 의미하는데, 앞으로는 대안가족이라는 말 자체가 필요 없는 시대가 올지도 모르겠다.

우선, 전형적인 가족을 벗어난 곳에서 나름대로 새로운 가족 유형을 모색하는 '나홀로 가족'의 증가가 주목된다. 독신은 이제 더 이상 문제적 독신이 아니다.

노인 단독가구의 급증도 대세다. 3세대 확대가족의 이상이던 효도와 존경이 부모 부양에 대한 부담으로 치환되면서 나타난 노인 단독가구는, 앞으로 고령사회가 진행되면서 더욱 보편화할 전망이다.

이혼의 증가로 인한 '한부모 가족'의 확산도 10년 전에 비해 30% 이상 증가했다. 이들 가족의 최대 현안으로 부모와 자녀의 성이 불일치하는 문제가 사회적 쟁점이 되면서 현재 호주제 폐지가 확정되어 2008년 개정된 민법이 시행에 들어간다. 부모의 이혼은 가족의 세포분열을 더욱 가속시켜 조부모-손자녀 가족 또는 재혼가족 등 다양한 조합의 '복합가족'을 구성하게 될 것이다.

한편 '살아보고 결혼합시다'를 외치는 동거living together도 빠른 속도로 확산되고 있다. 결혼의 장점을 유지하면서도 결혼으로 인한 부담을 최소화한다는 점에서 기존 제도의 매력적 대안으로 등장한 이들 동거 양식에도 변화가 감지되고 있어 주목을 끈다. 즉 1990년대 이전까지만 해도 경제적 이유나 부모의 반대로 결혼을 미룬 '미혼未婚 동거'가 대부분이었으나 최근의 양상은 '비혼非婚 동거'의 증가가 두드러진다. 미혼 동거가 비자발적으로 결혼을 유예한 것이라면, 비혼 동거는 일정기간 함께 살아본 후 결혼 여부를 결정하자는 자발성이 두드러진다. 여기서 관건은 서로에 대해 조금 더 깊이 알아보고 결혼을 결정하자는 것이요, 커플 공히 독립채산제와 철저한 가사분담에 입각한 평등한 관계 유지에 중점을 둔다.

이 밖에도 여러 가족이 모여 하나의 공동체를 이루고 생활해가는 종로구의 자율학교-물꼬 모임, 경기 화성군의 야마기시 마을, 전북 부안군의 한울공동체, 전국 귀농운동본부의 생태마을 등 공동체 실험도 주요 신가족의 하나로 주목받고 있으며, 우리에게는 여전히 낯설지만 동성애 가족도 서서히 모습을 드러내고 있다.

결국 가족은 계속 불확실성uncertainty과 유동성fluidity을 증가시킬 것이라는 전망이 우세하다. 따라서 10년 후의 가족은 견고한 제도로서의 부부와 그들의 자녀로 구성된 핵가족만 정상가족이라 고집하기보다는, 개인의 선택폭이 확대된 다양한 생활양식 하나하나를 가족의 범주로 포섭하는 과정을 거치게 될 것이다.

게다가 컴퓨터 정보망의 발달로 가족과 일터, 일과 여가의 분리가 점차 완화되는 상황에서 재택근무, 유연시간제 근무, 2인 1조 근무 등 다양한 일의 유형이 개발되는 동시에, 가사 자동화가 진전되면서 부부가 동시에 가족과 일에 평등하게 통합될 수 있는 '역할공유role sharing'가 합리적 선택지로 등장하게 될 것이다. 이는 사회변화에 대한 적응력이 뛰어나고 협상과 커뮤니케이션 능력이 탁월한 사람들, 곧 주어진 역할을 유연하게 수행하는 양성적 인성을 요구하는 미래 사회의 방향과 맥을 같이한다.

다행인 것은 과거에는 다른 사람들에게 존경을 받는 일에 많은 가치를 두었으나, 현대인들은 더욱 내면적이고 자기중심적인 것에 만족감을 느끼며 가치의 근원을 찾게 되면서, 부와 명예를 위해 비인간적 삶을 선택하기보다는 개인의 행복과 보람을 위해 소박한 삶을 선택하는 사람이 늘고 있다는 사실이다. 이 과정에서 '친밀한 인간관계의 순수한 기쁨'을 주는 가족이 개인의 삶에서 매우 중요한 의미를 갖게 되었음은 환영할 만하다.

10년 후 우리나라 가족은 전통적 가치관과 서구적 가치관의 충돌, 기성세대와 신세대 간의 갈등, 남녀간 이해관계의 충돌 등 갈등과 위기감에서 서서히 벗어나, '관계성'이라는 인간의 기본적 욕구를 충족시키기 위한 '더 나은 삶의 방식'을 구현하면서 가족 본연의 의미를 새롭게 되새기는 과정에 서 있게 될 것이다.

세상을 이끄는 힘, 에너지와 그 미래

심상렬 | 에너지경제연구원 에너지정책연구본부 선임연구위원

| 현존 최대의 이슈, 에너지

국제 유가가 멈출 줄 모르고 치솟고 있다. 중국, 인도 등 신흥국의 에너지 수요는 지속적으로 증가하고 있는 반면, 중동의 정치적 불안정이 계속되어 공급이 여의치 않다. 한쪽에서는 허버트의 정점을 언급하면서 석유 생산량이 이미 정점을 찍었거나, 앞으로 몇 년 안에 최고치에 이르면서 석유의 고갈이 더욱 심각해질 것이라고 한다. 이러한 상황에서 에너지 자원을 둘러싼 국제질서는 더욱 복잡 미묘해진다. 러시아는 막대한 에너지 자원의 힘을 이용해 유럽의 맹주로 다시금 자리 매김했고, 그 영향력을 세계로 확대하며 미국의 이해관계와 충돌하고 있다. 한편 중국은 아프리카, 중앙아시아, 중동 등 모든 지역에서 실용적이면서도 공격적인 자원 외교에 앞장서며,

미국을 비롯한 서방국가와 정치적·외교적·경제적 마찰을 키우고 있다.

환경문제는 또 어떠한가? 화석연료 사용에 따른 탄소의 배출증가로 지구는 이미 우리가 그 피해를 절실히 느낄 만큼 뜨거워져 있다. 이러한 추세가 지속된다면 100년을 못 버티고 지구의 모든 생명체가 사라질지도 모른다.

에너지 문제는 이제 세계 각국의 국정의제에서 최고 우선순위에 올라 있다. 세계 각국은 어떻게 에너지를 안정적으로 확보하느냐와 얼마나 친환경적인 에너지를 개발하면서 화석연료의 의존도를 줄이느냐를 최대과제로 설정했다. 이 글에서는 거시적 관점에서 에너지 부문의 메가트렌드를 살펴보고 바람직한 정책방향을 모색하고자 한다. 이 글을 읽은 이들이 에너지의 미래와 그 미래에 대한 대응전략을 한번쯤 깊게 성찰할 수 있는 기회를 갖기를 바란다.

| 에너지 부문의 변화를 이끄는 힘

사회의 모든 부문이 그러하듯이 에너지 부문에서도 자연, 인간, 공동체 그리고 혁신과 기술의 속성이 메가트렌드를 형성하는 주요 동인으로 작용한다.

석유매장량의 한계는 에너지 문제를 일으키는 핵심동인이다. 자연은 인간이 주로 사용하는 화석 에너지를 무한정 제공할 수 없다. 화석 에너지의 미래 가채연수는 석유 41년, 천연가스 65년으로 상당히 제한적이다. 추가로 발견할 수 있는 가채량을 고려하더라도 석유 생산은 앞으로 30~40년 내에 최고 수준에 도달한 후 감소할 것으로 전망된다.

이는 미래의 에너지 자원이 무엇인가에 대한 문제를 제기하며 다른 한편으로는 현재 주로 사용하는 화석 에너지의 가격이 점진적으로 상승할 것임을 의미한다.

우리가 사용하는 에너지에서 발생하는 배출물질 또는 폐기물은 지구 전체로나 국지적으로 자연생태계의 자정능력을 훼손하는 경우가 많다. 에너지 사용에 따른 온실가스의 배출은 이미 지구적인 이슈가 되어 있으며, 에너지의 생산과 사용에 따른 대기, 토지, 수질, 해양 오염은 국지적으로 사회적 이슈가 되고 있다. 이것은 소위 에너지 의 생산과 사용에 따른 외부성의 문제로, 앞으로 에너지와 관련해 가인적 또는 사회적 책임이 중요하다는 것을 의미한다.

인간은 편리하고도 양질인 에너지를 끊임없이 선호하고 있으며, 기술혁신을 통해 그러한 욕구를 충족시키고 있다. 그 결과, 에너지의 형태는 고체에서 액체로, 기체 또는 전기로 발전했다. 또한 인간은 더욱더 풍요로운 생활을 위해 더 많은 에너지를 소비하는 특징을 보인다. 이러한 에너지 소비행태는 자연자원의 한계성 또는 자원 사용에 따른 외부성 문제를 더욱 악화하는 요인으로 작용할 것이다. 뿐만아니라 에너지의 공급과 사용에 따른 위험성 또는 외부성은 소득이 증가하고 에너지 형태가 발전함에 따라 더욱 높아질 것이다.

접근성을 높여라

에너지 자원에 대한 접근성은 우선 활용할 수 있는 자원이 있어야 하고, 그 자원에 대한 물리적 접근방법이 가능할 때 확보된다. 한편, 에너지 절약과 에너지 소비행태의 탈脫석유적 변화는 간접적으로 자원의 활용범위를 높이는 것이어서 접근성의 주요한 방안이 된다.

세계는 현재 미개발지역을 중심으로 석유·가스 자원 개발과 시장 진출에 주력하고 있다. 세계 각국은 석유·가스 자원의 미개발지역인 중동, 아프리카, 러시아, 중앙아시아에 대한 탐사와 개발에 커다란 관심을 보이고 있다. 이들 지역은 석유·가스 매장량의 81.3%를 점유하는데, 특히 중동 이외의 지역이 미래의 유망 개발지역이다.

또한 기존의 광물·석유·가스 자원 이외에 함유 셰일Oil Shale, 오일 샌드Oil Sand 등 비전통적 석유자원의 개발과 진출에 관심을 보이고 있다. 비전통적 석유의 주된 매장지역은 남북 아메리카 대륙이며, 그러한 석유자원은 석유 가격이 상승함에 따라 상업적으로 광범위하게 활용될 것으로 예상된다.

화석 에너지 자원의 매장한계를 근본적으로 극복하는 길은 재생에너지의 개발과 이용이다. 세계 각국은 이를 위해 거대한 프로젝트를 구상하고 추진하기 시작했는데, 특히 미국, 일본, 유럽연합과 같은 선진국들은 수소를 중심으로 미래 에너지의 청사진을 수립하고 수소 경제 달성을 위해 노력하고 있다. 예를 들면, 미국은 Hydrogen Future Act(2001) 등의 법제화를 통해 앞으로 30년경을 목표로 수소 경제 실현을 추진하고 있다. 특히 미국은 2050년까지 모든 자동차의 연료전지 이용을 완료할 계획이다. 이는 수소 생산비용의 저렴화가 성패를 좌우하는 핵심적인 요소인데, 수소의 연료원으로는 석탄수소, 제4세대 원자로 그리고 태양열과 같은 신재생 에너지를 고려하고 있다.

우리나라도 이러한 지구적 자원 확보 추세에서 예외가 아니다. 정부는 정상외교를 통해 아프리카, 러시아 지역의 매장량 확보를 위해 노력하고 있다. 또한 우리의 석유·가스 개발사업이 초보단계 수준이라는 점을 고려해 공기업 중심으로 개발사업을 육성하고 있으며, 자금조달 방법으로 유전개발 펀드 제도를 시행했다. 장기적으로는 민간기업의 석유·가스 개발사업 국제 메이저화를 도모하고 있다. 한편, 우리나라는 러시아의 자원을 활용해 동북아시아 에너지 협력을 주도적으로 추진하고 있으며, 수소 경제의 2040 비전을 제시하는 등 신재생 에너지의 확대를 위한 종합 시스템을 수립해나가고 있다.

세계 각국은 또한 접근성을 높이는 차원에서 미개발지역의 기간시설 투자와 에너지 이용을 위한 수송설비 투자를 중요하게 다루고 있다. 아프리카, 러시아 등은 에너지 자원의 탐사·개발을 위해 기간설비 투자를 국가계획으로 다루고 있다. 한편 에너지 교역과 이용의 증대에는 지구적 또는 국가적인 수송설비가 필수적으로 수반된다. 지구적 수송설비의 예로는 유조선, 가스 수송선, 다국간 파이프라인 또는 송전망 등이며, 이들 설비규모는 교역규모의 증가와 더불어 앞으로 지속적으로 늘어날 것으로 전망된다.

에너지의 국가간 교역은 자원의 매장과 이용 간의 비대칭으로 증가하는 추세를 보이고 있는데, 세계 석유 소비 중 교역비중은 1990년 47.4%에서 2004년에 60%로 증가되었다. 따라서 국가적 관점에서도 에너지 소비는 경제 성장과 더불어 증가하고 가스와 전력 등으로 고급화할 것이기 때문에 국가 내의 에너지 설비도 확대가 불가피하다.

한편, 에너지에 대한 접근성을 간접적으로 제고하기 위해 세계 각국은 에너지 절약을 국가적 과제로 설정하고 있다. 미국은 2006년 '에너지 효율 국가행동계획'을 채택했으며, EU는 2005년 '에너지 효율 녹서'를 마련했고, 일본은 '뉴 선샤인 계획'을 수립해 관련정책을 추진하고 있다. 우리나라는 최근 고유가 시기를 맞아 기존의 '에너지 이용 합리화 기본계획'을 강화하는 '에너지원 단위 3개년 계획'을 추진하고 있다. 대다수 국가들은 석유위기에 대한 대응, 에너지의 안정적 공급확보, 지구적 온실가스 감축 수단으로 에너지 절약 정책을 추진하고 있다.

수송 부문의 탈석유화는 앞으로 석유 · 가스 자원의 경제적 고갈을 극복하는 필수요건이다. 이는 수송용 연료 대체가 쉽지 않기 때문이다. 따라서 선진국은 수소연료전지의 개발과 보급을 통한 수송 연료의 혁신을 도모하고 있다.

가용성 향상을 위한 투자

이 글에서 사용하는 '에너지 가용성'이란, 소비자가 지불 가능하며 선호하는 에너지를 적절한 양으로 공급하는 척도를 의미한다. 21세기 들어 에너지의 가용성이 중요해진 이유는 석유자원이 곧 고갈될 것으로 전망되기 때문이다.

석유 가격은 생산이 감소하는 시기보다 훨씬 이전부터 상승할 것으로 전망된다. 과거의 사례를 살펴보면, 19세기에 조명용 석유는 고래기름으로부터 조달되었는데 고래가 남획되기 시작하면서 가격이 급등했다. 그후 광물석유의 등장으로 석유 가격이 하락 추세를 보였다. 에너지 자원의 매장량과 이러한 가격의 관계를 고려해볼 때, 21세기 전반기에 석유 가격은 상승 양상을 보일 것으로 예상된다. 이러한 장기 추세는 신재생 에너지의 경제적 시장 진입을 허용할 것이다. 그후 신재생 에너지 공급의 규모가 확대되고 기술이 진보됨에 따라 에너지 가격은 하락할 수 있을 것으로 예상된다.

이와 같은 미래 에너지 수급 양상과 가격은 에너지 가용성과 관련해 중요한 트렌드를 형성해나갈 것으로 보인다. 고갈시기로 접어든 석유의 최대 생산시기를 전후해, 즉 신재생 에너지의 경제적 보급이 가능한 시기를 전후로 지불능력이 어려운 일부 소비자는 충분한 에너지를 구입하지 못할 수 있다. 이러한 가용성의 제약은 특히 개발도상국 또는 저소득층에서 두드러질 수 있다.

이러한 관점에서 볼 때 선진국과 개발도상국 간 에너지 협력, 특히 신재생 에너지원에 대한 기술이전 협력은 중요한 과제로 등장할 것으로 예상된다. 이 같은 현상은 유엔기후변화협약UNFCCC/United Nations Framework Convention on Climate Change의 대응 방안과 연계되어 더욱 발전할 수 있을 것으로 기대된다. 현재 운영되고 있는 지구환경기금Global Environment Facility/GEF은 선진국의 에너지 기술과 자본이 개발도상국의 보전된 환경과 거래된다는 점을 통해서도 볼 수 있다. 이와 유사한 방안으로 선진국은 에너지 부존국인 개발도상국에 대해

자원개발기술, 기반시설 또는 정보관련 기술 등을 제공하고, 개발도 상국으로부터 자원개발 수입을 추진해 국가간 협력을 모색할 수 있을 것이다.

에너지 친환경성에 대한 책임 강화

에너지(특히 화석 에너지)의 생산, 수송과 이용은 매 단계에서 자연자원을 활용하고 폐기물을 자연 생태계로 배출하고 있다. 예를 들어, 석탄을 생산함으로써 초래되는 수질과 토양의 오염을 복구하기 위해서는 상당히 많은 외부비용이 필요하다. 그리고 석탄의 수송과 이용 시에는 석탄재를 폐기물로 배출하며, 연소 시에는 황산화물SOx 등을 배출하기 때문에 국지적으로는 대기를 오염시킨다. 또한 국가간에 산성비 문제를 일으키며, 지구적으로는 지구온난화에 영향을 미친다. 이와 같이 에너지 시스템은 자연자원에 대해 국지적·지역적·지구적으로 외부비용을 발생시킨다.

현재 이러한 에너지의 외부비용과 관련해 제기되는 중요한 문제를 다음과 같이 정리할 수 있다. 첫째, 주민들은 대부분은 발전소, 풍력발전기 등 에너지의 생산설비와 폐기물처리장이 자신들의 거주지역에 마련되는 것을 거부할 가능성이 높다. 이러한 특징은 소득이 증가하고 경제가 발전함에 따라 더욱 심화할 것이므로, 앞으로 우리나라의 에너지 정책 집행에서 커다란 부담으로 작용할 것이다.

둘째, 에너지를 사용함으로써 배출되는 폐기물 또는 오염물질에 의한 환경오염은 동북아시아 지역 여러 국가의 미래 주요 쟁점으로 등장할 가능성이 높다. 에너지 교역의 확대와 더불어 에너지의 해상·육상 수송량은 증가하며, 이는 공해公海와 국경지역에 대한 오염의 위험도를 증가시키게 되어 외부비용의 국가간 부담문제가 발생하게 될 것이다. 뿐만 아니라 중국과 북한의 석탄 사용에 따른 산성비 문제는 한국, 일본 등 동북아시아 여러 국가의 지역적 환경문제의 쟁점이며, 원자력 발전의 확대는 국가간 환경적 우려를 내포할 수 있다.

셋째, 지구적 환경문제인 온난화의 주원인이 에너지 사용에 다른 온실가스 배출이라는 점에서 지구온난화 대책은 에너지의 합리적 사용과 직접적으로 관련되어 있다. 유엔기후변화협약UNFCCC의 이행체제를 규정하는 교토의정서Kyoto protocol가 2005년에 발효됨에 따라, 우리나라를 비롯한 각 회원국은 온실가스의 배출감축을 위해 여러 가지 대책을 마련하거나 추진중에 있다.

에너지 시장 개방

화석 에너지의 매장자원은 기본적으로 국가 소유지만, 개발·이용되는 자원은 공기업 또는 민간기업이 운영하는 복합적인 형태를 유지한다. 우리나라를 비롯한 선진국은 석유 상품 시장에 투자(진입)해 교역과 가격을 자율화했다. 최근 주된 지구적 추세는 전통적으로 자연독점적 또는 공기업 체제로 운영되고 있는 전력이나 가스와 열에너지 시장의 개방화, 민영화와 자율화 현상이다.

이러한 현상이 소위 에너지 산업구조의 개편이다. 전력과 가스 같은 망 에너지network energy 산업구조의 개편은 자연독점기업의 에너지 생산 또는 수입, 수송과 판매의 결합상태를 기능별로 분리해 경쟁이 가능한 생산·판매 부문에는 경쟁을 도입하고, 수송 부문網管理에 대해서는 자연독점체제를 유지하는 것이다. 이러한 개념의 산업구조 개편은 생산·판매 기능으로 분리된 공기업의 부분적 민영화와 조직화된 도매시장을 인위적으로 개설하는 것을 주요 내용으로 삼는다.

에너지 산업구조의 개편을 초래하는 동인을 자연독점으로 생기는 경제적 비효율성, 기술진보, 경제의 세계화 추세로 요약해볼 수 있다. 망 에너지 산업은 자연독점적 특성이 있으며, 규제의 불완전성으로 효율성 면에서 의심의 대상이 되어왔다. 전력, 가스 등 망 에너지 공급은 전통적으로 장치 산업적 특징이 있기 때문에, 공급량이 증가함에 따라 평균비용이 감소했다. 이것은 이른바 자연독점 요인으로, 이 경우에 하나의 기업이 시장의 공급자 역할을 전담하는 것이 사회 전체적으로도 경제적이었다. 이러한 장점은 있지만, 자연독점기업의 투자와 경영의 비효율성은 끊임없는 비판의 대상이 되었으며, 최근까지 비효율성에 대한 이러한 평가는 에너지 산업의 비용체감적 장점을 뒤집을 수 없었다.

이 같은 상황에 변화를 가져온 동인은 기술진보인데, 새로운 기술은 에너지 산업의 비용체감적 특성, 즉 자연독점적 요소를 배척할 수 있는 계기로 작용했다. 예를 들면, 독립계 전력회사independent power producer는 가스 복합 발전 등 새로운 발전기술을 적용함으로써 기존의 자연독점 공기업과 경쟁할 수 있게 되었다. 그리고 소형 원자로, 가정용 열병합발전CHP 등에 의한 에너지 공급은 앞으로 전통적인 독점기업과 경쟁할 수 있을 것으로 보인다.

그리고 정보기술IT의 진전은 발전소의 가동·정지·운영을 용이하게 할 뿐만 아니라 에너지 시스템의 자동화에 기여하는 바가 크다.

또한 주요 선진국이 운영하는 전력과 도시가스 도매시장의 운영에 결정적인 역할을 담당하고 있다.

이와 같이 에너지 관련 기술진보와 자연독점 공기업의 경제적 비효율성은 전통적인 네트워크 에너지 시장에서도 경쟁 가능성을 보여주었다. 세계화 추세는 그러한 가능성에 추진력momentum을 제공하는 요소다. 세계화는 정치적·경제적·문화적·사회적 현상을 아우르는 포괄적인 개념이지만, 경제적인 측면에서 볼 때 정보, 인력, 자본(투자) 등 생산요소와 생산물의 국가간 흐름이 확대되는 것을 의미한다. WTO(세계무역기구)는 GATT(관세무역일반협정)를 통해 이미 상품 시장의 개방과 교역자유화를 추진했으며, GATSGeneral Agreement on Trade in Services(서비스 교역에 관한 일반협정) 체계 내에서 서비스 시장의 개방과 교역자유화를 협상하고 있다. WTO가 추구하는 다자간 시장자유화와 병행해, 세계 각국은 FTAFree Trade Agreement(자유무역협정)를 통해 양자간 시장 개방과 자유화를 추진하고 있다. FTA는 현재 약 150여 개가 체결되었으며, 이것들은 대부분 2000년 이후에 나타난 것이다.

WTO와 FTA 협상은 다른 재화와 서비스에 비해 많은 예외를 인정하는 것이 사실이지만, 에너지 상품과 관련 서비스 시장의 개방과 자유화를 주요 의제로 다루고 있다.

위와 같은 여러 요소의 결합작용으로 세계 주요국은 전력, 가스와 열에너지 시장의 구조 개편을 추진했거나 진행중에 있다. 전력산업의 구조 개편은 1990년 영국을 시작으로 현재 40여 개국이 추진하고 있으며, 가스 산업구조도 미국, 유럽, 오스트레일리아, 일본 등에서 개편되는 추세다.

　우리나라도 1990년대 후반부터 에너지 산업의 구조 개편을 추진했으나 여건이 성숙되지 못해 현재 중단된 상태다. 이는 세계적 추세와 어울리지 않는 것이며, 직접적으로는 시장기능을 제대로 활용하지 못한 것이므로 앞으로 이에 대한 새로운 접근을 모색해야 한다.

| 정부, 그 역할은 무엇인가

정부의 역할은 일반적으로 생산적 기능, 자원배분조정 기능, 소득재분배 기능, 그리고 경제 성장과 안정화 기능으로 구분해볼 수 있다. 이러한 정부의 기능을 에너지 부문에 초점을 맞추어보면, 에너지의 생산·공급 기능, 에너지 관련 환경과 시장정책, 에너지 취약계층에 대한 지원, 그리고 에너지의 국가전략적 대책으로 대별해볼 수 있다.

　정부의 에너지 생산·공급 기능은 세계적으로 현저히 축소되는 추세다. 이는 선진국을 중심으로 추진되고 있는 에너지 산업구조의 개편을 반영하는 것이다. 우리나라의 에너지 산업구조 개편은 현재 중단된 상태지만, 에너지 분야의 세계적 추세를 고려해볼 때 정부의 기능도 이 부문에서 장기적으로 축소 조정이 불가피할 것으로 보인다.

　에너지 관련 환경정책은 에너지의 개발·생산·이용에 따른 외부성 문제에 효과적으로 대처하기 위해 강화되는 추세다. 우리나라는 국가적 차원에서 갈등관리의 중요성을 고려해 에너지 기본법(2006년

3월 제정 · 공포)에 갈등조정분과 전문위원회를 설치했으며, 이제 그 실질적인 가동을 위한 조직적, 법적 · 제도적 대책을 마련하고 있다. 아울러 우리나라는 에너지 이용에 따른 지구적 환경오염에 대해 체계적인 대안을 마련해가고 있다. 특히 지구적 온실가스 감축과 관련한 잠재성장률, 대외교역, 선진국으로서의 위상 등을 고려해, 우리가 부담할 수 있는 합리적 감축 수준을 결정하고 효과적 비용으로 달성할 수 있는 대책을 마련중에 있다.

에너지 관련 시장정책은 정부의 에너지 생산 · 공급 기능이 축소되고, 에너지 산업구조의 개편이 진행됨에 따라 구조적인 조정이 필요한 분야다. 우리나라는 현재 에너지 산업의 자유화를 완결 짓지 못한 채 전 세계적으로 급변하는 에너지 환경 변화에 직면해 있다. 이와 같은 상황에서 정부는 신속히 자신의 역할을 재정립하는 노력을 기울여야 할 것이다. 그런데 현재 중단되어 있는 전력, 가스와 열에너지에 대한 구조 개편이 과거의 공기업 체제로 회귀하거나 과도기적인 현 체제를 유지하는 것에 머무를 수는 없을 것으로 보인다.

이러한 가능성을 고려하고 아울러 에너지 산업구조 개편의 국제적 추세를 고려할 때, 우리 정부의 에너지 시장정책은 중장기적으로 다음과 같이 진행될 것으로 예상된다. 첫째, 에너지 시장의 경쟁촉진을 위해 시장 참여자들이 동등한 조건으로 자유롭게 경쟁하는 장level playing field을 마련하는 것이다. 전력 시장의 경우, 망 관리 사업을 제외한 전력 생산과 판매 부문은 진입과 가격이 자율화할 수 있을 것이며, 가스 시장의 도입과 판매 부문 또한 자율화의 대상이 될 수 있다. 둘째, 망 관리 사업은 여전히 공기업 체제로 유지될 것으로 보이며,

망 요금도 규제의 대상으로 남아 있을 것으로 보인다. 셋째, 정부의 규제기관은 현재의 전기위원회KEC가 그 기능을 확대해 가스와 열에너지 분야를 포괄하는 에너지 전문 규제기관으로 발전해나갈 수 있을 것이다. 넷째, 에너지 기술의 진전으로 분산형 에너지 자원이 활발해져 에너지의 상품성이 높아질 것이므로, 국가의 에너지 망과 분산 에너지 자원 간의 거래제도가 확립되어야 할 것이다. 다섯째, 에너지 시장의 개방과 자유화로 에너지 기업은 앞으로 다국적, 복합 에너지 기업으로 발전할 가능성이 있으므로 새로운 형태의 경쟁과 규제정책이 필요할 것이다. 여섯째, 에너지 교역은 다국가간의 망 설치가 필요하기 때문에 이에 대한 국가간의 제도 확립도 필요하다.

또한 개발도상국과 국가 내의 에너지 취약계층을 대상으로 하는 지원도 정부의 중요한 역할 중 하나가 될 것이다. 그리고 에너지 시장의 개방과 자유화가 진전될수록 정부는 석유, 원자력 등 전략 에너지 자원에 대해 다음과 같은 국가 차원의 안보적·전략적 대책을 마련해야 한다. 첫째, 해외 에너지에 대한 접근성을 확보하는 과정에서 국가간 마찰위험이 있으므로 이에 대한 외교적·전략적 차원의 노력이 필요하다. 둘째, 신재생 에너지로의 전환 시기에 에너지 수급의 불균형이 발생할 수 있으므로 이를 완화할 수 있는 에너지 공급에 관심을 기울여야 한다. 셋째, 국제협력의 추진 시 수출국과 수입국의 정치적·사업적 갈등, 개발도상국에 대한 에너지의 접근성 격차를 고려해야 한다.

지구가 살아야 인간도 산다

윤성규 | 국립환경과학원 원장

| 작지만 위대한 생명의 보고(寶庫), 지구

미국의 '스페이스 바이오스피어'Space Biosphere 사의 J. P. 알렌John Polk Allen은 호기심 많은 거부 E. 배스Edward Bass로부터 2억 달러를 지원받아 미국 애리조나 주의 투손Tucson 인근 사막지대에 1.32km² 규모에 달하는 거대한 유리온실로 된 인공생태계를 건설하고 '바이오스피어 2Biosphere 2(지구라는 거대 생물권을 '바이오스피어 1Biosphere 1'로 보고 그 닮은 꼴 인공지구를 만든다는 생각에서 붙여진 이름)' 라 명명했다.

거대한 유리온실 안에 바다, 습지, 열대우림, 사막, 초원, 농경지 등의 환경을 사람의 힘으로 '섬세하게 설계' 했고, 염소, 원숭이, 지렁이, 벌새 등 3,800여 종의 동 · 식물들을 그 곳에 넣어 살게 하였다.

그리고 남녀 4명씩 8명의 과학자들 역시 그 속에서의 생활을 시작했다. 만약 이 온실 속에서 산소를 포함한 모든 것들을 자급자족할 수 있게 된다면 자연생태계 수준의 인공생태계를 만들 수 있다는 이야기가 된다.

1991년부터 2년간 예정되었던 이 실험은 그러나 얼마 안되어 중단되고 말았다. 실험을 시작한 이후 산소량이 다달이 0.5%씩 줄어 8명의 인간이 숨 쉴 산소도 만들어 내지 못했기 때문이었다. 이 실험은 지구를 닮은 생물권을 인위적으로 조성하는 것이 불가능하고, 동시에 지구 생태계가 얼마나 정교한가를 일깨워주는 사례다.

지구는 우주에서 보면 1천억 개의 은하계 중 하나에 불과한 우리 은하계, 그 우리 은하계에 속해 있는 1천억 개의 별들 중 하나에 불과할 정도로 티끌만 한 존재지만, 위대한 생명의 보고인 것이다.

"연못에 수련이 자라고 있다. 수련이 매일 갑절로 늘어나는데 29일째 되는 날 연못의 반이 수련으로 덮였다. 아직 반이 남았다고 태연할 것인가? 연못이 수련으로 점령되는 날은 바로 다음날이다"

– 로마클럽 보고서 《성장의 한계(The Limits to Growth)》 중에서

로마클럽The Club of Rome(1968년 4월 이탈리아 로마에서 서유럽의 정계, 재계 및 학계의 지도층 인사들에 의해 창설된 미래 연구기관)은 1972년 《성장의 한계The Limits to Growth》라는 보고서를 발표하여 전 세계를 긴장하게 만들었다. 미국 MIT 대학의 메도우스D. H. Meadows 등 4명의 전문가들이 미래세계 시뮬레이션을 통해 '인구의 증가, 식량생산

의 부족, 천연자원의 고갈, 과도한 산업발전과 환경오염으로 인해 인류사회는 당시 기준 향후 100년쯤 되면 성장이 한계에 봉착한다'는 연구결과가 그 골자였다.

《성장의 한계》가 출간된 지 35년이 지난 지금, 보고서가 가진 한계에 대한 비판의 목소리 역시 상당한 근거들을 제시하고 있다. 그러나 환경오염이 앞으로 인류사회의 성장을 속박하는 중대한 문제임이 점점 분명해지고 있기 때문에, 《성장의 한계》가 전하는 메시지들을 다시 상기해봐야 할 것이다.

| 병들고 있는 지구

47억 년쯤으로 추정되는 지구의 역사에서 생명체가 출현한 시기는 대략 1억 5,000만 년 전으로 추정되지만, 인류의 출현은 겨우 200만 년 된 것으로 알려져 있다. 따라서 장구한 지구의 역사를 하루로 봤을 때, 인류가 존재한 시간은 자정 1초 전에 불과할 정도로 짧다.

그런데 이 짧은 인류역사 중에서도 우리가 주시해야할 시기는 산업화가 본격화된 지난 100년으로, 다시 말하면 하루로 본 지구의 역사에서 약 0.002초에 해당하는 짧은 기간이다. 이 짧은 시간에 일어난 지구상의 변화는 실로 대단하며 이것은 그 기간 동안 폭발적으로 증가한 인구와 밀접한 관련이 있음을 부인할 수 없다.

예수가 태어난 1세기에 1억 명 내외이던 전 세계 인구는 10세기 2

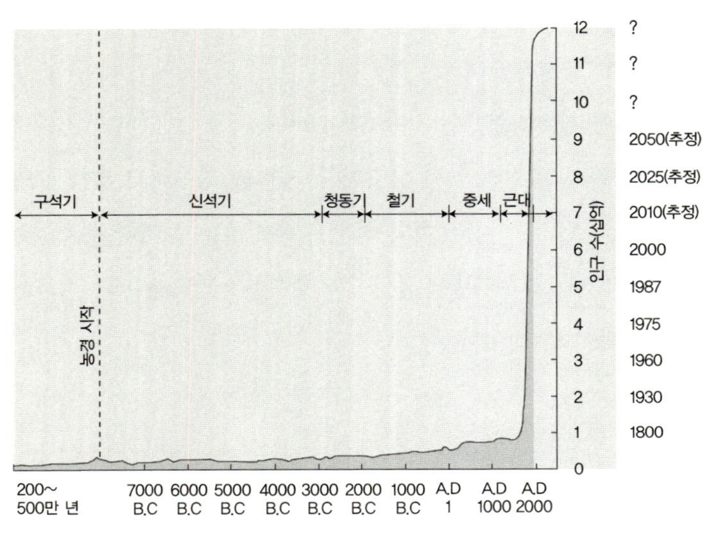

억 명, 1800년 10억 명, 1930년 20억 명, 1960년 30억 명, 1987년 40억 명, 1999년 60억 명, 2005년 65억 명으로 급격하게 늘어왔다.

인구증가 속도는 점점 빨라져 2028년 80억 명, 2054년 90억 명으로 늘어날 것으로 예측된다. 폭발적으로 증가하는 인구를 부양하고, 지구촌화와 더불어 확산되는 높은 소비생활 수준의 기대를 충족시키기 위해서는 더 많은 재화와 식량을 공급해야 한다. 결국 지구는 과도한 착취에 직면하고 있다.

중국의 인구 13억 명이 4인 가족 1대의 승용차를 굴리면서 연간 1만 5,000km씩 운행할 경우, 전 세계에서 매일 생산되는 원유 9,000만 배럴의 4분의 1은 중국인들의 승용차용 연료로 충당되어야 한다는 계산이 나온다. BRICs 국가들이 모두 고속성장을 지속하고 있고 향후 고드의 산업화가 예측되는 상황에서 에너지 · 자원 사용량 증가세는 더욱 가속화될 것이고 지구온난화 역시 더욱 심해질 것이다.

지난 100년간 에너지 사용량은 11배 증가했다. 가솔린 소비량은 '1950년대 1년치 = 2000년대 6주치'에 불과할 정도로 에너지 소비가 급증하고 있어 지구 부존자원의 1/3은 이미 소모되고 말았다. 더구나 브라질Brazil, 러시아Russia, 인도India, 중국China, 이른바 BRICs 국가들의 고속성장은 에너지 자원의 미래를 더욱 어둡게 만들고 있다.

문제는 여기서 끝이 아니다. 에너지 자원 사용량의 증가는 에너지 부족 문제만이 아니라 지구 온난화 문제로도 이어진다. 지난 20년간의 기록에 비춰보았을 때 온실가스인 이산화탄소 배출량의 3/4 가량이 화석연료의 연소에서 나왔다. 게다가 더욱 우리를 심난하게 간드는 것은 화석에너지 사용량을 획기적으로 줄일 수 있는 탐탁한 방법이 현재로써는 별로 없다는 것이다.

유엔의 결의에 따라 세계기상기구WMO와 유엔환경계획UNEP이 1988년 11월 공동 설립한 정부간 기후변화 패널Intergovernmental Panel on Climate Change/IPCC의 보고서에 의하면 대기 중 이산화탄소 농도는 산업혁명 이전까지는 275ppm 수준에서 안정화되어 있었지만 그 이후 급증해 현재는 380ppm 수준에 달하고 있다. 세계기상기구가 2007년에 발간한 자료에는 이산화탄소가 연평균 1.8ppm씩 증가해 왔다고 한다. 2007년 12월 발표된 IPCC 제4차 보고서에 의하면 지구온난화는 현재 명백하게 진행 중임을 관측 자료를 이용하여 증명했으며, 1960년대 이후 급격한 온도 상승이 인간 활동에 기인함을 유수의 모델링 결과를 이용하여 밝혔다.

연간 약 80억 톤의 이산화탄소가 오늘날 대기로 방출되고 있다. 이 중 45억 톤은 해양, 식물, 토양에 흡수되지만 나머지 35억 톤은 대기 중에 축적된다. 이산화탄소의 방출속도가 해수와 식물 토양의 흡수속도를 능가하고 있기 때문에 대기 중 이산화탄소의 농도는 급격하게 증가하고 있다. IPCC는 2100년까지 대기 중 이산화탄소가 540~970ppm범위로 늘어날 것으로 전망하면서 전 지구 평균 지표기온 역시 적게는 1.0℃에서 많게는 최대 6.4℃까지 상승할 것으로 예측하고 있다. 이는 20세기에 관측된 온난화 속도보다 훨씬 빠르며, 지난 1만 년 동안에는 유례가 없었던 수준이다.

해수면 상승이 인류에게 어떤 재앙을 가져오는가에 대한 가장 극적인 대답은 바로 '투발루 공화국'이다. 해수면이 상승하면서 태평양에 위치한 인구 1만 2,000여 명의 섬나라 투발루 공화국은 바닷물에 점차 잠겨 사라질 위기에 처했다. 투발루 공화국 정부는 주민들을 단계적으로 이주시킨다는 내용의 결정을 내리고 국제사회에 환경난민의 지위를 인정해달라고 요구하고 있지만, 호주, 뉴질랜드 등의 주변국들은 냉담하다.

대기 중 이산화탄소 농도의 급상승이 유발한 온실효과는 지난 140년 동안 전 지구 평균 지표 기온을 0.74±0.24℃ 상승시켰고, 더불어 해수면도 약 20~30cm 상승했다. 해수면 상승에 가장 치명적인 상황

은 지구상 담수의 70% 상당을 차지하고 있는 남극빙하가 녹는 것이
다. 남극의 빙하가 모두 녹으면 해수면은 7m 정도 상승할 것으로 우
려된다.

스위스 취리히에 있는 세계빙하감시국wGMS 과학자들은 컴퓨터
모의를 통해 기후 변화로 유럽 알프스 산맥의 빙하 가운데 4분의 3이
금세기 안에 사라질 것이라는 연구결과를 오스트리아 수도 빈에서
열린 유럽 지구과학연맹EGU 연례회의에서 발표했다. 자료에 따르면
지난 1850년대 알프스의 빙하지역은 4,474km²였으나 2000년에는
2,272km²로 줄었는데, 지난 150년간 절반 정도가 사라진 셈이다.

이처럼 지구온난화 징후가 곳곳에서 나타나자 1992년 6월 브라질
의 리우데자네이루에서 개최된 유엔환경개발회의UNCED에서 기후변
화협약UNFCCC을 채택하는 등 국제사회의 지구온난화 대처 노력이
시작되었다. 기후변화협약은 그러나 온실가스 감축에 대한 구속력이
미약하기 때문에 감축을 강제해야 한다는 주장들이 대두되기에 이른
다. 1997년 일본 교토에서 개최된 기후변화협약 제3차 당사국총회에
서는 이산화탄소의 감축을 강제하는 의무조항이 포함된 '교토 의정
서'를 채택했다. 이 역시 이산화탄소를 다량 배출하는 국가들의 외면
으로 가입국수 등 발효요건이 충족되지 못해 8년이나 겉돈 끝에 러
시아 비준으로 발효여건이 충족되면서 2005년 2월 16일 겨우 발효할
수 있었다.

교토 의정서는 산업혁명 이후 온실가스 배출의 역사적 책임이 있
는 선진국 38개국을 대상으로 이산화탄소 배출량을 감축하도록 의무

화 했다. 그럼에도 불구하고 교토 의정서 역시 기존 국제조약들이 가진 한계에서 완전히 벗어나지 못했다. 이산화탄소를 가장 많이 배출하고 있는 미국과 중국이 아직 비준하지 않고 있는 데다가 비준한 국가들에 모두 강제감축의무를 부과한 것도 아니기 때문이다.

사막화의 확산도 지구 차원의 심각한 환경문제다. 지난 50년간 한반도 면적의 3배(65만km²)에 해당하는 토지가 사막으로 바뀌었고, 현재 세계 100개국에서 8,000만 명의 사람들이 사막화의 위협에 직면하고 있다. 그런데 유엔환경계획UNEP의 1984년 보고서에 의하면 사막은 매년 6만km²씩 확대되고 있으며, 그 속도는 점차 빨라지고 있다.

성층권 오존이 1% 감소되면 자외선 투과량은 2% 증가한다. 자외선 투과량이 2% 증가하면 피부암 환자가 4% 정도 증가한다. 미국환경보호처(EPA)의 보고서는 '오존층의 파괴로 인하여 향후 88년간 4,000만 명의 피부암 환자가 증가할 것'이라고 밝혔다.

1930년대 개발된 염화불화탄소CFC(일명 프레온가스)를 두고 당시 과학자들은 '꿈의 화학물질'이라고 불렀다. CFC는 냉매, 단열재의 발포제, 드라이클리닝 용제, 스프레이 제품의 불연성 분사추진제 등 그 용도가 거의 무제한적으로 넓은데다가 인체에 무해하기까지 하니 가히 꿈의 물질이라 불릴만 했다.

그러나 1974년 몰리나Molina와 롤랜드Rowland 박사가 대기에서 분해되지 않은 CFC가 성층권(지상 10~50km 고도)까지 상승하여 그 곳의 오존층을 파괴한다는 학설을 발표하면서 꿈의 물질은 하루아침에 오존층 파괴 물질로 지탄받는 신세가 되었다. 이들은 실측을 통하여 남극 상공의 성층권 오존홀Ozone Hole이 과거에 비해 눈에 띠게 증가했음을 확인했다. CFC 외에도 사염화탄소CCl₄, 메틸클로로포름, 데틸브로마이드, 소화수消火水를 쓸 수 없는 곳의 소화제로 쓰여 온 할론Halon 등도 오존층 파괴물질임이 밝혀졌다.

지구 대기 중의 오존은 성층권에 90%가 존재하지만 그 중에서도 지상 20~30km 고도에 밀집되어 있다. 이 층을 일반적으로 오존층이라 부르고 있다. 오존층은 생물에 유해한 영향을 주는 짧은 파장의 자외선을 흡수하여 지표면에 도달하는 것을 막아주는 역할을 한다.

오존층이 파괴되면 지상에 도달하는 자외선의 차폐막이 파괴되는 셈이다. 성층권의 오존이 1% 감소되면 자외선의 투과량은 2% 증가한다. 자외선 투과량이 2% 증가하면 4% 정도에 해당하는 20만 명의 피부암 환자가 추가로 매년 발생할 것으로 예측된다. 1987년에 발표된 미국 환경보호처EPA의 보고서는, 오존층의 소실로 인하여 향후 38년간 4,000만 명의 피부암 환자가 증가할 것이라고 밝혔다.

국제사회는 오존층 파괴문제를 해결하기 위해 1987년 9월 오존층 파괴물질의 생산 및 소비를 규제하는 내용의 '오존층 파괴물질에 관한 몬트리올 의정서'를 채택했다. 몬트리올 의정서 상의 규제 일정이 제대로 지켜진다면 2000년대 중반에는 오존층이 원래대로 회복될 것으로 전망하고 있다. 그러나 한 번 대기 중에 배출된 프레온이 오존층에 도달해 사라지는 데는 70여 년이 걸리므로, 비록 파괴물질 배출량은 줄었어도 그 효과가 나타나 오존층이 회복되기까지는 상당한 기간이 걸릴 것이다.

산림파괴도 심각하다. 세계적으로 많은 산림이 사라지고 있으며 그 속도가 점점 빨라지고 있다. 열대우림의 파괴가 가장 심각한 문제이다. 열대우림은 매년 1,500만ha씩 벌채되고 있는데, 이는 한반도의 4분의 3에 달하는 면적으로 여의도 2배 크기의 열대우림이 매시간 사라지고 있다. 세계식량농업기구FAO에 의하면 열대우림의 파괴는 지역주민의 땔감 채취, 화전 등으로 80%가 발생하며, 나머지 20%는 상업적 벌채로 발생하고 있다. 이 추세대로 계속 벌채된다면 열대우림은 50년 내에 소멸되고 말 것이다.

파괴되는 것은 열대우림뿐만이 아니다. 인도, 파키스탄, 방글라데시, 네팔과 같이 우기와 건기로 계절이 구분되는 남아시아 국가나 아프리카의 반건조 지대에서도 땔감으로 산림파괴가 대대적으로 진행되고 있다.

산림은 세계의 산소공장이자 허파이고 각종 천연물 의약품의 공급처이며 생물 다양성의 창고이다. 인류와 지구생명체의 생존을 위해 없어서는 안 될 공간이다. 산업의 측면에서도 목재·펄프를 비롯한 필수 임산물의 생산지, 미래세대의 개발유보지로서 인류의 지속적인 발전을 위해 필수적인 공간이다. 그칠 줄 모르고 가속화하는 산림의 파괴는 인류의 앞날에 짙은 그림자를 던져주고 있다.

북극곰, 하마, 상어, 고릴라

다음 세대 혹은 다음다음 세대쯤이면 지구상에서 사라질지도 모르는 동물들이다. 지구의 생물 다양성에 대한 가장 권위 있는 평가로 받아들여

지는 세계자연보전연맹IUCN의 2007년 멸종위기 생물 레드 리스트Red List는 조사대상 4만여 종 가운데 1만 6,306종을 멸종위기종으로 분류했다. 2006년의 Red List에 비해 188종이 늘어난 수치다. 현재 생태계에 존재하는 양서류 3종 중 1종, 포유류는 4종 중 1종꼴로 멸종위기종에 등록되었다. 침엽수는 4분의 1이 멸종위기군에 포함됐다.

"세계의 생물 다양성은 명백하게 점점 빨리 감소하고 있다."

– 세계자연보전연맹IUCN 아힘 슈타이너 사무총장

유엔환경계획UNEP, 세계은행IBRD 등 국제기구들과 국제적 생태계 변화 연구 프로젝트 '밀레니엄 생태계 평가Millennium Ecosystem Assessment/MEA'의 공동주관하에 세계적 전문가 다수가 참여하여 발간한 2005년 보고서Ecosystems and Human Well-being는 생태계 파괴의 심각성을 일깨워주고 있다.

생물 다양성의 보존이라는 측면에서 보았을 때 열대우림, 육수와 해양은 삶의 터전으로서 중요한 위치를 점하고 있다. 그런데 지난 한 세기동안 이들은 매우 큰 손상을 입었다. 삶의 터전이 손상되면서 생물종 역시 피해를 입고 있다.

분류학자들은 지구에 서식하는 생물종이 적게는 1,000만 종에서 많게는 3,000만 종에 이를 것으로 추정하고 있다. 그 중에서 확인된 종은 156만여 종에 불과하고 그 얼마 안 되는 확인종 중에서도 멸종위기에 처한 종은 1만 6,000여 종으로서 전체 확인 종수의 1%나 차지하고 있다. 지난 500년간 멸종한 것으로 확인된 종만 844종에 달한다. 지난 100년간만 해도 1만여 종이 멸종되었다고 추정하는 학자들도 있다.

생물 다양성의 가치는 그 보존 자체로도 의미가 있지만 경제적인 가치 역시 대단히 크다. 동식물은 1990년 이래 연평균 10% 이상씩 급신장하고 있는 바이오 산업의 원료다. 천연 의약품만 해도 세계 시장은 2006년 기준 3,700억 달러에 달한다는 전망이 있다. 미국의 경우, 처방제의 25%를 식물 추출물에서 얻고 있고 3,000여 종의 항생제는 미생물로부터 추출하고 있다. 뿐만 아니라 개발도상국 인구의 80% 이상은 동식물에서 의약품을 얻고 있고, 동양 전통의약품은 5,000여 종의 동식물을 원료로 하고 있다. 따라서 생물 다양성의 감소는 인간의 생존을 직접적으로 위협하는 요인이 될 수 있다.

DDT(유기염소계열 살충제)는 1874년 독일인 O. 자이들러O. Zeidler가 최초로 합성했지만 잊어졌던 물질이었다. 그러나 1939년 스위스의 곤충학자인 P. 뮐러P. Mueller가 DDT의 탁월한 살충력을 발견한 이후 살충제로 상업화되기 시작했다. 1945년 미국에서 농업용 살충제로 등록되면서 선풍적인 인기를 끌었다. 농산물 생산량을 30% 이상 증가시켰고, 말라리아 등 전염병으로부터 500만 명 이상의 목숨을 구해냈다. 살충력을 발견한 뮐러는 1948년 노벨 생리의학상까지 받았다. 1955년 세계보건기구는 골칫거리였던 말라리아를 퇴치하는 데 DDT를 이용하겠다는 계획을 발표했다. 한편 미국에서는 취기를 돋운다 하여 DDT를 함유한 술이 나왔는가 하면 DDT 햄버거가 등장하여 선풍적 환대를 받기도 했다.

기적의 살충제로 통했던 디디티DDT는 인간과 생태계가 어떻게 화학물질의 위험에 무방비하게 노출될 수 있는가를 극적으로 보여주는 좋은 사례다.

DDT를 비롯한 살충제의 폐해는 미국의 해양생물학자 레이첼 카슨Rachel Carson이 1962년 출간한 《침묵의 봄Silent Spring》이라는 책에서 최초로 고발되면서 세계적 반향을 불러일으켰다. 살충제가 먹이사슬에 의해 조류의 몸에 축적되면 알 껍질을 얇아지게 만들고, 얇아진 알 껍질은 부화도중에 터지게 돼 새끼가 부화할 수 없게 된다. 그 결과 멸종으로 이어져 봄은 왔으되 새가 울지 않는 침묵의 봄이 되었다고 카슨은 고발했던 것이다. 그 이후 DDT의 폐해가 속속 밝혀지면서 1970년 스웨덴이 사용 금지시킨 것을 시작으로 미국(1973), 우리나라(1979) 등 많은 국가에서 뒤를 이었다.

왜 이런 일이 생겼을까? DDT가 나올 당시에 합성화학물질의 환경성, 생태 위해성에 대한 검증 시스템이 없었기 때문에 화학물질은 유용성만 확인되면 합성 즉시 출시로 이어져 이러한 비극이 일어났던 것이다. 그후 화학물질의 위해성 심사체제가 많이 강구되고 강화되어 왔다. 하지만 아직도 빈구석은 많다. 그 대표적인 것 중 하나가 소위 '환경 호르몬'이다. 생식기능을 저하시키고 기형이나 성장 장애, 암을 유발한다 하여 10년 전쯤부터 큰 반향을 몰고 왔던 환경호르몬(정확한 명칭은 '내분비계 장애물질')도 지금 당장은 인과관계가 명확하게 밝혀지진 않았지만 DDT와 프레온처럼 나중에 사실로 확인될 소지가 있는 물질들이다.

최근 각광받고 있는 '나노 기술'에도 위험이 도사리고 있을 수 있음을 간과해서는 안 된다. 자외선을 차단하는 선크림에 사용되는 나노 크기 입자인 이산화타이타니움TiO_2과 이산화아연ZnO_2이 DNA를 손상시킨다는 연구결과가 1997년에 나왔다. 그 이후에도 나노 크기의 입자가 세포에 흡수되어 축적된다거나 쥐의 허파에 축적되어 더 큰 위해성을 보인다는 결과 등이 속속 발표되었다. 나노 크기 입자는 피부세포나 혈관 벽을 쉽게 통과할 수 있는 극히 작은 입자이다. 나노 크기 입자는 그 크기가 작을수록 더 깊이, 더 자유롭게 이동할 수 있을 뿐만 아니라 그 활성도 더 커진다. 더욱이 나노 크기 입자가 먹이사슬 내 포식자에게 축적되고 있다는 연구 역시 주목할 만하다. 이것은 나노 기술이 인체뿐 아니라 환경에 커다란 위해가 될 수 있다는 반증이다.

물론, 화학물질을 완전히 사용하지 않는 것은 불가능하다. 화학물질을 사용할 수밖에 없는 현재의 상황에서 가장 필요한 것은 '사전적 평가'다. 유통 이전에 환경성, 위해성을 과학적 방법으로 철저히 평가하여 안전하다고 확인되거나 안전조치가 된 화학물질만 유통을 허용해야 한다.

유럽연합EU은 1톤 이상 제조 또는 수입되는 모든 화학물질은 등록 평가 및 허가절차를 거친 후 사용하도록 하는 신화학물질 관리제도 Registration, Evaluation & Authorization of CHemicals/REACH를 2007년 6월 발효시켰다. REACH는 제조·유통자에게 독성평가 자료를 생산하고 평가할 의무를 지우고 있다. 모든 상업적 용도에 있어서 인체나 환경에 위해를 주지 않는다는 것을 입증한 다음에야 비로소 제조와 사용이 가능하도록 통제하고 있다. 유해성이 큰 물질은 정부로부터 자신의 평가결과를 별도로 입증받은 후 허가를 받아야 생산할 수 있다.

REACH하에서는 독성·안전성 평가 자료가 없는 물질, 일부자료만 있는 물질의 경우 사용할 수 없다No Date, No Marker.

REACH 역시 현재의 과학과 지식, 기술 위에서 가능한 것만 검증할 수 있다는 한계를 뛰어넘진 못한다. 유해한 화학물질을 시장으로부터 격리시키려는 인류사회의 부단한 노력에도 불구하고 인간과 환경이 유해화학물질로부터 완전히 자유로워지기는 어려운 일이다.

환경적으로 건전하며 지속 가능한 발전

로마클럽이 1972년 《성장의 한계》라는 보고서를 낸지 4반세기가 되는 1995년에 발간한 'Factor Four-Doubling Wealth, Halving Resource Use'라는 제목의 보고서는 자원의 이용 효율을 4배 높여 '지속 가능한 발전sustainable development'을 추구하지 않고서는 인류사회는 그야말로 성장의 한계에 봉착하게 된다는 경고를 전하고 있다.

인류사회가 지속 가능한 발전을 조기에 실현시키지 않고 생태계와 환경을 불가역적으로 파괴해나가는 현재의 행태를 지속한다면 우리 후세대들의 생존은 위태로워질 수밖에 없다.

18세기 말 독일의 과학자이자 계몽주의 사상가인 리히텐베르크가 이상한 꿈을 꾸었다. 그는 꿈속에서 모든 물체의 본성에 대해 알 수 있다고 자랑했다. 그런데 갑자기 어디선가 노인이 나타나 호주머니에서 공 모양의 물체를 꺼내더니 한번 분석해 보라고 했다. 리히텐베르크는 그 구를 갈아 분석해 탄소, 수소, 산소, 질소, 황, 인 등의 원소로 구성되어 있다고 답했다. 그러자 노인은 "잘했네. 하지만 이 둥근 것이 바로 지구라네."라고 일러 주었다.

리히텐베르크는 비로소 자신이 창조주와 대면하고 있으며, 물리적 측면만 고려한 나머지 지구를 파괴했음을 깨달았다 한다. 이 순간 우리들 역시 과학과 산업의 힘만 믿고 그 발전에 도취되어 지구를 파괴하고 있지는 않은가.

지금 우리가 살고 있는 지구는 우리들의 후손으로부터 잠시 빌려 쓰고 있는 것이다. 우리는 지구를 잘 보살피면서 이용하고 후손에게 온전히 반환해 주어야 한다. 지구와 인간의 공존을 위한 유일한 열쇠는 '환경적으로 건전하며 지속 가능한 발전environmentally sound sustainable development/ESSD'을 구현하는 것이다.

Future Code

2부

기업의 미래

미래의 기업 **곽수일**

IT 산업의 경쟁력, 인재가 답이다 **김재철**

성공하는 기업의 미래전략 **이각범**

미래 노동세계, 빛과 그림자 **김장호**

중국의 성장과 한국 기업의 과제 **정영록**

FUTURE CODE 퓨처코드

미래의 기업

곽수일 | 서울대학교 명예교수

| 소비자는 새로운 경험과 소통을 원한다

40여 개의 아이팟을 소장한 유명한 디자이너인 칼 라거펠드는 펜디를 위해 12개의 아이팟을 휴대할 수 있는 가방을 직접 제작했다. 또한 루이뷔통, 던힐, 디오르, 샤넬 등 명품을 생산하는 기업에서도 아이팟을 위한 액세서리 케이스를 제작했다. 이러한 현상은 기존의 MP3 플레이어와 차별화해 직관적인 단순함을 내세운 아이팟에 각 브랜드의 느낌을 살려 열광적이며 충성스럽지만 욕구가 다양한 애플 마니아를 충족시키려는 기업의 의도를 보여준다. 또한 리바이스의 청바지에도, 버튼의 스키점퍼에도 이미 아이팟을 편리하게 휴대할 수 있는 디자인이 출시되었다. 뿐만이 아니다. 나이키의 러닝화를 신고 아이팟을 통해 음악을 들으면서 조깅할 수 있고, 어느 정도의 속도로 얼마만큼을 달렸는지도 확인할 수 있다.

왜 이렇듯 사람들은 애플 제품에 열광하는 것일까? 많은 사람들은 애플로 통화하고, 애플로 듣고, 애플로 소통하며 소유하길 원한다. 애플 사는 사람들에게 애플 제품을 소유하는 것 자체가 기존의 틀을 벗어나 자유롭게 창조성을 발산하고자 하는 욕구를 반영하는 것이라고 생각하게 한다. 애플 사는 소비자의 욕구를 적극적으로 제품에 반영했다. 이는 제품 위주의 전통적인 기업과는 달리 소비자와 소통함으로써 기업의 가치를 높이고 있다.

정보기술의 발달과 제반 경제 여건의 변화는 소비자의 역할을 바꾸고 있다. 오늘날 경제 여건 중 가장 큰 변화는 소비자에게 기업의 모습이 공개되고, 소비자 개인이 하나의 커뮤니티 단위로 행동할 수 있게 됨에 따라 기업의 가치 창출도 자연히 양방향으로 바뀌었다는 점이다. 즉 가치가 소비자 개개인의 경험을 바탕으로 시작되며, 기업과 상호작용하는 가운데서 만들어지게 되었다.

| 디지털 경제와 기업

지난 반세기 동안 우리나라 경제는 전례 없는 경제 성장을 이룩해 세계적인 기업의 탄생을 이끌어냈다. 이러한 경제 성장의 과정을 보면, 기업은 환경의 변화에 따라 전략의 변화와 진화를 거듭하며 성장해왔다.

과거 기업의 경영방식은 단순 '생산·판매make and sell'의 방식이었다. 이는 만들기만 하면 팔리는 식의 경영방식으로, 모든 제품이 부족했기에 생산된 제품은 부족한 수요를 채우며 모두 팔렸다. 이러한 경쟁 환경에서 경영전략은 공급자인 기업에 맞추어져 있었기 때문에 생산판매 전략이라고 불렀다. 기업은 적절한 제품을 생산해 시장에 내놓기만 하면 되었다. 이를 고전경제학에서는 공급이 수요를 창출한다고 표현한다. 그러나 급속한 경제 발달 때문에 이러한 단순 생산판매 전략으로는 더 이상 기업이 생존할 수 없게 되었다. 더 많은 기업이 출범하면서 새로운 기술과 노하우를 바탕으로 경쟁하게 도 었고, 소비자들은 다양한 제품을 선택할 수 있는 기회를 갖게 되었다.

이와 같이 경제 환경이 변화하고 소비자들이 소망하는 제품을 요구함에 따라, 단순 생산판매 전략은 'better and more' 전략으로 바뀌게 된다. 이러한 전략은 제품의 품질과 다양성으로 기업의 경쟁력을 높이는 것이며, 이로써 성공하는 기업과 실패하는 기업이 결정되었다. 새로운 전략이 나타나기 시작함에 따라, 만들기만 하면 팔리던 과거와는 달리 이제는 좀더 나은 제품이나 서비스, 그리고 다른 경쟁 기업과 차별화한 제품이나 서비스들이 등장하게 되었다. 이 시기에 기업들이 좀더 나은 제품을 생산하기 위해서는 외국의 선진 제품들을 최선으로 모방하거나 분해한 후에 그 원리를 파악해 만드는 기법들을 사용하기도 했다. 또한 품질 관리, 기술 향상, 원가 절감 등으로 기업의 효율과 경쟁력을 높이려는 노력이 나타나게 되었다.

이와 같이 기업 경영의 패러다임은 경제의 발전과 시장의 변화, 경쟁의 심화에 따라 변화하고 있다. 그렇다면 앞으로 다가올 미래의 모습은 어떠할까? 미래 경영의 패러다임은 제품 향상에서 '새롭고 ㄷ

르게new and different'로 바뀔 것이다. 즉 좀더 나은 제품에서 전혀 새로운 제품, 기존의 제품과는 다른 제품으로 경쟁해야 하는 시대가 올 것이다.

여기에서 캐빈 캘리는 저서인 《신경제의 새로운 규칙New Rules for the New Economy》(1998)에서 디지털 정보화로 새롭게 형성되고 있는 디지털 경제를 세 가지 특성으로 표현했다. 첫째, 디지털 경제는 국가나 국경을 초월하고 지리적 개념이 사라져 글로벌하다는 것이다. 예를 들어, 한국의 가정에서 인터넷을 통해 이탈리아에서 공연되는 오페라 〈아이다〉를 생중계로 볼 수 있고, 누구든지 인터넷에 접속하면 세계 어느 곳에서나 오늘 날짜의 《뉴욕타임스》를 받아볼 수 있으며, 세계 각국의 상점에서 제품을 구매할 수도 있다. 둘째, 새로운 생활양식의 핵심은 유형의 물체나 자산보다 무형의 것들에 있다. 한마디로 현재 모든 것은 '하드hard'한 것을 중심으로 이루어져 있지만, 앞으로 새천년의 시작은 우리의 모든 생활이나 경제활동이 '소프트soft'한 것을 중심으로 이루어질 것이다. 이는 과거 산업혁명을 기점으로 거대한 철강 공장이나 석유화학 공장이 발전의 상징이었다면, 앞으로는 무형의 것들인 통신매체, 소프트웨어, 서비스 등 소프트한 것들이 상징물이 될 것이라는 의미다. 셋째, 모든 것이 서로 연결되고 상호작용한다. 이는 정보통신 네트워크가 우리의 생활에 핵심이 되기 때문이다. 새로운 생활양식에서는 통신이 사회, 문화, 개인 생활의 초석이 될 것이다. 이에 따라 누구든지 네트워크의 구성원이 되지 못하면 이 사회에서 존재하지 않는 셈이다.

| 미래 기업의 모습

디 지털 정보기술의 발달로 새롭게 전개되는 디지털 경제는 기업의 모습을 바꾸어놓고 있다. 이러한 디지털 경제하에서 미래 기업의 모습은 가치의 공동창출, 기업 경영의 세계화와 같은 모습으로 나타난다.

전통적인 산업에서 가치의 창출은 기업에서 시작된다. 기본적으로 기업이 생산하는 제품이나 제공하는 서비스에서 가치가 창출되기 때문이다. 이러한 전통적인 산업구조에서 고객은 기업이 제공하는 제품이나 서비스에 대한 반응을 수요로 나타냄으로써 기업이 고객에게 더 나은 가치를 제공하기 위해 제품의 품질을 높이거나 새로운 제품 또는 서비스를 개발하는 원인을 제공한다. 따라서 가치 창출은 생산이나 기업 운영에서 효율을 높이기 위한 공정의 재설계나 원가 절감을 위한 인력 감축과 같은 노력을 통해 나타나게 되었다.

그러나 e-비즈니스는 가치가 창출되는 기본적인 방식 자체를 바꿔놓고 있다. 전통적인 산업에서 기업이 단독으로 창출하던 가치가 e-비즈니스에서는 기업과 고객이 공동의 가치 창출로 나타나게 된다. 따라서 이는 가치 창출의 전제 자체가 e-비즈니스로 인해 기업의 가치 창출에서 기업과 고객의 공동 가치 창출로 바꾸어놓았다는 것을 의미한다.

이러한 가치 창출의 새로운 전제는 기업의 사업에도 새로운 변화를 요구하게 되었다. 즉 고객과 기업 간의 상호작용이 가치의 공동 창출 현장이 된 것이다. e-비즈니스를 통해 고객의 반응을 실시간으로 파악하고, 고객에게 자사의 정보를 신속하게 전달하는 것이 가능하게 됨으로써 기업은 단순히 제품이나 서비스의 품질 향상 차원을 떠나, 고객의 가치를 높이기 위한 전략에 주목하게 되었다.

전통적인 산업에서 고객의 가치 창출이 하나의 고립된 프로세스라면, e-비즈니스에서의 공동 가치 창출은 기업의 역량을 혁신적으로 변화시키고 고객과 함께 성장하는 방법을 제공한다. 따라서 e-비즈니스하에서 기업은 네트워크를 통해 고객과 공동 가치 창출을 위한 노력으로 경쟁력을 강화해야 한다.

그리고 정보통신기술의 급속한 발전과 세계화의 진전으로 국제분업 구조의 변화와 그에 따른 세계 경제의 판도가 새로운 국면으로 접어들고 있다. 즉 세계 각국의 기술력과 부존자원에 의해 결정되는 비교우위 부문을 중심으로 한 전통적인 국제분업 구조는, 최근의 정보통신기술의 발전과 세계화의 영향으로 새로운 형태의 국제분업 구조로 바뀌고 있다. 정보통신기술의 발달은 먼저 단순한 통신비용의 절감뿐만 아니라 모든 전통 산업의 거래비용을 획기적으로 절감시키는 결과를 초래했다. 동시에 세계화의 진전은 제도적 측면에서 국제 거래의 여러 규제와 행정적 장벽을 간소화하고 철폐하는 결과를 초래해 국제 거래에서 거래비용을 추가적으로 감소시켰다. 이와 같이 통신기술과 세계화에 의해 초래된 국제무역에 수반되는 거래비용의 획기적 감소는 국제분업 체제에 다음과 같은 변화를 초래했다.

먼저 전통적인 산업간 국제분업 체제를 산업 내 국제분업 체제로 전환시키고 있다. 또한 산업 내 국제분업 체제도 전통적으로 차별화한 제품간 수평적 국제분업 체제에서 동일제품의 부가가치 사슬에서의 공정간 분업, 즉 수직적 국제분업 체제로 전환하고 있다. 이는 국제분업의 형태가 각국의 기술적 비교우위가 있는 특정 산업별로 이루어지는 것이 아니라, 각 산업 단위에서 각국이 비교우위가 있는 생산 공정별로 국제분업이 일반화한다는 점이다. 곧 특정 제품의 생산 단계별 국제분업이 이루어진다는 것이다.

미국의 주요 소프트웨어 산업과 비즈니스 서비스 산업에서 일반화되어 있는 것과 같이 연구개발과 기본적인 제품 디자인 등 제품 개발 그리고 마케팅은 미국에서 이루어지고, 제품 생산은 인도에서 이루어지는 형태의 수직적 산업 내 분업이 제조업 전반으로 확산되고 있다. 국제무역에서 부품 무역의 비중이 점차 확산되고 있는 현실이 이를 반증하고 있다. 기타 영어권 국가들의 전화교환과 전화상담 서비스 등 서비스 업무가 인도에서 이루어지고 있는 것도 IT기술 발달에 따른 수직적 국제분업이 확대된 사례다. 즉 자동차 산업, 컴퓨터 통신기기 산업 등 전통적 제조업뿐만 아니라, 전통적으로 비교역재로 간주되던 서비스 산업에서도 수직적 국제분업이 확산되고 있다.

미래 기업의 경영전략

디지털이 주도하는 미래의 기업 경영에서는 과거의 기업들이 경쟁하는 모습과는 다른 새로운 경영전략이 수립되어야 한다. 과거와 다른 미래 기업의 경영전략 수립에 필요한 세 가지를 외국의 디지털 비즈니스 모델 사례를 통해 분석해보자.

첫째는 새로운 형태의 와해적 사업 모형disruptive business model이 있어야 할 것이다. 과거의 기업들이 경쟁하던 모습을 보면 크게 네 가지 경쟁전략을 기본으로 했는데, 원가우위, 차별화, 초점(집중화), 선점 전략이 그것이다. 원가우위 전략은 기업간 경쟁에서 가장 기본적인 것으로, 어느 기업이든지 상대편과 경쟁을 할 때 일차적으로 사용하는 전략이다. 차별화 전략은 기업들이 제품의 품질을 차별화하든지, 서비스로 차별화하거나 신제품을 개발해 차별화를 기하는 것으로 소비자가 차별화의 요인을 인정하고 의미를 줄 때 유효한 전략이다. 초점 전략은 기업 스스로가 시장에서 위치를 확립하고 한곳에 힘을 모으는 전략으로, 기술개발에 초점을 맞춘다든지 고객만족에 모든 역량을 쏟아 한곳에 경쟁력을 모으는 전략이다. 마지막으로 선점 전략은 기업이 선두기업으로 리더십을 확립한 후에는 이를 활용해 경쟁자나 후발기업들에 기회를 주지 않는 전략이다.

이러한 네 가지 경쟁전략은 과거의 기업들이 시장에서 생존하고 성장하기 위한 기본적인 전략이었다. 그러나 디지털 시대에는 이러한 경쟁전략과는 다른 디지털 비즈니스 모델을 가지고 경쟁을 해야 한다. 디지털 비즈니스 모델로 경쟁하기 위해서는 슈퍼 서비스, 고객맞춤, 편리제공 솔루션 등을 갖추어야 할 것이다. 이 세 가지를 미국의 대표적인 인터넷 기업인 아마존의 사례를 통해 살펴보자. 아마존에서 책이나 음반을 구입하는 경우, 고객은 인터넷에서 자신에게 필요한 상품을 검색하고 클릭만으로 구입할 수 있다. 그 과정에서 책이 언제 발송이 되는지, 발송된 책은 어느 배송단계에 있으며 언제쯤 받아볼 수 있는지, 과거에 자신이 구입한 내역에 대한 정보 등 모든 서비스를 제공한다. 이와 같이 기존의 기업이 고객에게 할 수 없었던 수준의 서비스를 슈퍼 서비스라고 한다. 아마존은 데이터베이스를 통해 고객의 성향과 취향 등을 분석해 고객에게 필요하거나 좋아할 만한 제품을 찾아 정보를 제공한다. 예를 들어 클래식을 좋아하는 고객에게는 새로운 클래식 음반에 대한 정보를 제공한다. 이러한 고객 맞춤은 정보기술의 발달로 가능해졌으며, 미래 기업의 사업 모형에 필수적인 경쟁요소다. 또한 아마존에서 책을 구입하는 경우, 고객은 필요한 책을 장바구니에 넣었다가 구입하고 싶으면 구입하고 구입하기 싫으면 장바구니에서 꺼내면 된다. 만일 흥미가 있는 책들이 있으면 장바구니에 담았다가 지금 당장 구입할 것들에 대해서만 구입을 하고, 나머지는 장바구니에 그냥 보관해두면 된다. 결제 과정에서도 원클릭 결제를 통해 단 한 번의 절차로 구매를 완료하는 편리함, 즉 편리제공 솔루션을 제공한다.

둘째, 디지털 비즈니스 모델에서는 와해적 원가구조disruptive cost structure가 경쟁의 중요한 요소다. 미래 기업의 원가구조는 과거 기업들의 원가구조와는 전혀 다른 양상을 띤다. 인터넷을 이용한 전자상거래에 의한 원가 절감은 중간거래비용의 10%를 최소한 줄이는 것에서부터 업종에 따라서는 원가가 90% 이상 절감되는 분야도 있다. 이런 원가 절감 효과의 대표적인 경우가 금융 산업이다. 금융 산업의 경우, 고객이 은행의 지점이나 객장에 가지 않고 인터넷으로 전자거래를 하는 경우에는 은행의 관점에서는 지점의 객장 거래에서 발생되는 비용의 1%만 드는 것으로 추정된다. 이와 같은 경우에 은행의 입장에서는 99%의 원가 절감 효과가 있는 셈이다. 따라서 최근 미국

뉴욕의 시티뱅크는 온라인 은행계좌를 개설할 때 고객에게 100달러를 현금으로 주는 판매촉진활동을 전개하고 있다. 이와 같은 디지털 기술은 기업의 원가구조를 기본적으로 바꾸어놓는 변화를 일으킨다. 즉 전자거래를 활용하는 기업과 활용하지 않는 기업의 원가계산서를 비교하면 전혀 다른 양식이 되도록 유도한다. 따라서 전자거래를 활용하지 않는 기업은 원가상 불리함 때문에 전자거래를 활용하는 기업과의 경쟁에서 패배하게 될 것이다.

마지막으로 디지털 비즈니스 모델이 갖추어야 할 전략요소는 와해적 고객관리disruptive customer relationship다. 디지털 정보기술을 활용하면 고객관리를 거의 완벽하게 할 수 있다는 것이다. 이는 컴퓨터의 엄청난 기억능력과 이를 분석할 수 있는 능력이 결합해 고객의 소비 양상을 완벽하게 파악할 수 있는 것이다. 예를 들어 한 소비자가 어떤 제품을 언제 얼마만큼 사용하는지를 손쉽게 파악해 대응할 수 있다. 이렇게 고객들이 원하는 것을 바로 기업의 전략과 연계시킬 수 있다. 따라서 고객의 수요 유형을 완벽하게 파악하지 못하고 있는 기업들은 앞으로 경쟁력이 급속히 쇠퇴할 것이다.

| 평평한 세계

지금은 세계화 시대다. 《뉴욕타임스》의 유명 칼럼니스트인 토마스 프리드만이 저서인 《세계는 평평하다The World Is Flat》에서 갈파했듯이 이른바 '평평한 세계' 다. '평평한 세계' 란 디지털 혁명으로 전 세계 사람들의 동시적 비즈니스 수행이 가능해졌음을 의미한다. 또한 중국, 인도와 같은 국가들이 지식업무를 수행할 때 미국을 포함한 전 세계와 동시에 경쟁하게 된 상황을 일컫는다. 이러한 세계에서 국가간 투자, 해외 진출과 협력 등이 더욱 활발하게 진행되고 있다. 특히 정보통신 산업의 분업구조 또한 생산거점이 싼 임금과 시장을 찾아 중국이나 인도로 몰리는 등 일대 변화가 진행되고 있다. 글로벌 무한경쟁시대인 디지털 시대에 우리나라와 우리 기업들이 세계 속에서 경쟁력을 갖기 위해서는 디지털 시대의 특성을 파악하고, 디지털 정보기술을 전략적으로 활용하며, 와해적인 경영전략을 수립하는 노력을 통해 미래를 준비해나가야 할 것이다.

IT 산업의 경쟁력, 인재가 답이다

김재철 | 동원그룹 회장

국가나 기업의 발전 과정에서 인재가 중요하다는 것을 새삼 강조할 필요는 없다. '지식정보사회의 핵심자원은 인적 자원이다', '기업과 국가경쟁력의 원천은 인재다', '인사가 만사다' 등 인재의 중요성을 강조하는 말들에 대부분 익숙해져 있기 때문이다. 우리나라는 에너지의 97%를 수입에 의존하고 있고, 천연광물자원이 풍족하지도 못하다. 이러한 현실에서 기댈 수 있는 것은 역시 창조적이고 역동적인 인재다.

대표적 지식 산업인 IT 산업의 경쟁력 역시 인재에서 비롯된다. IT 산업이 발전하기 위해서는 높은 기술역량과 지식력을 갖추는 것이 중요한데, 그 기술혁신과 지식축적 모두 사람이 하는 것이며 IT 산업 경쟁력의 핵심에 인재가 자리 잡고 있는 것이다.

IT 산업은 그동안 외환위기를 극복하고, 미래성장동력을 창출하는 데 앞장서왔다. OECD가 최근에 발표한 보고서에 따르면, 한국이 2002년 이후 연평균 4.3%의 성장률을 보여 OECD 국가 중 가장 빠르게 성장했으며, 그 성장의 주요 동력으로 네트워크, 반도체 등 IT 관련 첨단분야의 발달을 강조했다.

그러나 최근 들어 IT 산업이 성장동력으로서 한계에 다다르지 않았나 하는 우려의 목소리가 높아지고 있다. 지난 몇 년간 50% 안팎이던 삼성전자의 낸드플래시 메모리의 영업이익률이 10% 수준까지 내려가고, 디스플레이 업체들도 디스플레이 패널의 공급과잉으로 가격하락이 지속되면서 이익률이 급감하고 있다. 이렇게 국내 IT 산업을 지탱해온 하드웨어 부문들이 선두자리를 유지하는 데 어려움을 겪고 있는 반면, 유비쿼터스 시대로 갈수록 더욱 부가가치가 높아지고 있는 소프트웨어 분야에서는 세계 시장점유율이 1~3% 수준에 머물고 있을 정도로 경쟁력을 확보하지 못하고 있다. 그리고 정보통신부가 2007년에 발표한 'IT 기술예측technology foresight 2020'에 다르면, 차세대 핵심산업인 IT 기반 융합분야의 기술력이 세계 최고 대비 61.7%밖에 되지 않는 것으로 나타났다. 이와 같이 하드웨어 분야에서는 넛크래커nut cracker 현상이 짙어지고 있고, 소프트웨어 분야와 차세대 융합분야에서는 기술력이 우위를 점하지 못하면서 IT 산업의 장기적 성장에 대해 위기의식이 생겨나고 있는 것이다.

이 위기의식을 새로운 자신감으로 변화시키기 위해서는 창조조으로 변화에 대응하고 산업을 이끌어갈 핵심인력을 확보·육성해 첨단기술을 개발하여 융합시장 선점에 주력해야 한다.

문제는 핵심인력 확보와 양성이다. 우리나라의 대학 졸업자 중 이

공계 비율은 38.6%(2005년 기준)로 세계 최고 수준이라고 한다. 그러나 첨단 융·복합시대에 실질적인 경쟁력을 갖춘 인력은 충분하지 않다.

이공계 배출인력의 양과 질적인 측면에서 차이가 발생하는 것은 산업현장과 괴리된 교육이 원인이라고 본다. 미래 IT 인재는 융·복합시대에 걸맞는 창의성과 실무 중심의 IT 직무능력을 갖추어야 한다. 이에 정부는, 이미 선진국들이 오래전부터 대학교육을 산업체 요구에 맞게 개선하고 교육수준을 높이고자 도입한 공학교육 인증제도를 우리나라에서도 지속적으로 확대해나가야 할 것이다. 그리고 R&D와 연계한 석·박사급 인재 양성에 힘써야 한다. 2004~2010년에 5만 6,000여 명의 IT 전문인력이 초과 공급될 전망이지만, 정보통신부는 석·박사급 전문인력이 오히려 5,000명 정도 부족할 것이라고 분석했다.

기업들도 재교육 없이 즉시 현장에 투입할 수 있는 준비된 인재people ready를 양성하기 위해 대학과 연계한 산학협력에 적극 나서야 한다. 우리나라의 경우, 최근 삼성전자와 하이닉스가 반도체와 휴대전화 부문에서 핵심인재를 직접 키우기 위해 대학과 연계해 학과를 개설하거나 프로그램을 신설하는 노력을 하고 있다. 네이버naver 또는 다음daum과 같은 포털 업체도 지방 대학교를 중심으로 학과와 강좌를 개설하면서 우수인력을 육성하고 지역경제를 활성화한다는 호응을 얻고 있다.

이렇게 우수인재를 육성하는 것도 중요하지만, 세계 각국의 우수인재를 적극 유치하는 전략도 중요하다. 글로벌화가 진행되면서 우수인재는 일할 조건만 충족된다면 어디로든 갈 수 있는 환경이 마련되고 있다. 이에 세계 각국 정부와 기업은 유능하고 기술력 있는 인재를 확보하기 위해 총력을 기울이고 있는 상황이다. 인재 유치 전쟁이 치열해지면 고급인재의 빈익빈 부익부 현상이 더 심해질 수 있다. 갈수록 지식력과 기술력이 중시되는 사회에서 혁신기술 보유자나 경영 능력자는 어떤 대가를 지불해서라도 데려와야 할 소중한 자산이 되고 있다. 이렇게 핵심인재의 가치는 계속 올라가는데, 그들을 데려올 환경을 마련하지 못하면 지금까지 머물고 있는 인재도 다른 곳으로 떠나게 된다. 결국 핵심인재의 공동화 현상이 발생하는 것이다.

국제경영개발원IMD이 발표한 두뇌유출지수Brain Drain Index(지수가 1에 가까울수록 고급두뇌의 해외진출 성향이 강하다)를 보면, 우리나라는 1995년에 7.53으로 48개국 중 4위였으나 2006년에 4.91로 61개국 중 40위로 하락했다. 또 세계은행에 따르면, 우리나라의 순純 두뇌유입비율은 1990년 −1.3%에서 2000년 −1.4%로 0.1%포인트 악화했다(순 두뇌유입비율이란 국내로 유입되는 해외 고급두뇌들의 규모와 해외로 유출되는 국내 고급두뇌의 규모 차를 25~65세의 국내 노동인구로 나눈 값을 말하며, 한 국가의 고급두뇌의 수급을 보여준다). 그만큼 우리나라가 핵심인재를 유인할 환경이 열악하다는 것을 보여주는 수치다. 우리나라는 이중국적 허용이나 취업비자 발급 부분에서 경직되어 유능한 해외 인재가 들어와 일하기가 쉽지 않으며, 국내 교육경쟁력을 높이고 고급인재에 대한 처우를 개선해 해외로 나가 있는 우리나라의 고급두뇌를 회귀시켜야 하는데 그렇게 하지 못하고 있는 실정이다.

미래 성장을 향한 문은 인재가 여는 것이다. 지식정보시대에는 인재를 확보한 국가가 곧 미래를 지배하게 된다. IT 산업의 발전을 넘어 국가 발전을 위해 인재 육성과 확보가 제1순위 과제로 올라와야 하는 이유도 여기에 있다.

성공하는 기업의 미래전략

이각범 | (재)IT전략연구원 원장, 전 청와대 대통령비서실 정책기획 수석 비서관

| 변화하는 기술환경 그리고 기업

요즘 같아서는 기술발전 속도가 워낙 빨라 딱히 해당 기술의 전문가가 아니면 신기술의 특징을 이해하고 응용하기가 결코 쉽지 않다. 이렇게 빠르게 변화하는 기술은 세상의 다양한 측면에서 또 다른 변화를 일으키고 있다.

기술을 중심에 놓고 볼 때, 새로운 기술의 출현은 기업간 경쟁환경을 변화시키고, 나아가 산업 전반의 환경 변화를 초래한다. 동시에 고객의 니즈 변화와 정책적 변화도 수반하게 된다. 이러한 일련의 변화과정에서 기업들은 기존의 가치 창출 방식을 새롭게 구성하게 된다.

그런데 이러한 변화를 감지하지 못하거나 감지했더라도 그것에 상

응한 역량과 기업문화를 갖추지 못한 기업은 새로운 가치 창출기회를 잃어버리게 되거나 막대한 비용만 지불할 뿐 별다른 수익을 얻지 못한다. 즉 변화의 흐름을 감지하는 것이 새로운 시대의 기회를 잡는 데 필수적인 요소며, 어떤 변화를 파악했더라도 그 변화에 대응할 수 있는 역량을 갖춰야 한다. 더불어 이미 가지고 있는 기업 역량을 충분히 활용하고 새로운 역량을 시기적절하게 창출할 수 있는 조직문화가 형성되어야 한다.

| 성공하는 기업과 실패하는 기업

변화하는 기술환경에서 성공하는 기업의 사례로 구글, 월마트, 싸이월드를 예로 들어보자.

첫째, 구글이다. 구글의 행보에는 항상 많은 사람들의 관심이 쏠려 있다. 어떤 변화를 이끌지 궁금한 것이다. 구글은 현재 최고 성능을 자랑하는 검색엔진으로 시작해, 인터넷 검색 광고로, 위성사진 서비스로, 최근에는 구글폰을 만들겠다는 야심찬 계획을 알려왔다. 구글은 존재하는 모든 정보를 조직하라는 구글의 슬로건 아래에 수년 동안 검색과 데이터베이스 조직에 충실해왔다. 그 결과 0.5초 만에 80억 개 페이지를 검색할 수 있고, 인공지능형 검색기술로 개인별 맞춤 검색 서비스를 제공하고 있다. 미국의 누리꾼 중 절반이 구글을 먼저 거치고 인터넷을 항해한다.

구글의 성공비결을 세 가지만 꼽자면, 우선, 강력한 검색기능과 사용자 중심의 단순한 인터페이스를 들 수 있다. 구글의 로고와 가로 10cm, 세로 1cm의 검색창이 전부인 메인페이지에 막강한 검색기능을 담아놓았다. 두번째는 지속적 혁신과 새로운 패러다임에 대한 발빠른 준비다. 인터넷 혁명이 본격적으로 시작되던 1990년대 말, 향후 모든 서비스는 웹 기반에서 이루어질 것이고, 그 서비스의 내용은 고객 개개인에게 맞춤화한 정보로 채워질 것이란 전망이 주를 이루었다. 구글은 그 전망을 가장 충실히 현실로 옮긴 기업 중 하나다. 마지막으로 독특한 기업문화에서 성공비결을 찾을 수 있다. 업무시간의 20%를 개개인의 창의력에 투자하도록 장려한 결과, 핵심사업의 대부분이 이 시간에서 나왔다. 또한 '사악해지지 말자' 라는 창립이념으로 악한 기업으로 성공하기보다는 신뢰할 수 있는 기업의 길을 걷고 있다.

구글은 앞으로 친환경 에너지를 향후의 성장동력으로 삼으려 한다. 태양광, 풍력, 지열 등의 재생 에너지를 통해 잠잠한 실리콘밸리에 그린 기술로 제2의 IT붐을 이끌어낼 것인지가 초미의 관심을 끌고 있다.

둘째, 월마트다. 'Everyday Low Price' 라는 슬로건으로 잘 알려진 월마트는 새로운 기술이 주는 가치를 시장과 고객에 접목시켜 증폭시킨 대표적 성공사례다. 월마트 경영의 네 가지 키워드는 현장 중심, 인간 중심, 끊임없는 혁신, 하이테크 접목이다.

우선, 월마트는 '현장에서 답을 찾아라' 라는 슬로건 아래 최고 임원의 현장지휘, 주요 아이템 설정 및 우선관리, 현장에서의 개선사항에 대한 즉시 실행이 이루어진다. 두번째로는 인간 중심 경영을 시행했다. 조직 구성원들이 상하관계라는 인식보다는 동료관계라는 틀에서 움직였으며, 현장 직원의 경험과 의견을 존중하여 효율성을 높이는 문화를 만들었다. 세번째로 끊임없는 혁신과 시장개척이 이루어졌다. 앞으로 유통업계에서는 할인점의 비중이 커질 것이라는 전망에 따라 할인판매에 집중투자했는데, 경기불황 시에도 캘리포니아에 본사를 둔 프라이스 클럽을 본떠 회원제 할인점인 샘스 클럽Sam's Club을 시작했고, 할인점과 식품점을 결합한 슈퍼센터Supercenter라는 새로운 업체를 개발했다. 마지막으로 하이테크를 접목하여 유통혁신을 가져왔다. 업계 최초로 바코드 시스템을 이용해 재고를 관리하고 위성통신망을 이용해 유통망을 획기적으로 변모시켰다. 또한 정보통신기술을 이용해 신용카드 조회시간을 크게 단축하는 등 고객서비스를 개선했다. 월마트는 가격 지향적, 공급 지향적인 모델이 아니라, 고객의 요구를 반영한 수요 지향적 모델로써 시장에서 큰 반향을 일으키고 있다.

셋째, 싸이월드다. 한때 '나이키는 싸이월드를 경계해야 한다'는 말이 돌아다녔다. 미니홈피를 관리하기 위해서 사람들이 더 이상 밖에 나와 운동을 하지 않기 때문이다. 싸이월드는 국내에서 '1인 미디어'라는 새로운 지평을 열었다. 싸이월드는 인터넷 분야에서 쌍방향 커뮤니케이션이 가능한 새로운 패러다임을 만들어냈다. 싸이월드가 그러한 성과를 낼 수 있었던 것은 무엇보다 우리나라 사람들의 관계 문화와 감성적 측면을 충족시킨 현지화 및 고객 지향형 전략이 적중했기 때문이다. 싸이월드는 우리나라 사람들의 관계 지향형 특성을 '일촌맺기'와 '파도타기'라는 서비스로 만족시켰고, 네트워크화한 개인주의 트렌드를 이끌어갔다. 서비스 이용의 편의성과 무한한 저장용량, 그리고 친근한 디자인을 통해 우리나라 사람들에게 내재된 '관계'라는 가치를 새롭게 인터넷상에서 구현했다.

그렇다면 실패하는 기업들의 특징은 무엇일까? 여기에서는 웹반, 아이러브스쿨, PC통신업체의 사례가 있다.

첫째, 웹반은 1999년 온라인을 이용하는 고객에게 식료품, 음식재료 등을 주문 받아 가정에 직접 배달해준다는 독특한 아이디어로 출발했다. 당시 매우 파격적인 이 식료품 배달 서비스는 소비자들의 관심을 끌면서 2000년 3분기 동안 최고의 온라인 식품점으로 선정되었다. 그러나 2001년 7월 6일에 주당 6센트로 가격이 떨어졌고, 9일에는 파산신청과 동시에 서비스를 중단했다.

웹반은 왜 실패했을까? 웹반은 나름대로 인터넷 상거래의 가능성을 보고 과감한 투자를 감행했으나 그 가능성을 구체화해줄 전략이 부재했다. 웹반의 가장 큰 실수는 이제 사람들이 오프라인 슈퍼마켓에서 쇼핑하지 않을 것이라고 생각한 것이었다. 즉 지나치게 온라인을 신봉한 것이다. 두번째 실수는 기존의 100여 년간 지속된 인프라를 적극적으로 활용할 계획 없이 새로운 인프라만 고집한 점이다. 그 결과 웹반은 인프라 통합을 위해 엄청난 투자를 했으나 생각처럼 효율적이지 못했다. 세번째 실수는 초기 사업지역으로 샌프란시스코를 선택한 것이다. 샌프란시스코는 가계소득이 높아 식품 품질에 관심이 많을 것으로 예측했다. 그러나 지리적으로 구릉이 많고 집들이 멀리 떨어져 있어 물건을 배달하기에는 곤란했다. 이렇듯 시대 흐름을 파악하고 적극적으로 투자했으나 신기술에 대한 지나친 신봉과 세심

하지 못한 전략 설정으로 결국 2년 만에 파산에 이르렀다.

둘째, 아이러브스쿨은 인터넷 초창기에 신선한 아이디어와 우리나라 문화에 적합한 '관계'의 회복을 주제로 단기간에 많은 회원을 확보하며 급성장한 기업이다. 그러나 현재 아이러브스쿨은 서비스를 제공 중이지만 인기도 면에서는 이미 잊혀졌다고 해도 과언이 아니다. 아이러브스쿨은 단기적인 가치는 보았으나 이를 구체화할 비전과 역량의 부족으로 장기적인 고객가치 실현에 실패했다. 작은 인터넷 기업이 갑자기 급성장하고 조직 구성원이 확대되면서 조직 관리가 제대로 이뤄지지 않았다. 체제가 정비되지 않아 업무 프로세스가 중복되거나 목표가 제대로 공유되지 못했고, 조직 확장에 따른 프로세스 혁신이 뒤따르지 못했고, 고객관계 관리CRM 데이터에만 의존한 채 정말 가치 있는 고객이 누구인지를 파악하지 못했다.

셋째, PC통신업체들의 사례를 보자. 하이텔, 천리안, 나우누리, 유니텔 등은 1990년대 초에 PC통신의 붐으로 초기 온라인 시장을 장악한 채 인터넷 시대에서도 그 지배력을 그대로 이어갈 것으로 보였다. 그러나 현재 상황을 보면 다음, 네이버, 야후 등 순수 온라인 포털에 선두를 빼앗긴 상태고, 앞으로 성장 가능성에 대해서도 회의적인 시각이 많다.

기존의 막강한 자본, 브랜드 파워, 많은 회원확보와 같은 강점을 갖추었음에도 불구하고 PC통신업체들이 포털 시장을 장악하지 못한 이유는 무엇보다 고객욕구를 제대로 파악하지 못한 것에서 찾아볼 수 있다. PC 통신업체들은 개방형 서비스의 대세를 외면하고 폐쇄적 서비스 정책을 유지했다. 즉 인터넷을 제공하면서 텔넷Telnet 방식 접속과 전용 에뮬레이터 방식을 고집했는데, 이러한 서비스 정책은 고객들에게 높은 요금을 지불케 하면서도 순수 인터넷 포털과 같은 편리함을 제공하지 못했다.

새로운 기술과 패러다임에 맞추어 기업들의 변신이 모두 성공하는 것은 아니다. 우선, 기술의 진정한 가치를 고객 속에서 발견하는 기업이 성공한다. 구글이나 싸이월드 모두 최신 기술의 효용을 고객의 관점에서 재해석하여 가치를 배가시키는 작업을 병행했다. 구글은 끊임없는 기술혁신을 단행하면서도 고객 입장에서 번거로움을 최소화했고, 고객에게 필요한 서비스를 가장 선두에서 꾸준히 제공해왔다. 싸이월드의 경우, 역시 단순 커뮤니티 기술에 머무른 것이 아니라 우리나라 사람들의 정서에 적합한 서비스를 제공함으로써 성공을 보장받은 것이다. 그러나 웹반의 경우, 시대 흐름에 따라 행동방식의 변화를 보였지만 고객가치를 제대로 파악하지 못한 채 지역적 특성을 생각하지 못한 경영전략으로 지속적인 기업이 되지 못했다. PC통신업체들 또한 고객이 무엇을 원하는지, 향후 개방형 네트워크 효과가 어떤 잠재력을 갖고 있는지 파악하지 못했다.

그리고 시대의 변화를 읽고 동시에 고객가치를 발견했다 할지라도 그것을 실현할 능력이 필수적이다. 월마트의 경우, 현장 중심의 경영으로 조직의 민첩성과 효율성을 지속시켰으며, 구글과 싸이월드 또한 새로운 가치체계에 대한 가치부여방식을 개발해왔다. 그러나 아이러브스쿨의 경우, 새로운 가치를 발견하고도 이를 장기적으로 구체화할 능력이 부족한 나머지 지속적 성장을 이루지 못했다.

더욱 중요한 것은 역동적이며 새로운 환경에 적응할 수 있는 기업문화다. 기업문화는 전략과 프로세스를 살아 있게끔 하는 윤활유로 기능한다. PC통신업체들의 경우, 순수 포털보다 훨씬 많은 자원을 갖고 있었지만 기존의 수익구조와 성공경험에 머무른 나머지 자원을 통한 새로운 가치 창출에 실패했다.

| 미래 기술변화에 대응한 기업전략

미래 기술변화의 특징은 언제 어디서나 네트워크로 연결되어 똑똑한 서비스를 받을 수 있게 하는 유비쿼터스ubiquitous 기술의 발달과 맥을 같이한다. 그 특징을 간단히 살펴보면 지능화 intelligence(복잡한 문제를 해결하는 능력), 이동성mobility(장소에 구애받지 않는 소통), 개인화personalization(개인 맞춤형 서비스), 상시접속 connectivity(네트워크로 상호 연결)으로 요약할 수 있다. 이러한 기술변 화에 따라 고객은 다양한 행동의 변화를 보이는데 새로운 행동이 '출 현'하거나 기존의 행동이 '상실' 또는 '대체' 되기도 하며 기존 행동 을 그대로 '유지' 하기도 한다. 예를 들어 온라인 커뮤니티가 활성화 하면서 아바타로 자신을 표현한다든지, 온라인 게임의 아이템을 돈 을 들여 구매하는 등 새로운 행동을 보이고 있다. 모바일 뱅킹이 확 산되면서 휴대전화나 전자 카드를 통해 모바일 뱅킹을 사용하는 행 동의 대체 양상을 보인다든지, 휴대전화가 보편화하면서 무선호출기 를 사용하는 행동이 사라진다. 한편으로는 디스플레이가 발달하고 전자책이 등장하지만, 다른 한편으로 여전히 종이를 선호하는 행동의 유지 형태를 볼 수 있다.

개인 중심의 실시간 통합·맞춤 서비스에 대한 고객의 욕구가 증가하고 있다. 이에 서비스 초점도 개별화한 콘텐츠와 서비스의 편리성에 맞춰지고 있다. 즉 IT의 발달과 함께 언제 어디서나 손쉽고 편리하게 이용할 수 있는 서비스를 선호하고 있고, 쉼 없는 서비스, 멀티미디어 중심의 양방향 서비스, 개별적 맞춤형 서비스에 대한 욕구가 증가하고 있다. 따라서 유비쿼터스 비즈니스 가치제안은 모든 개체들간 관계가 항상 연결되어 있고 그러한 연결을 바탕으로 상황기반의 정보를 실시간으로 획득함으로써 신속하게 상황에 대처할 때 커지게 된다. 즉 언제 어디서든지 유비쿼터스 네트워크를 통해 고객이 처한 상황, 고객의 위치, 고객의 성향 등에 관한 정보를 실시간으로 획득하고 최신, 최적의 정보를 적극 활용하여 고객가치를 극대화할 수 있어야 한다.

유비쿼터스 시대 기업의 핵심역량은 적응력이다. 20세기 기업에서 기업 내부운영, 프로세스 자동화, 비용절감 등에 무게중심이 쏠렸다면 21세기 기업에서는 고객니즈 파악 및 가치사슬 중시, 적응형 프로세스 강화, 차별성 강화와 지속적 조직혁신이 주요 역량강화 방안으로 제시된다. 즉 20세기 기업은 효율성이 미덕이었다면 21세기 기업의 핵심은 속도와 적응력이다.

속도와 적응력을 키우기 위해서는 우선 기업 내·외부의 정보를 통합하고 실시간으로 모니터링할 수 있는 시스템을 갖춰야 한다. 그리고 해당 정보를 지능적으로 분석하고 적합한 의사결정을 내린 뒤 이를 신속하게 실행함으로써 경쟁우위를 확보해야 한다. 그러한 노력의 하나가 유비쿼터스화를 통한 프로세스 혁신이다. 유비쿼터스 기술을 바탕으로 기존의 프로세스를 혁신함으로써 수익향상 및 비용 절감효과를 가져오고, 새로운 사업기회를 발굴하여 또 다른 가치를 창출해갈 수 있는 구조를 갖출 수 있는 것이다.

조직 전체의 자원을 관리하는 ERP(전사적 자원 관리)의 경우, 기존의 ERP가 데이터 통합에 치중했다면 차세대 ERP는 데이터 통합을 넘어 사용자의 요구사항을 충족시키고 직무역할에 최적화된 인터페이스를 제공하는 인간 중심형 통합을 이뤄야 할 것이다. 그리고 기업 내·외부에 걸쳐 연계범위를 통합하고 프로세스를 일체화하는 확장형 통합, Web 2.0이나 무선 인터넷과 같은 차세대 IT를 적극 활용하여 협업의 효율성을 돕는 협업 지원형 통합이 동반되어야 한다.

고객관리의 경우에도 유비쿼터스화를 통해 능동적인 맞춤형 관리를 해야 한다. 초창기 웹 시대에는 유선 홈페이지에 정보를 올려놓고 고객들이 직접 찾아와 그 정보를 획득하고자 했다. 그렇지만 점차 고객 선호도에 대한 정보를 축적하게 되고 예전처럼 고객이 찾아와주기를 기다리는 것이 아니라 직접 찾아가는 서비스를 제공하기 시작했다.

그러다가 최근엔 고객의 프로필을 분석하여 고객의 성향 및 욕구를 능동적으로 분석하는 능동형 고객관리가 이루어지고 있다. 이러한 능동형 고객관리는 개인화personalization의 주요 특징으로 과거 맞춤형customization 고객관리와 차별되는 것이다.

여기에서 한 걸음 더 나아가 유비쿼터스 시대엔 좀더 색다른 개인화가 이루어질 것이다. 이동통신과 무선 인터넷 기술이 발달하면서 모바일 서비스를 이용한 모바일 개인화mobile personalization가 진행될 것이다. 이미 휴대전화 부가 서비스와 모바일 블로그를 통해 고객이 위치한 장소에 따라 고객관리 방식이 더욱 개인화되고 있다. 그러나 향후 유비쿼터스 기술이 보다 성숙해지면 단순한 장소location의 정보에서 벗어나 고객이 겪고 있는 상황context 정보를 얻게 될 것이고 동시에 완전한 개인화가 가능해질지도 모른다.

비록 고객 니즈의 변화를 읽고 기업역량을 키운다 할지라도 그것에 상응하는 기업문화가 뒷받침되지 않는다면 제대로 된 기업성과를 바랄 수 없다. 속도와 적응성이 중시되는 유비쿼터스 시대에는 언제 어디서나 변화에 탄력적으로 대응할 수 있는 기업문화가 필요할 것이다. 따라서 상황에 능동적이고 유연하게 대처할 수 있는 유기체적 기업문화가 절실히 요구되는 것이다.

유기체적 기업문화를 위해 개방적이고 자율적인 조직문화가 필요하다. 스스로 선택하고 결정하는, 스스로 사고하고 추론하면서도 상호협력이 중심에 자리 잡는 조직문화가 곧 유기체적 기업문화의 핵심이다.

이런 변화 적응형 기업문화와 더불어 기업의 사회적 책임이 강조된다. 유비쿼터스 시대에 이르면 현재 예상하고 있거나 예상하지 못했던 수많은 문제들이 대두될 것이다. 미래 기업은 그러한 문제의 생산자일 수도 있고 소비자 또는 분해자일 수도 있다. 중요한 것은 기업이 어떤 입장에 있건 유비쿼터스 시대의 부작용을 최소화하는 윤리적 책임과 지능화한 IT 서비스로 개인 편의성 및 소득을 증대시키며 사회복지와 국가발전에 이바지하는 경제적 책임이 함께 요구된다는 것이다.

  한편 기업문화와 함께 언급하지 않을 수 없는 것은 조직 전체를 이끌어가는 리더십이다. 유비쿼터스 시대의 리더십은 무엇보다 창조적 리더십, 변혁적 리더십, 감성적 리더십이다. 이는 새로운 변화와 가치를 창조하고 블루 오션을 만들어갈 수 있는 창조적 리더십, 시대 흐름에 맞게 조직변신을 이끌어가고 위기를 관리하며 조직 구성원들에게 혁신 마인드를 심어줄 수 있는 변혁적 리더십, 그리고 조직이 유연하면서도 상호협력의 기반 위에 움직일 수 있도록 조직 구성원의 감성을 어루만지고 창의성을 복돋을 수 있는 감성적 리더십이다.

미래 노동세계, 빛과 그림자

김장호 | 숙명여자대학교 경제학부 교수

| 공기와 물 그리고 정보통신기술

휴대전화로 통화를 하고 무선 인터넷을 이용하는 모든 정보통신망들이 눈에 보인다면 우리의 머리 위에는 아마도 수많은 선들이 거미줄처럼 서로 얽혀 있어 하늘이 보이지 않을 정도가 되지 않을까. 세상을 덮어버린 정보통신망은 공기와 뒤섞여 우리의 일상에서 반드시 필요한 존재가 되었다. 눈에 보이지 않는 정보통신망을 우리가 숨 쉬듯, 물 마시듯 쉽게 이용할 수 있게 해주는 단말기 역시 점점 발전해 노트북, 휴대전화, TV 등 모든 기능을 하나의 단말기로 사용할 수 있게 되었다.

갈수록 빠른 속도를 자랑하는 통신망과 똑똑해지는 단말기 외에도 센서 기술이 발달하여 우리의 삶을 크게 바꿔놓을 것으로 보인다. 기존처럼 부피가 크고 전력을 많이 소모하며 수동적으로 작동하는 센서가 아니라, 주변에서 쉽게 발견하기 어려울 만큼 작고 스스로 작동할 수 있는 센서가 확대될 것이다.

그렇게 되면 우리가 어디에 있든지 우리의 주변 상황정보가 디지털로 저장되고, 그 정보에 따라 각 개인에게 최적의 서비스가 제공될 수 있는 조건이 마련된다. 작고 지능을 갖춘 센서는 휴대전화나 전자기기, 자동차 등에 내장될 수 있고, 건물이나 고정된 사물 내부에 들어가 실시간으로 주변 상황을 감지할 수도 있다. 앞으로 센서를 먼지처럼 작게 만드는 기술이 발전하면 우리 눈에 보이지 않으면서 항상 공중에 머물러 있을 수도 있다. 어찌 보면 신기하기도 하고, 한편으로는 무섭기도 하다.

이렇게 변해가는 미래사회를 유비쿼터스 사회ubiquitous society(언제 어디서나 자유롭게 네트워크에 접속해 원하는 서비스를 받을 수 있는 세상)라고 부른다. 유비쿼터스 사회에서 우리의 삶과 문화는 지금과는 크게 다른 모습을 보일 것이다. 여기에서는 미래 삶의 변화를 작업환경의 변화에 초점을 맞춰 살펴보고자 한다. 아침부터 저녁까지 일상의 대부분을 차지하는 노동세계의 변화가 곧 우리 삶의 변화일지도 모른다.

미래사회를 전망하는 데는 무엇보다 균형 잡힌 관점이 필요하다. 유비쿼터스 환경에서 노동세계의 변화를 전망하기 위해서는 기술적 잠재력의 측면과 사회인구학적·정치적 제약 등 여러 측면을 함께 살펴보아야 한다. 이러한 관점은 사회와 기술의 상호작용을 강조하는 사회기술론적 접근이라고 할 수 있다.

먼저 기술적 잠재력의 효과 측면에서 보면, 신기술은 인간노동을 대체할 것이며, 이는 곧 노동생산성의 비약적 증대로 나타날 가능성이 높다. 하지만 이러한 기술적 잠재효과는 부문별·지역별로 불균등하게 나타날 것이다. 정보통신기술과 관련된 연구개발과 지식노동의 수요는 지속적으로 증대하겠지만 전통적인 단순노동에 대한 수요는 감소할 것이다.

또한 노동환경의 변화는 기술적 잠재력과 함께 사회적 제약도 따를 것이다. 사회인구학적 측면에서 보면, 선진 각국에서는 급속한 고령화와 저출산 추세가 진행되고 있는 반면, 저개발국에서는 지속적인 인구증가 현상이 진행되는 등 국가와 지역별로 인구의 양극화가 진행되고 있다. 또한 세계 자본주의 시장경제가 형성되면서 국제적인 자본과 노동의 이동이 활발해졌다.

사회정치적 측면에서는 기존 수혜집단과 새로운 패러다임을 추구하는 집단 간의 사회정치적 갈등이 발생할 우려의 소지가 높다. 사회경제적 양극화에 대한 정치적 대안 마련과 유비쿼터스 환경 변화에 따른 기존 법제도의 대대적인 수정·보완 작업이 필요하다. 또한 국제규범에 의한 제약도 작용할 것으로 보인다. 정보통신기술과 서비스 관련 표준 설정과 개인정보 보호에 대한 국제적 기준 역시 중요한 제약조건이 될 것이다.

| 미래 노동 패러다임

시간과 공간의 경계를 넘나들다

유비쿼터스 노동환경이란, '유비쿼터스 환경에서 노동자가 언제 어디서나 고도의 유무선 정보통신기술을 활용해 업무를 수행할 수 있는 새로운 방식의 근로 형태를 구현할 수 있는 작업환경'을 말한다. 이는 과거 정보화에 따른 단순 재택근무의 차원을 넘어 환경변화와 유비쿼터스의 기술혁신으로 더욱 발전된 개념의 u-워크ubiquitous work로 진화함을 의미한다.

유비쿼터스 노동의 질적 변화는 '지식화'와 '디지털 노마디즘'으로 요약할 수 있다. 먼저 육체노동에 대한 수요는 감소하고 지식정보노동에 대한 수요가 증가되는 '지식화'가 진행된다. 그리고 노트북과 휴대전화, PDA 등 각종 디지털 장비를 활용해 장소에 구애받지 않고 자유롭게 이동하면서 의사소통하고 업무를 처리하는 신유목민으로 '디지털 노마드digital nomad(디지털과, 유목민이라는 뜻을 지닌 노마드의 합성어)'가 등장하게 된다. 언제 어디를 가더라도 곳곳에 컴퓨터와 네트워크가 내장되어 필요에 따라 자유롭게 접속할 수 있게 되면서, 작업공간의 제약이 해소되어 재택근무나 이동중 근무가 활성화한다는 것이다.

세계 각국의 기업에서는 이미 새로운 근무환경이 조성되고 있다. 일본의 경우는 IBM, 후지쯔, 오라클 등이 재택근무를 실시하고 있으며, 재택근무자 수가 100만 명에 달한다. 유럽의 경우는 2005년 기준으로 전체 노동력 중 u-워크를 활용하는 근로자의 비율이 약 11%에 이른다. 또한 미국의 시장조사기관인 IDC는, 2009년에는 전 세계 신유목민이 8억 5,000만 명에 다다를 것으로 전망했다. 즉 세계 근로자의 4분의 1이 사무실 밖에서도 일을 할 수 있게 될 것이다.

일자리가 변화하다

유비쿼터스 사회에서 일자리 변화는 우선 양적인 측면에서 찾아볼 수 있다. 유비쿼터스 기기와 장치가 인간노동의 많은 부분을 대체할 수 있겠지만, 그렇다고 해서 일자리 총량이 급속히 줄어들 것으로 속단하기는 어렵다. 그 근거는 다음과 같다.

표 4-1 IT 발전과 u-워크 환경의 발전과정

구분	작업장근무	재택근무	원격지근무	이동원격근무
IT 기술	면대면	PSTN	초고속통신망	BcN 유비쿼터스 IT
소통수단	전화·팩스 등	PC+모뎀	유선 네트워크	유·무선 네트워크
공간과 시간	local real time	local non-real time	remote non-real time	remote real time
특징	• 전통적인 면대면 업무수행	• 물리적인 게시판을 이용한 업무 전달 • Shared PC	• 기업 포털 커뮤니티 이용 • e-메일	• 물리적으로 떨어져 회의를 하거나 정보를 공유 • 분산된 업무 처리

우선, 기술적 잠재력에 의해 줄어드는 일자리 못지않게 그로 인한 새로운 일자리들이 생겨날 개연성이 높다. 또한 일자리는 단순히 기술에 좌우되기보다는 재화나 서비스에 대한 사회적 수요의 함수이므로, 재화나 서비스 수요가 새롭게 창출되면 그만큼 일자리는 늘어날 수 있을 것이다. 그리고 삶의 질에 대한 관심이 증대해 근로시간이 단축되고, 이는 일자리 총량의 증가와 함께 일자리 나누기 효과를 가져올 것이다. 요컨대 유비쿼터스 환경이 구축되면서 재화나 서비스에 대한 수요가 구조적으로 변화하고 질적으로 고도화할 것으로 예상되므로, 일자리 총량이 감소할 것으로 보기는 어렵다. 그보다는 재화나 서비스에 대한 사회적 수요구조의 변화, 일과 삶에 대한 가치관에 따라 일자리의 구조적 변동이 일어날 것으로 전망된다.

둘째, 유비쿼터스 사회에서 일자리 변화는 분야별로 차별화해 나타난다. 일자리가 증가하는 분야와 감소하는 분야를 살펴보면, 서비스 산업 부문, 즉 정보기술, 보건·의료, 교육, 특히 첨단기술 관련 직종에서 증가할 것이며, 광업과 전통적 제조업 부문에서는 일자리가 감소할 것으로 전망된다.

셋째, 일자리의 내용, 곧 질적 수준의 변화도 예상된다. 유비쿼터스 사회로 이행함에 따라 고용형태의 다양화와 노동시장의 유연성이 심화할 것이며, 그에 따라 일자리의 양극화와 사회적 통합의 문제가 중요한 사회적 과제로 등장할 것으로 보인다.

넷째, 유비쿼터스 기술혁신은 사회집단별 일자리 배분에 영향을 줄 것으로 전망된다. 그동안 여러 가지 이유로 노동시장 참여에 어려움을 겪었던 집단, 예컨대 여성이나 장애인들에게 더욱 많은 기회가 주어질 가능성이 있다. 출산, 육아와 가사노동으로 인한 여성의 취업 제약이 u-워크 환경에서 크게 완화되어 여성 취업기회와 고용이 확대될 것이다. 비슷한 맥락에서 중·고령자와 장애인의 취업기회 역시 확대될 것이다. 그러나 학력별 고용기회는 양극화가 심화할 가능성이 크다. 저학력·저숙련 노동자에 비해 고학력 고숙련·지식노동자의 고용기회가 증대되면서 학력에 따른 취업기회와 소득구조의 양극화가 심화할 개연성이 높다.

다섯째, 유비쿼터스 기술은 노동에 대한 공간적·시간적 활용 측면에서 제약이 크게 완화될 것으로 보이며, 이에 따라 국제적인 노동분업구조에서 변화가 예측된다. u-워크 환경은 글로벌 노동과정을 형성할 수 있게 한다. 기업은 공간적으로는 전 지구적 차원에서 필요한 노동력을 조달할 수 있고, 시간적으로는 동시 또는 시간대별 분할 등 필요한 방식으로 노동력을 활용할 수 있게 될 것이다. 이에 힘입어 노동의 성격과 질적 수준별로 국제적인 노동의 공간적 재배치가 이루어져 국제 노동분업구조는 더욱 정교하게 구성될 것이다.

| 두 얼굴의 u-워크

일과 여가의 균형 유지

유비쿼터스 사회에서 노동생활의 변화는 생산성 증대와 효율화, 작업환경의 개선, 개인생활의 충실화 등으로 나타날 것이다. 생산성 면에서 보면, u-워크로 근무형태의 계획성이 향상되어 일에 대한 자기

관리능력이 높아질 수 있을 것이며, 근무시간에 집중적으로 일을 해야 하므로 업무의 효율성이 높아질 것이다. 또한 u-워크에 따라 늘어나는 자유시간을 개인의 업무능력 향상을 위한 교육과 훈련에 활용함으로써 업무능력을 높일 수 있을 것이다. 작업환경과 산업안전 차원에서 보면, 상시 위험관리 시스템이 도입되어 작업환경을 개선할 수 있으며, 산업재해나 직업병의 발생 가능성을 낮추어 산업안전을 도모할 수 있다.

또한 재택근무나 원격근무, 모바일 근무 등에 의한 통근시간이 줄어들게 되고, 이에 따라 가족과 보내는 시간이 확대되고 여가나 취미 생활을 누릴 기회가 많아지는 등 생활의 질적 향상을 도모할 수 있다. 즉 u-워크는 노동자의 일과 생활에서 균형을 유지하는 데 기여한다.

u-워크의 그림자, 감시 · 통제

영화 〈마이너리티 리포트Minority Report〉, 〈본 얼티메이텀The Bourne Ultimatum〉을 보면 어떤 생각이 떠오를까? 영화 속 주인공이 유무선 통신망과 위성, 감시 카메라, 생체인식기 등을 총동원한 정부의 추적에 쫓기는 장면에서 미래사회에 대한 공포와 두려움을 생길 것이다.

《비즈니스위크》에 따르면, 9 · 11 테러 이후 미국, 영국 등이 중심이 되어 인공 코와 같은 각종 센서, 스마트 카메라 등 다양한 감시기술 개발이 더욱 활발해지고 있으며, 그 결과, '하이테크 감시사회'의 기술적 기반이 조성되고 있는 상황이라고 한다. 이제 이동전화와 네트워크 간 연계로 인한 도 · 감청도 기술적으로 얼마든지 가능한 시대로 변화하고 있어 심각한 사생활 침해가 우려된다. 이로 인해 감시 사회로의 전개에 대한 경고가 제기되고 있다.

유비쿼터스 노동환경에서 고도의 감시·통제 기술은 충분히 도입될 가능성이 있다. 감시·통제 기술은 u-워크 환경을 구성하는 중요한 요소로 그 사용이 불가피한 측면도 있는 것이 사실이다. 하지만 고도의 감시·통제 기술이 전 노동환경에 적용될 경우, 철저한 감시·통제하에서 인간의 기본적인 권리조차 위협받게 될 것이다.

다만 그 실현 여부는 노동을 둘러싼 노사관계, 기업-시민사회 관계 등에 따라 좌우될 수 있다. 따라서 u-워크 환경에서 감시·통제 기술은 노동조합, 기업, 시민사회 등 서로 이해관계가 다른 집단들의 합의하에 최소한의 범위나 수준에서 그쳐야 하며, 이를 위한 사회적 기준이 마련될 필요가 있다.

| 더욱 행복한 일터를 위해

현대사회는 바야흐로 정보화사회에서 유비쿼터스 사회로의 이행기에 놓여 있다. 유비쿼터스 사회로의 이행이 직업과 노동 세계에 커다란 변화를 초래할 것이라는 점은 분명하다. 노동 패러다임은 지식노동 중심으로 빠르게 재편될 것이며, 유비쿼터스 기술의 직접적인 영향으로 유무선 인터넷을 통해 끊임없이 이동하면서 일을 하는 '신유목민 현상' 곧 디지털 노마디즘이 확대될 것으로 보인다.

유비쿼터스 기술의 가속적인 혁신은 인간노동을 유비쿼터스 기기나 장치로 대체할 기술적 잠재력을 지니고 있지만, 새로운 영역에서의 일자리가 생겨날 가능성과 더불어 재화나 서비스에 대한 사회적 수요의 변화 등을 고려할 때, 일부에서 우려하는 급속한 일자리의 감축은 없을 것으로 보인다.

특히 노동과정 전반, 더 나아가 인간생활 전반에 대한 감시와 통제가 기술적으로 가능해지면서 사생활 문제가 중요한 이슈로 등장할 것이지만, 전통적인 맥락에서의 노동생활의 질은 크게 개선될 것으로 전망된다.

이미 정보통신기술을 전 세계를 움직이는 원동력이 되었다. 모든 사람들이 행복하게 일할 수 있는 미래 근로환경을 만드는 힘은 인간에게 있으며, 인간이 어떻게 정보통신기술을 활용하느냐에 달려 있다. 효율적이고 체계적인, 그리고 인간 중심적인 정보통신기술의 활용과 함께 기업, 정부, 시민단체 등 사회 각계각층의 이해와 협력이 동반되어야 한다.

미래를 위해, 인간을 위해!

중국의 성장과 한국 기업의 과제

정영록 | 서울대학교 국제대학원 교수

| 중국의 급부상

중국 상하이에 가보면 150개가량의 40층 이상 초고층 빌딩들이 다양한 디자인으로 스카이라인을 장식하고 있는 모습을 볼 수 있다. 황포강을 따라 서 있는 마천루는 제각기 다른 형상을 하고 있고, 밤에는 만 가지 색상으로 빛나며 멋진 야경을 만들어내고 있다. 지금 이 순간에도 초고층의 빌딩을 짓기 위해 수많은 타워크레인이 바삐 움직이며 상하이의 모습을 바꿔놓고 있다.

상하이의 모습에서 볼 수 있듯이 중국은 빠르게 성장하고 있다. 영국 시사주간지 《이코노미스트》가 발표한 '2008년 세계 대전망' 보고서를 보면, 중국은 2008년 베이징 올림픽에서 1위를 할 것이며, 인도를 비롯한 신흥 경제 강국들과 함께 세계 경제 성장을 주도할 것이라고 예측하고 있다.

실제 중국은 최근 매년 10%에 달하는 고성장을 거듭하며 2005년 말을 기점으로 이미 세계 3위의 무역국가가 되었다. 얼마 전, 상하이 종합지수가 6000을 돌파하는 등 중국 증시가 사상 최고치를 이어가자, 전 세계에서 중국 펀드로 자금이 폭발적으로 유입되기도 했다. 게다가 높은 성장세 속에서 원자재, 원유 등을 엄청나게 빨아들이면서 전 세계의 원자재 값과 유가 상승에 직접적인 영향을 미치고 있다.

우리가 주목해야 할 점은 중국의 이러한 변화가 우리에게 어떤 의미인가 하는 것이다. 중국은 우리의 최대 무역 상대국이다. 많은 국내 기업들이 중국에 진출해 있어 양국간 무역과 투자 거래가 늘어나고 있으며, 또한 부품소재 산업이나 원천기술 확보 측면에서 우리나라 기업은 급성장하고 있는 중국의 많은 기업들과 경쟁해야 하는 상황이다. 얼마 전, 삼성 이건희 회장이 일본과 중국 사이에 낀 우리나라의 상황을 샌드위치 경제라고 비유한 바에서도 알 수 있듯, 중국은 엄청난 경제발전을 이룩하며 우리나라를 압박하고 있는 중이다.

이러한 상황 속에 우리나라 기업들이 어떠한 대응전략을 모색해나가느냐에 따라 기업, 나아가 국가의 생존과 번영이 좌우된다는 점에서 중국의 급성장은 우리에게 너무도 중요한 문제다. 따라서 2000년도 이후 중국이 고속 경제성장을 할 수 있었던 비결은 무엇인지 살펴보고, 이를 바탕으로 우리가 중국에 대응해 취할 수 있는 경제정책은 과연 무엇이며, 특히 기업들의 가장 큰 과제는 무엇이 될 것인지에 대해 필자가 그동안 현장에서 느낀 직감을 중심으로 나름대로 답변하고자 한다.

| 중국은 어떻게 고속성장을 이룰 수 있었을까

중국의 고속성장 비결을 살펴보기에 앞서 중국의 급성장을 실감할 수 있을 만한 구체적인 수치자료부터 한번 살펴보기로 하자. 〈표 5-1〉은 중국의 최근 10여 년간에 대한 경제실적을 나타내는데, 특히 최근 5년간의 변화는 놀랄 만하다고 할 수 있다. 우선, 2000년에 경제규모 1조 달러 클럽에 진입했고, 2005년에는 세계 4위의 경제규모를 이루게 되었다. 결국 중국은 2000년을 시점으로 경제규모 1조 달러 이상, 인구 1억 명 이상의 자립경제를 추구할 수 있는 몇 안 되는 국가 중 하나가 되었다. 그러고는 단숨에 경제규모가 2조 달러를 넘어섰다.

여러분은 아직도 이러한 성장이 대단하다고 생각하지 않는가? 그럼 여기서 잠시 과거 경제발전의 역사를 되돌아보자. 산업혁명이 비록 세계를 격변시켰지만 정작 영국의 경제규모가 2배가 되는 데는 근 한 세기가 걸렸다. 또한 제2차 세계대전 이후에 일본이 급속하게

표 5-1 최근 중국 경제의 주요 지표

	1997	1999	2000	2001	2002	2003	2004	2005	2006
경제성장률(%)	8.8	7.1	8.0	8.3	9.1	10.0	10.1	9.9	10.7
물가상승률(%)	2.8	△1.4	0.4	0.7	△0.8	3.2	3.9	1.8	1.5
수출증가율(%)	21.0	6.0	27.8	6.8	14.1	34.6	35.4	28.4	27.2
무역수지(억 달러)	404	292	241	225	134	256	320	1,019	1,775
외환보유고(억 달러)	1,399	1,547	1,670	2,122	2,428	4,032	6,099	8,189	10,663
FDI(억 달러, 도착기준)	453	403	407	468	527	535	606	603	630

자료 《중국통계연감》 2006년과 2007년의 중국정부 발표치를 종합

발전했다고는 하나 경제규모를 2배로 늘리는 데는 15년이 걸렸으며, 그나마 한강의 기적이라 일컬어지는 우리나라도 11년을 기록했던 것이 최고속의 사례다. 그런데 중국은 무려 5년 만에 전체 경제규모가 2배로 변모해 전례없는 고속성장을 한 것이다.

그렇다면 중국이 이처럼 고속성장을 할 수 있었던 비결은 무엇일까? 크게 정치적 측면과 경제적 측면으로 나누어 생각해보기로 하자.

우선, 정치적 측면에서는 중국 정치의 안정성을 지적해볼 수 있다. 중국은 공산당에 의한 일당 통치로 민주주의의 정착과 확산이라는 관점에서 볼 때 오히려 불안정하다고 볼 수도 있기 때문에, 이러한 지적에 의문을 품을 수 있다. 하지만 여기서는 정책의 연결성이 확보될 수 있다는 점에서 바라본 정치의 안정성을 이야기하는 것이다. 우리나라와 중국의 정치체제를 비교해보면서 좀더 자세히 살펴보기로 하자. 여러분이 잘 알고 있는 것처럼 우리나라는 5년의 대통령 단임제를 택하고 있기 때문에 5년 주기로 대통령이 바뀌고 정권이 바뀌게 된다. 그러다보니 새로운 정권이 들어서게 되면 전임 정권에서 추진하던 국책사업을 전면 재검토하거나 국가의 정책노선이 바뀌어 국가적 낭비를 초래하거나 국민에게 혼란을 줄 우려가 있다. 하지만 중국은 공산당 일당 통치로 최고지도자가 5년 연임에 따라 10년까지 대체로 임기가 보장된다. 덕분에 장기적 관점에서 국가의 비전을 설정하고 일관성 있는 정책을 추진할 수 있게 되어 정책의 연결성을 확보할 수 있다는 것이다. 그뿐 아니라 일당독재(조직부)를 통한 각 분야의 통합인사를 통해서 전문성을 갖추는 것은 물론이고 '종합적인 정책능력' 까지 갖출 수 있다.

다음으로 경제적 측면에서 규모의 경제요인을 생각해볼 수 있다. 여기서 규모의 경제라고 하는 말은 경제학적 개념으로 많은 양을 생산하는 과정에서 얻게 되는 이익으로 생각한다면 쉽게 이해할 수 있을 것이다. 즉 대량 생산을 하다보니 대규모 구입에 따른 운임이나 원료비의 감축, 대규모 설비의 경제성 등으로 인해 단위당 생산비용이 줄어드는 것이다. 이를 중국의 경우에 적용해본다면 자원이 풍부할 뿐 아니라 13억 인구를 바탕으로 한 광대한 시장으로 말미암아 규모의 경제가 나타나 경제발전이 고속화할 수 있는 여건을 갖추었다고 분석해볼 수 있다.

이번에는 경제학을 잘 모르시는 분들도 한번쯤은 들어보셨을 수요와 공급이라는 분석틀을 적용해서 살펴보자. 일단 수요 측면에서는 13억 인구를 고려해보았을 때 충분하다고 볼 수 있다. 공급 측면에서는 자본, 인력 그리고 기술의 측면으로 나누어 고려해보기로 한다. 자본 측면에서는, 2000년 이후 개인저축률이 약 40% 가까운 높은 수준에서 지속된 데다가, 외환보유고가 호조(2006년말 기준 중국의 외환보유고는 1만 660억 달러를 기록함으로써 세계 1위를 차지한다)를 보임으로써 기본적으로 자금사정은 거의 문제가 없을 정도다. 이 막대한 자금동원력을 기반으로 중국은 필요한 설비나 기술을 상당 부분 조달할 수 있었다.

두번째로 인력공급이 원활하다는 것이다. 모두가 알다시피 중국은 인구과다 국가로서 아직도 60% 이상의 인구가 농촌에 거주하고 있을 뿐 아니라, 이들의 30% 이상이 유휴인력으로 추정된다는 점에서 유인만 있다면 이들이 단순인력으로 충분히 공급될 수 있는 상황이다. 특히 우리가 더욱 관심을 갖는 것은 중급 이상의 자질을 갖춘 새로운 인력 풀Pool인데, 이들 역시 충분하게 공급된다고 평가할 수 있다. 사실상 중국은 자질을 갖춘 인력의 원활한 공급을 위해 아시아 금융위기 발생 직후인 1998년부터 교육 부문의 혁신을 다각적으로 추구하고 있다.

다음의 〈표 5-2〉에서도 나타나 있지만 전체 인구에서 차지하는 중·고등학생 그리고 대학교 이상의 학생 수가 지속적으로 늘고 있다. 특히 대학 이상 재학의 경우 1979년 102만 명에서 2004년 1,333만 명으로 급격하게 늘어난 것을 알 수 있다. 이처럼 중국은 1998년 소위 국가발전 구호로 과학과 교육을 통해 중국을 부흥시킨다는 '과교흥국科教興國'을 내세우면서 인력의 고급화에 박차를 가해오고 있다.

그러면 생산성을 나타내줄 수 있는 기술력은 어떠할까? 사실 기술

표 5-2 중국 학교의 재학생 수 증가

(단위 : 만 명, %)

	1979	1990	1995	2000	2004
인구	97,092	114,333	121,121	126,743	129,988
초등학교	14,662 (15.1) 2,942만	12,241 (10.7) 2,064만	13,195 (10.9) 2,531만	13,013 (10.3) 1,946만	11,630 (8.9) 1,747만
중·고등학교	6,025 (6.2) 1,934만	5,105 (4.5) 1,619만	6,191 (5.1) 2,026만	8,518 (6.7) 2,736만	10,225 (7.9) 2,900만
대학교 (전문대 포함)	102 (0.1) 28만	206 (0.2) 61만	290 (0.2) 93만	556 (0.4) 221만	1,333 (1.0) 447만명

자료 《중국통계연감》 각 연호를 참조해 작성
주 위의 수치는 입학생 수를 표시하며, ( ) 안의 숫자는 당해 연도 전체 인구에 대한 비중이다.
     대학생 정원수는 1997년 100만 명을 넘어섰다.

표 5-3 해외 유학생과 귀국 학생 추이

(단위 : 명, %)

	1978~85	1986~90	1991~95	1996~2000	2001~04	총계
유학생 수	7,872	19,444	59,634	123,675	441,141	651,766
귀국 학생 수	1,834	9,339	20,788	37,948	75,066	144,975
해당기간 귀국(%)	23.3	48.0	34.9	30.7	17.0	22.2

자료 《중국통계연감》(2005)를 참조해 작성

력의 발전을 추정하기란 쉽지 않다. 특히 최근 5년간의 기술은 하드웨어 측면에서는 다국적기업체MNC의 대거 중국 진출과 더불어, 소프트웨어 측면에서도 상당한 경험을 쌓은 해외 유학생과 화교인사들이 기술제공의 풀로 작용하고 있다. 〈표 5-3〉에서도 보이는 바처럼 1978년 이후 2004년까지 공식적으로 교육부에 등재된 중국의 해외 유학생은 65만 명을 넘어섰고, 2006년 하반기까지를 포함한다면 거의 100만 명을 넘어선 것으로 추계되고 있다. 이중 20%가 넘는 유학생이 귀국한다고 봤을 때, 이들이 직·간접적으로 중국의 기술력 향상에 도움을 주고 있을 것으로 평가된다.

| 신(新)시장 환경의 의미

이상을 바탕으로 중국을 평가해본다면 다음과 같이 정리할 수 있다.

중국이 경제규모 1조 달러 클럽에 진입하게 됨으로써 중국 중소기업체의 기업능력이 크게 신장되었을 것으로 평가된다. 13억이라는 거대한 인구를 바탕으로 하고 경제규모 2조 8,000억 달러(2007년 6월 현재)를 배경으로, 중소기업이 활동할 수 있는 충분한 능력을 구비하게 된 것이다. 또한 중소기업체뿐만 아니라 중국 내 대기업체가 국가의 풍부한 인적 자원과 자본에 힘입어 새롭게 변신하고 있으며, 하이얼이나 레노버와 같은 일부 기업들은 해외에서도 주목받는 글로벌 기업으로 성장하게 되었다.

또 하나 중요한 것은 우리의 주요 경쟁상대자는 다국적기업체들 MNCs과 중국의 잘나가는 업체들(주로 국유기업들로, 가령 China Telecom 이 대표적임)이라는 점이다. 즉 2001~05년에 총 2,749억 달러가 투자되었는데, 이 가운데 상당수가 다국적기업들의 중국 내 투자로 대상 기업 대부분이 우리나라 대기업체들의 경쟁업체들로 판단된다. 이는 앞으로 우리 업체들이 중국에 진출하는 경우, 이들을 면밀하게 관찰해야 할 것을 의미한다. 중소기업체는 중국 내 현지 업체들의 자체능력이 향상되었음을, 또한 대기업체들은 중국 토착기업체들이 기술, 인력을 다국적기업들을 통해서 급격하게 신장했음을 인식하고 우리가 중국을 보는 데 새로운 시각을 가질 필요가 있다.

이처럼 중국은 양적으로나 질적으로 유례없이 새로운 역사를 쓰고 있다. 더욱이 중요한 것은 2000년에 접어들면서부터는 과거의 양적 추구뿐 아니라, 확실히 질적으로도 도약Take-Off 단계에 접어들고 있다는 점이다. 즉 과교흥국이라는 캐치프레이즈하에 국가 자원동원력을 활용하는 국가로 변모했다. 특히 노동, 자본과 같은 생산요소의 일방적 투입을 통해서 경제가 성장하는 외연적 성장에서, 기술혁신이나 조직개편을 통한 내연적 성장으로 경제발전의 고도화를 추구하고 있다. 산업정책 역시 외국인 투자유치에 주력하고 있다. 2001~05년에 총 2,749억 달러가 투자되었는데, 그 가운데 상당수가 다국적기업들의 중국 내 투자로서 중국 토착기업체들은 이를 통해 기술, 인력을 급격히 선진화했다.

이제 중국의 경제는 전통과 최첨단이 공존하는 이중구조를 나타내고 있다. 소위 '짝퉁' 시장(모방시장)부터 신주5호라는 유인우주선을 쏘아 올릴 수 있는 양극단을 보여주고 있는 것이다. 이러한 점을 감안한다면 중국이 주요 생산기지로서의 효용을 가지고 있을 뿐 아니라, 고급화한 소비와 자산 시장으로의 전환이 급격하게 일어나고 있음에 주목해야 할 것이다. 특히 최근에는 먹고사는 문제가 해결됨으로써 사치족이 늘어나고 있다. 중국 경제의 계층은 최고급층부터 최하위층까지 다양하기 때문에 우리가 하기에 따라 엄청난 시장이 될 수 있다. 그러나 인건비와 같은 우리의 생산요소가격을 감안한다면 실질적으로는 최고급 계층만이 우리의 시장이다. 대기업체 주재원 1명의 연간 소요경비가 약 20만 달러로 추정되는 데 반해, 현지 중간 관리층의 연간 경비가 6,000~7,000달러 수준으로 약 30분의 1에 불과하다. 이 점을 감안해본다면 우리나라 진출기업의 생산성이 얼마나 높아야 할지가 금방 나오게 된다. 따라서 우리는 최고급층을 타깃으로 삼아 집중공략하는 전략을 펼쳐야 할 것이다.

물론 중국은 자주 거론되는 고속성장의 후유증을 겪을 가능성도 충분히 있다. 그러나 최근의 추세를 본다면 이러한 후유증은 당분간 현재화하기는 어렵다고 본다. 왜냐하면 많은 사람들이 새로운 변화를 기회로 여기기 때문이다. 금융위기설도 국유 상업은행들에 대한 중국의 성공적인 상장에 의해서 이제는 거의 사라지고 있는 실정이다. 그만큼 국가경영능력이 제고되고 있다는 말이다.

| 한국의 과제

이상의 논의를 바탕으로 우리 기업들이 중국에 진출하는 데 주목해야 할 점들을 몇 가지 언급해보기로 하겠다. 첫째, 서두에서부터 계속 강조되어 왔듯이 중국의 고속성장이다. 1978년부터 현재까지 연평균 9%의 경제 성장을 해오고 있다. 따라서 급속하게 발전하는 이 시장에 대해 적어도 5년 이상의 장기적 시간을 갖고 투자해야 한다. 둘째, 중국의 기술력이 급격하게 발전하고 있다는 점이다. 해외유학파, 화교, 다국적기업MNC 등의 협력에 의해서 우리가 생각하는 것 이상으로 발전하고 있다. 셋째, 중국의 중소기업체들이 규모의 경제에 의해 그 실력이 급격하게 신장되고 있다는 점이다. 이러한 점을 종합한다면 앞으로 아시아의 화두는 역시 중국을 중심으로 한 아시아 내에서 생산과 소비증가 현상이 가속화하는 것이다. 이 점을 주목하지 않고 중국에 진출할 경우, 기업들은 상당한 어려움에 직면하게 될 소지가 크다. 특히 우리의 중국 평균 투자규모가 아직도 영세하며, 중국에 나가는 인력과 기술이 최강이지 못할 수도 있다는 점에서 우려되는 면이 있다. 즉 자본, 기술, 인재의 측면에서 두 가지 이상을 구비하지 않으면 투자하는 것이 어렵다는 것을 의미한다.

우리나라는 현재 성장잠재력(한 나라의 경제가 잠재적으로 지니고 있는 경제 성장역량으로 노동이나 자본과 같은 생산요소를 완전히 가동했을 때 달성 가능한 실질 국민총생산이다)이 계속 약화하는 어려움에 처해있다. 이에 정부는 다각도의 노력을 경주하고 있다. 한때는 동북아시아 중심론, 물류기지화론, 금융 센터론 등을 추구한 바도 있다. 하지만 중국을 도외시한 경제정책의 입안은 의미가 퇴색할 수도 있다는 점을 유념해야 한다. 특히 최근에 발전된 교통과 통신의 수준을 본다면, 항공편으로 3시간 이내에 도달하게 될 한반도로부터 1,500~2,000km 이내의 거리에서 경제적으로 무슨 일이 일어나는지를 주목해야 할 것이다.

한편 무역 측면에서 외관적인 수치처럼 우리가 중국으로부터 커다란 이익을 취하고 있는가, 그리고 우리나라의 대중투자도 우리 경제의 선진국 정착에 여하한 기여하고 있는가에 대한 객관적 평가가 필요하다. 양국간 무역과 투자 거래는 엄청나게 늘어나고 있다. 그런데 이 무역과 투자는 중국 내수를 지향하는 측면도 있지만, 우리나라의 대중국 교역 중 제3국 수출이 60~70%임을 감안한다면 우리의 중요한 경제 파트너는 중국을 비롯해 최종 수출지인 미국, 일본, 유럽 지역이 모두 포함될 것이다. 기존 경제 파트너와의 협력이 그만큼 중요하다는 것을 나타낸다. 또한 우리는 중국만이 대안이 아니라는 전제하에, 동남아시아 국가 등 다각적인 대안을 찾는 동시에 중국경제교류의 주류에 들어야 할 것이다.

우리 기업들로서는 현재 하나의 딜레마에 빠져 있다. 우리 기업들이 세계 주류기업으로 도약하기 위해서 중국 시장을 잘 활용할 필요가 있다는 결론에는 쉽게 도달하지만, 구체적으로 어떻게 활용할 수 있을지를 도출하기가 쉽지 않다. 또한 동북아시아 지역의 FTA(자유무역협정) 흐름에 중국을 언제, 어떻게 수용하느냐 하는 것도 과제다. 앞에서도 지적한 바처럼 중국은 1조 달러 경제규모를 달성한 이후, 현지 기업의 능력이 크게 신장되었을 뿐 아니라(우리나라 중소기업체들의 진출에 위협이 된다), WTO(세계무역기구) 가입 이후 중국 제품의 국제경쟁력이 괄목하게 신장됨으로써(우리 대기업체에 위협이 된다) 우리 업체들의 과제가 더 어려워지고 있다.

그리고 중국에는 50만 교민들과 5만 4,000명의 유학생들이 있다. 과연 이들이 양국간의 교류를 더욱 내실화하는 데 우리에게 어떠한 돌파구를 열어줄 수 있을 것인가? 전 세계에 나가 있는 700만 교민사회는 대체로 미국형과 일본형으로 구분할 수 있을 것이다. 미국형은 집거촌을 통해서 살아가는 것이고, 일본형은 현지화하는 것이다. 그런데 중국 내의 한인사회는 미국 내 한인사회처럼 50만 한인이 1차 영업대상이 된다. 반면, 일본에서는 현지화하거나 동화가 되어 일본인이 직접적인 주요 고객이다. 앞으로 중국과의 교류를 내실화하고자 할 때 과연 어느 쪽이 최적의 방향인지도 우리의 모색과제일 것이다.

마지막으로 철저한 현지화가 필요하다. 즉 최고급 시장(생산)은 우리가 국내에서 주도하는 게 낫지 않은가에 대한 검토가 필요할 것이다. 특히 중국으로의 진출이 필요하다면 제3국의 보험이 필요하지 않을까? 즉 미국이나 일본, 화교계 기업들과의 동반 진출이 필요하다. LG의 LCD 파주 공장, 삼성 반도체 등이 이 점에서 큰 과제를 안고 있다. 한편 중국 현지는 관리만 하고 나머지는 중국인의 손에 맡겨야 하는 것이 아닌지에 대한 판단도 또 다른 과제가 될 것이다. 이와 관련해 현지에 유학하고 있는 5만 4,000명을 어떻게 활용해야 할지도 생각해볼 문제다.

| 참고문헌 |

- Weil, David N. *Economic Growth*. Boston: Addison-Wesley, 2005.
- 국제문제조사연구소, 《부상하는 중국경제: 위협인가, 기회인가?》, 2001.
- 김주영, 《한국기업의 중국진출 패턴 변화와 비즈니스 전략》, 2006.
- 한국무역협회 · 중국사회과학원 · 일본아시아경제연구소, '중국의 외국인투자 환경변화와 한중일 3국 기업의 대응전략' 세미나 발표자료, 2006. 10. 28.
- 무역협회, 《무역통계자료》 참조
- 무역협회, 《한중포럼자료》 참조

Future Code

3부

문화의 미래

미래 문화 콘텐츠는 어떻게 진화하는가? **서병문**

현실과 환상이 교차하는 문화 콘텐츠 세계 **심상민**

음악 산업, 위기 속에서 미래를 꿈꾸다 **방극균 · 안석준**

한국 영화 르네상스여, 다시 한 번 **최평호**

FUTURE CODE 퓨처코드

미래 문화 콘텐츠는 어떻게 진화하는가?

서병문 | 단국대학교 멀티미디어공학 전공 교수

| 내 손안의 fun!

생각만으로 게임을 한다?

2007년 10월 일본, 게이오 대학 연구팀은 뇌파를 통해 가상현실 게임 '세컨드 라이프'의 캐릭터를 움직이는 데 성공했다. 실험자가 마음속으로 내린 명령이 뇌파를 발생시키고 이를 감지한 컴퓨터 작동으로 캐릭터를 움직인 것이다.

생각만으로 게임을 하고, 생각만으로 작곡을 하고, 생각만으로 글을 쓴다. 생각만으로도 즐겁고 신기한 세상이다. 불과 몇 년 전 설마 했던 일들이 지금 현실이 되어 있는 것을 보면 아마 지금의 '말도 안 되는 상상'은 몇 년 후엔 '별것 아닌 일상'이 되어 있을 것이다.

요즘 모든 정보와 오락이 내 손안에 있다. 버스나 지하철에서 손안에 무언가를 보고 있는 사람들을 흔히 볼 수 있다. 문자 메시지 보내는 사람, 휴대전화로 게임을 하는 사람, 휴대용 게임기로 '뇌brain' 훈련을 하는 사람, 영화나 드라마를 보는 사람 등 각양각색이다. 다들 언제 어디서나 손안의 즐거움을 만끽하고 있다.

세상이 변한 만큼 감동의 방식, 즐거움의 방식도 변화하고 있다. 감동과 즐거움을 주는 문화 콘텐츠가 변화하고 있다.

| 문화 콘텐츠는 어떤 가치가 있는가?

문화 콘텐츠의 산업적 가치를 살펴보면, 첫째, 문화 콘텐츠 산업은 고부가가치 산업이다. 문화는 인간의 창조적 행위를 생산하는 원천이며, 여가·놀이 등 일상적 삶을 구성하는 자체로서 가치 창출의 토대다. 따라서 문화는 더 이상 경제와 분리된 영역으로 존재하는 것이 아니라, 창의적 아이디어로 적은 비용을 투입하고 높은 이익창출이 가능함에 따라 고부가가치의 '창조적 상품Creative Product'을 매개하는 핵심산업이라고 할 수 있다.

둘째, 문화 콘텐츠 산업은 산업연관 효과가 높은 수익 다변화 산업이다. 문화 콘텐츠의 원 소스 멀티 유즈One-Source Multi-Use/OSMU(하나의 소스로 여러 분야나 장르에서 활용해 다양한 부가가치를 만들어내는 비즈니스를 말한다)는 문화산업의 다양한 영역들을 연계시킬 수 있다. 성공적인 OSMU의 사례로 꼽히는 드라마 〈대장금〉은 애니메이션 〈장금이의 꿈〉과 뮤지컬 〈대장금〉으로 거듭났고, 캐릭터 상품도 제작되는 등 여러 장르에 활용되고 있다. 산업연관 분석결과에 따르면 고용, 경제 성장, 지역균형 등 경제효과 면에서 제조업과 기타 서비스 산업보다 우월할 것으로 전망된다. 한류열풍은 문화산업의 경쟁력뿐만 아니라 국가 브랜드 가치도 향상시켜 제조업, 관광 유치, 상품 수출, 기타 서비스업에도 긍정적인 파급효과를 미치고 있다.

셋째, 문화 콘텐츠 산업은 차세대 성장동력 산업으로 새로운 블루오션을 창출할 것이다. 문화 콘텐츠 산업은 급속도로 발전한 첨단 하드웨어와 네트워크에 고부가가치를 창출할 수 있는 실제적인 성장동력으로 자리 매김을 하고 있다.

문화 콘텐츠의 사회문화적 가치를 살펴보면, 한 국가나 사회의 고유한 문화를 재창조한다는 측면에서 고유의 문화를 재조명하고 계승할 수 있는 계기를 제공한다. 더 나아가 상품에 체화된 문화적 요소로 국가의 긍정적 이미지를 소비자에게 심어주고, 역으로 국민의 자긍심을 고양하는 효과를 창출함으로써 국가의 문화적 정체성 확립에 기여할 수 있다.

| 문화 콘텐츠를 둘러싼 변화는 무엇인가?

여가 지향적 사회, 소프트(감성과 체험) 경제

현대인의 일상이 일과 직장에서 가족과 여가 중심으로 바뀌고, 삶의 질에 대한 관심이 많아지고 있다. 소득 증대, 주 5일제, 고령화, 가족 형태의 변화, 정보통신기술의 발달 등으로 여가시간과 기회가 확대

됨에 따라 점차 여가 지향적 사회구조로 변동하고 있다.

최근의 웰빙 열풍은 '건강하게 잘 먹고 잘 사는 것'을 의미하며, 환경·건강·안전을 추구하는 웰빙well-being, 로하스LOHAS/lifestyle of health and sustainability, 슬로비족SLOBBIE/slow but better working people 등의 출현은 '행복', '복지', '만족'을 위한 행동으로서 삶의 질을 추구하는 것이라고 할 수 있다. 이러한 높은 삶의 질 추구는 문화 콘텐츠 소비의 확대로 이어진다.

세계는 인간의 지식, 감성, 창의력, 상상력이 부가가치 창출의 원천이 되는 지식기반사회로 패러다임 전환이 이루어지고 있다. 롤프 옌센Rolf Jensen은, "소비자는 상품이 아니라 상품에 담겨 있는 스타일과 이야기, 경험과 감성을 산다."고 했다.

감성과 창조의 시대에는 문화산업이 경제 성장의 핵심동인으로 작용하며, 경제적 가치에 따라 '농업경제 → 산업경제 → 서비스 경제 → 경험경제'로 진화함에 따라 산업 생산에서 문화 생산의 고부가가치 경험경제experience economy가 대두될 것이다.

디지털 컨버전스(융합)와 유비쿼터스 환경

언제 어디서나 원하는 영화, 드라마를 볼 수 있는 생활의 변화는 기술 발전으로 인한 네트워크, 기기, 콘텐츠간 융합convergence의 결과로 나타나고 있는 현상들이다.

매사추세츠 공대MIT의 니그로폰테Negroponte 교수는 융합에 대해, "과거에는 다른 것으로 여겨졌던 것의 경계가 무너지거나 하나로 합쳐지는 현상이다."라고 정의했다. 코벨Covell은 디지털 기술을 매개로 컴퓨터, 가전, 통신, 멀티미디어 등 여러 디지털 기기와 기반 기술, 콘텐츠가 서로 유기적으로 합쳐지는 현상을 디지털 미디어 융합이라고 정의하기도 했다. 융합 서비스의 대표적인 예는 TPSTriple Play Service(전화+인터넷+방송)이다.

유비쿼터스ubiquitous는 언제 어디서나 자유롭게 네트워크에 접속할 수 있는 5any(언제anytime, 어디서나anywhere, 어느 네트워크anynetwork, 어느 기기라도anydevice, 무슨 서비스든anyservice)가 가능한 차세대 기술환경이다. 유비쿼터스 컴퓨팅과 네트워크에 의해 물리공간과 전자공간이 결합해 지능사회 실현이 가능해진다. 앞으로 유비쿼터스 환경에 기반한 홈 네트워킹home networking은 미디어들을 통합시켜 가정 내에서도 언제 어디서나 콘텐츠 소비환경을 가능케 할 전망이다.

이와 같은 디지털 융합과 유비쿼터스 기술의 발전으로 인해 새로운 형태의 문화 콘텐츠가 개발될 것이며, 문화 콘텐츠의 생산, 유통, 소비의 전 과정에서 변화를 일으키고 있다. 이러한 산업, 기술, 서비스의 변화는 우리의 일상을 변화시키고 생활 속에 자리 잡으면서 우리 사회와 문화의 일부가 되고 있다.

문화기업으로의 변신

오늘날 기업은 자유주의 시장환경에서 글로벌 무한경쟁의 상황에 직면해 있으며, 따라서 기업은 경쟁과 협력, 상생과 공존 전략을 동시에 추구하고 있다. 최근 기업들은 다양한 기업과 제휴하고 다양한 산업에 진출하면서 수직적 통합화, 수평적 다각화를 시도하며 거대 복합 기업으로의 변신을 꾀하고 있다.

문화 콘텐츠는 기업의 높은 수익과 무한한 성장을 가능하게 하고, 원천기술이 없어도 상상력과 창의력으로 성공할 수 있는 새로운 가치혁신을 위한 돌파구가 될 것이다. 전통적인 미디어 기업은 글로벌화·거대화·복합화하고 있으며, 비문화기업들이 문화 콘텐츠 산업에 적극적으로 진출하고 있다.

비문화기업인 제조 기업, 정보통신 기업 등은 영화·게임·음악 등 다양한 문화 콘텐츠 분야로 진출을 확대함에 따라 사업역량을 확장해가고 있다. 통신 기업의 경우, 모바일 엔터테인먼트(게임·음악·영화 등) 데이터 서비스 분야의 매출을 늘림으로써 통신 시장의 성장세 둔화를 극복하고 있으며, 영화사와 음반사를 인수하고, 전략적 제휴를 맺는 등 변화를 보여주고 있다. 이와 같이 비문화기업들은 양질의 콘텐츠 확보를 통해 미래 경쟁력을 강화할 것으로 예상된다.

예를 들어 소니의 '유비쿼터스 비즈니스' 전략의 경우에 인터넷, 정보가전, 게임 등에서 '유비쿼터스 가치 네트워크ubiquitous value network' 구축을 선언한 뒤, 하드웨어의 상시 브로드밴드 네트워크 접속과 모바일 게임기 개발, 하드웨어와 서비스 및 콘텐츠를 동시에 연결해주는 사업, 반도체 및 디스플레이 사업 등을 추진하고 있다.

| 문화 콘텐츠 생산·유통·소비의 변화

문화 콘텐츠 제작구조의 주요 변화를 살펴보면, 첫째, 개인의 콘텐츠 창작과 생산의 자율성이 극대화하기 때문에 소호

SOHO/small office home office와 개인 숍이 증가하고, 웹 사이트를 통한 개인 콘텐츠 창작과 생산이 늘어날 것이다. 둘째, 기술과 지식을 중시하던 하이테크놀로지에 감성과 예술을 중시하는 하이터치가 결합한 콘텐츠 제작이 증가하고 있다. 미래의 미디어 산업은 고도화한 기술과 감성이 결합된 콘텐츠가 성패를 좌우하게 될 것이다. 셋째, 디지털 시스템에 의한 제작공정의 효율성과 효과성이 극대화할 것이며, 넷째, 다른 분야와의 공동제작과 협력이 확대되고 다양한 매체에서 활용 가능한 복합 콘텐츠의 제작이 활발하게 진행될 것이다. 마지막으로, 콘텐츠의 표현과 구성 자체가 현실을 재창조한 가상현실virtual reality을 강조하는 방향으로 바뀌고 있으며, 상품화 과정에서도 입체형·실감형이 강조될 전망이다.

문화 콘텐츠 유통 부문에서는, 첫째, 온라인·모바일 네트워크 도입에 따라 유통체계에 혁신이 일어나고 있다. 다양한 뉴미디어의 등장은 유통 채널의 확장을 가져와 보다 다양한 콘텐츠를 다양한 채널로 접할 수 있는 환경을 만들고 있다. 특히 유·무선 인터넷과 모바일 기술의 급격한 발전에 따라 다매체, 다채널, 다기능, 고기능 멀티미디어가 대중화하고 있으며, 인터넷 프로토콜 텔레비전IPTV, 디지털 멀티미디어 방송DMB, 와이브로WiBro(무선 광대역 통신) 등 신규 서비스의 등장은 기존 콘텐츠 유통시장에 큰 변혁을 수반할 것으로 예상된다. 따라서 기존의 유통환경이 인터넷, 무선 인터넷, 디지털 방송 등과 같이 변화됨에 따라 다양한 유통 채널을 통한 수익 모델이 활성화할 전망이다.

둘째, 현재 세계적인 미디어 콘텐츠 전략은 유통 우위로 전환되고

표 1-1 문화 콘텐츠 기술 발전과 문화 콘텐츠의 진화

방송	라디오 →	흑백 · 컬러 TV 케이블/위성 TV →	HDTV/인터넷 /디지털 방송 →	쌍방향, 입체형, 실감형 방송
애니 메이션	환등기 →	셀 애니메이션 →	디지털 · 3D 애니메이션 →	입체형, 실사 애니메이션
만화	출판 만화		인터넷 만화 →	인터렉티브 만화 3D 입체만화
게임	가정용 게임기 →	PC게임/ 아케이드 게임 →	온라인 게임 /모바일 게임 →	3D 무선 온라인 게임 감성기반 지능형 인터렉티브 게임
음악	LP →	CD/MD →	파일형 스트리밍 /다운로드 →	MOD, VOD
영화	무성영화	흑백 · 컬러 영화, 비디오	디지털 · 인터넷 영화/DVD	오감형 입체영화
	제1세대 중계 미디어 시대	제2세대 멀티미디어 시대	제3세대 뉴미디어 시대	

있다. 이는 콘텐츠 비즈니스를 제작 · 유통 · 소비 · 정책 등으로 분류할 때 유통에 큰 비중을 두고 있다는 의미다. 따라서 기업들은 안정적인 수익을 보장받기 위해 지속적으로 유통망을 넓히며 수익 모델을 확보해나가고 있다.

문화 콘텐츠 소비구조 변화의 특징으로는, 첫째, 디지털 소비자가 부상하고 있다는 점이다. 디지털 노마드digital nomad(디지털, 유목민을 뜻하는 노마드의 합성어로, 첨단 디지털 기기를 이용해 언제 어디서든 상관없이 생활하는 사람을 의미한다), 디지털 코쿤족digital cocoon(개인의 공간에 칩거하면서도 인터넷, 휴대전화 등을 활용해 외부와 의사소통하는 사람들을 말한다), 유티즌u-Tizen(모든 공간과 사물이 컴퓨터와 네트워크로 연결된 '유비쿼터스 시대의 사람들'이란 의미다) 등 디지털 시대 소비자는

다양한 개념들로 정의된다. 이들의 공통적 특징은 바로 직접 참여하고 경험하길 원하는 '체험 지향 대중' 이라는 점이다.

둘째, 신新소비자 특성이 더욱 강조되고 이들이 주류를 이룰 것이다. 특히 P세대(참여participation, 열정passion, 힘potential power, 패러다임의 변화를 일으키는 세대paradigm-shifter 등 P로 시작되는 4개의 영어 단어를 뜻한다)를 비롯한 새로운 개념의 집단이 그 중심에 설 것으로 보인다. P세대는 새로운 미디어를 통한 커뮤니케이션과 정보활용 능력이 타 세대에 비해 월등하기 때문에 소비형태도 새로운 네트워크를 통해 이루어지고, 개인의 경험을 중시하며 재미와 즐거움을 추구하는 감성 지향의 특징을 갖는다.

셋째, 일반인들이 직접 제작·공급하는 콘텐츠, 즉 유시시UCC/user created contents를 통해, 소비자가 정보의 생산과 소비에 적극 참여하게 되면서 합리적이고 똑똑한 소비자, 소비자에서 생산자로 진화하는 프로슈머Prosumer(producer+consumer)가 부상하고 있다. 소비자의 선택권이 커져 과거에 비해 훨씬 다양하고 차별화한 욕구를 충족시키는 소비행위를 할 수 있게 됨에 따라 뉴미디어와 콘텐츠에 대한 보다 적극적인 욕구를 표출하게 될 것이다.

넷째, 기술의 융합과 발전은 다매체·다채널·다기능·고기능의 멀티미디어 문화를 만들어, 고품질의 문화 콘텐츠를 언제 어디서나 즐길 수 있게 될 것이다. 이러한 환경에서 새로운 여가문화가 형성된다. 유비쿼터스 시대에는 언제 어디서나 네트워크로 접속할 수 있으므로 콘텐츠 소비도 시간과 장소에 상관없이 가능하고, 이는 인간 생활 전반에 영향을 미쳐 새로운 생활양식을 창조할 것이다.

미디어 콘텐츠 소비의 변화를 살펴보면, 교통과 통신의 발달로 여가형태가 소극적-비활동적 여가(공연, 전시, 경기 관람 등) → 적극적-활동적 여가(관광, 여행, 스포츠 등) → 수동적-감상적 여가(TV, VTR 등) → 능동적-체험적 여가(인터넷, 게임 등)로 확대될 것이다.

유비쿼터스 환경에서 일상의 모든 사물, 손에 들고 다니는 모든 것이 정보로 제공되고 그것이 바로 콘텐츠가 된다. 이러한 HHH hand held heaven 시대의 콘텐츠 양식은 생활문화 콘텐츠로서 중요한 의미를 갖게 될 것이다. 예컨대 마쓰시다의 건강변기는 몸무게, 체지방, 소변의 당도 등을 자동으로 모니터링해 개인의 일일 건강상태를 체크하며, 변기 외에 침대 등에도 센서를 삽입해 노부모의 건강상태도 모니터링할 수 있으며, 나아가 병원, 경찰서, 공공건강 센터, 관련 커뮤니티 등 필요한 자원을 제공하는 조직과 연결해 삶의 질을 한 차원 향상시켜줄 수도 있다.

유비티즌 ubitizen은 네티즌이 갖는 '정보인'의 개념을 '정보생활인'의 새로운 개념으로 업그레이드한 것이다. 유비티즌은 PC뿐만 아니라 휴대전화, TV, 게임기, 휴대용 단말기, 자동차 네비게이터 등이 모두 네트워크화해 언제 어디서 누구나 대용량의 통신망을 사용할 수 있고, 저요금으로 커뮤니케이션을 할 수 있음을 의미한다. 예를 들어, 유비쿼터스 홈은 가정 내의 모든 정보가전기기가 유·무선 홈 네트워크로 연결되어 누구나 기기, 시간, 장소에 구애받지 않고 다양한 홈 디지털 서비스를 제공받을 수 있는 미래 지향적인 가정환경을 의미한다.

유비티즌은 지능화한 생활공간에서 어디에 있는지, 어떤 활동을

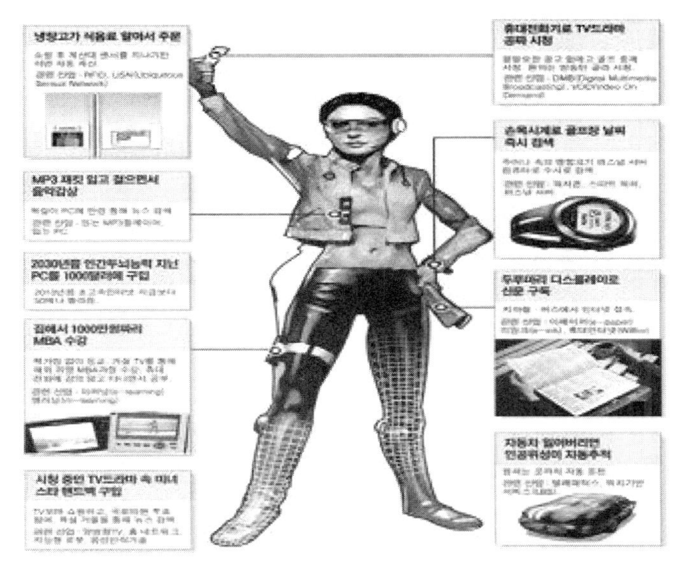

하는지에 따라 자신의 욕구에 맞는 콘시어지concierge(전방위적인 다양

한 서비스를 제공하는)형 서비스를 제공받게 된다. 즉 서비스가 소비자

를 따라다니게 되는 것이다.

　유비쿼터스 시대의 문화 콘텐츠 기업이 갖는 비즈니스 전략은 멀

티 소스 멀티 유즈MSMU/multi source multi use로 진화할 전망이다.

MSMU 방식의 문화 콘텐츠 생산방식은 하드웨어 중심의 문화산업구

조를 감소시키고, 소프트웨어 중심의 다양한 산업구조를 발전시킬

것이며, 생산·유통·소비에 관련된 비용을 감소시킬 수 있을 것이

다. 또 사용자 중심의 편의성을 높이고 체계적인 시장정책을 정립해

문화 콘텐츠산업의 활성화가 가능할 것이다. 덧붙여 생산과 소비에서 발생하는 기술적 결함과 비전문적이던 운영방침을 제거하고, 디지털 중심의 체계적인 인프라를 구축하며, 개별 문화 콘텐츠에 대한 맞춤형 전략을 창조할 수 있을 것이다.

| 미래, 문화 콘텐츠는 어떤 방향으로 진화할까?

컨버전스 환경이 고도화하고, 유비쿼터스 사회가 도래하게 되면 문화 콘텐츠의 미래는 어떠한 방향으로 진화하게 될까? 유비쿼터스 철학으로 비추어볼 때 모두가 공유하고 쉽게 참여하는, 그렇지만 양질의 최적화한 콘텐츠 양식으로 진화되지 않을까? 여기에서 문화 콘텐츠의 미래는 '문화 콘텐츠의 유비쿼터스화'로부터 출발해 '유비쿼터스형 문화 콘텐츠'로 진화하게 될 것으로 예상된다.

'문화 콘텐츠의 유비쿼터스화'는 콘텐츠를 편리하고 안전하게 이용하는 환경을 말한다. 예컨대 초고속 광대역 상시접속, 자동원격 제어관리, 생활 스케줄 자동관리 등은 콘텐츠를 이용하는 데 'u-편리성'을 제공한다. 또한 안심결제와 과금체계, 배송정보추적과 이력관리, 복제방지와 자율이용 등은 콘텐츠를 신뢰하며 개인의 사생활 보호가 가능한 'u-안전성'을 제공한다. 이는 물리공간과 전자공간의 중첩으로 형성된 유비쿼터스 공간에서 생산적 가치를 창조하는 최첨단 하위 시스템들이다.

이러한 환경에서 문화 콘텐츠는 문화산업의 가치사슬체계를 확장시킨다. 몇 가지 측면에서 살펴보면, 첫째, 시·공간의 물리적 제약 없이 언제 어디서나 접근 가능한 유니버설 콘텐츠로 보편화한다. 둘째, 나이·성性·장애 등의 차이를 극복하고 쉽게 이해될 수 있는 콘텐츠로 단순해진다. 셋째, 하나의 콘텐츠가 멀티 플랫폼화해 유통·배급 채널이 혁신적으로 확장된다. 넷째, 모바일 단말기 하나로 이기종뿐만 아니라 사물 및 공간과도 커뮤니케이션이 가능해져 보이지 않게 맡은 바 기능을 수행한다.

한편 '유비쿼터스형 문화 콘텐츠'는 콘텐츠를 유용하고 재미있게 이용하는 것을 말한다. 예컨대 실시간 위치확인, 최적맞춤 정보검색, 상황인지와 행위제안 등은 콘텐츠를 보다 효율적으로 이용할 수 있는 'u-유용성'을 제공함으로써 정보의 범람과 수용의 한계를 극복할 수 있게 한다. 또한 오감 감성형, 실감 체험형, 감정 충족형에 기반을 둔 콘텐츠 등은 인간의 다양한 욕구를 실현시키고, 더 나아가 잠재된 가치실현까지도 가능한 'u-유희성' 환경을 가능케 한다.

이러한 환경에서 문화 콘텐츠는, 첫째, 오락 중심에서 생활주기와 생활양식에 맞는 생활문화형 콘텐츠로 범위가 확대된다. 이는 능동적 참여와 공유를 통한 창조적 문화활동을 가능케 한다. 둘째, 멀티 감각을 기반으로 입체 영상을 통한 오감 감성형 콘텐츠가 일반화한다. 셋째, 포스트 PC 등의 웨어러블 컴퓨팅wearable computing(옷을 입듯이 몸에 착용하여 IT서비스를 제공하는 기술)을 통한 증강된 현실에서 4차원의 실감 체험형 콘텐츠로 고도화한다. 넷째, 콘텐츠를 통해 현재의 욕구뿐만 아니라 정신적 치유와 향유까지 가능한 감정 충족형으로 인간을 중심화한다.

u-문화 콘텐츠의 기본철학은 다양한 이용자의 욕구를 만족시키는 방향으로 전개될 것이다. 사람들은 유비쿼터스 환경에서 사람(누구나/나에게), 장소(어디서나/바로 여기서), 시간(언제나/바로 지금), 서비스(어떤 서비스나/내가 필요한), 장치(어떤 기기나/내가 가진 기기로)를 기반으로 보다 편리하고, 안전하며, 유용하고, 유희적인 콘텐츠 서비스를 추구할 것이다.

이제 세계는 정보화시대에서 창조의 능력, 공감의 능력, 큰 그림을 그리는 능력 등이 필요한, 그야말로 유비쿼터스 콘셉트ubiquitous-concept의 시대로 이동해가고 있다. 콘셉트는 이성과 감성을 내포한다. 미래 콘텐츠의 진화방향에서 변하지 않은 것이 있는데, 그것은 이성의 좌뇌와 감성의 우뇌가 적절한 조화를 이루며 생산과 소비가 이루어지는 법칙이다.

현실과 환상이 교차하는 문화 콘텐츠 세계

심상민 | 성신여자대학교 문화 · 커뮤니케이션학부 문화콘텐츠 전공 교수

| 미래를 이끄는 힘─감성, 문화, 창조

이솝 우화 〈개미와 베짱이〉의 뉴버전은 이렇다.

열심히, 묵묵히 일만 하던 개미는 결국 병이 나서 병원에 입원하게 되고, 노래 부르고 춤을 추며 놀이를 즐기던 베짱이는 유명 연예인이 되어 떼돈을 벌게 되었다.

이 뉴버전의 〈개미와 베짱이〉는 다가올 미래사회에서 더욱 가치를 인정받게 되는 것이 무엇인지를 단적으로 보여준다. 바로 감성, 문화, 창조의 힘이다. 인간의 감성을 자극할 수 있는 새로운 문화 콘텐츠 창조가 바로 퓨처 코드future code인 것이다.

21세기 들어 문화 콘텐츠 부문이 그 진가를 인정받기 시작한 것은 비단 우리나라에서뿐만 아니라 전 세계적인 현상이다. 세계사적 흐

름은 산업화·정보화를 거쳐 정신, 문화, 예술을 강조하는 쪽으로 넘어왔다. 세계를 선도하는 최강대국의 경쟁력 원천 역시 무역에서 산업으로, 산업에서 문화·커뮤니케이션으로 진화, 발전해오고 있다.

문화산업은 영화, 음악, 게임 등과 같은 문화 콘텐츠 상품의 생산·유통·소비와 관련된 서비스 산업으로 21세기 지식경제의 핵심산업이다. 특히 인간의 창의력과 지식, 아이디어, 노하우 등이 집약된 분야기 때문에 국가의 신성장동력이자 차세대 핵심산업이 될 것으로 예측된다.

세계는 이미 문화예술, 이미지, 창의력이 기반이 되는 문화 콘텐츠를 지식정보사회의 핵심영역으로 인식하고 있다. 이러한 흐름에 따라 선진국을 비롯한 세계 여러 나라들은 문화산업을 국가전략산업으로 설정하고 있으며, 글로벌 경쟁체제 속에서 콘텐츠 시장의 석권을 위해 치열하게 경쟁하고 있다.

| 1, 2, 5, 10년 후 문화 콘텐츠 트렌드 13가지

01_ 슈퍼스타, 대형 메이저 그룹의 거품 해소

스타급 연예인이 작품의 흥행을 보증해주는 시대는 지났다. 대중의 관심과 선호가 특정 슈퍼스타에게만 집중되는 '슈퍼스타 경제학'이 종언을 고하고 있음을 알려주는 징후가 곳곳에서 나타나고 있다.

캘리포니아 대학교 경제학 교수인 아서 드바니는, "톱스타가 출연한 영화는 마케팅 투자가 늘어나면서 개봉 후 1, 2주일 동안은 관객이 몰리는 효과가 나타나지만 장기적인 매출 유발과는 관련이 없다.”고 분석했다. 거물급 인사를 뜻하는 ‘빅 네임’의 위용이 빛을 잃기 시작한 것이다. 실제로 파라마운트 사는 몇백 억을 투자해 굳이 톱스타를 기용할 필요가 없다는 판단을 내리고, 14년간 독점계약을 지속해온 영화배우 톰크루즈와 결별을 선언했다.

또한 〈슈렉〉, 〈괴물〉과 같은 디지털 액터, 디지털 캐릭터가 컴퓨터 그래픽 기술 등에 힘입어 활발히 이용되고 있기 때문에, 더 이상 출연료 거품 논쟁을 야기하는 비싼 스타에게 과다하게 의존할 이유가 없다는 측면도 깔려 있다.

이를 두고 《뉴욕타임스》는 기존 할리우드 메이저와 구분되는 ‘미니메이저’의 반란이라고 묘사하기도 했다. 이제 슈퍼스타나 기존 대형 메이저 그룹보다는 참신하면서도 기동성과 유연함이 뛰어난 ‘미니메이저’급 프로덕션이나 연기자가 오히려 창의적 작품활동에 더욱 적합하다는 의미로 해석할 수 있다.

02_ 스토리텔링에서 이미지텔링으로

디지털 영상 산업이 본격적으로 성장하게 되면서 콘텐츠의 내용적·미학적 특색이 스토리 중심에서 시각적 이미지 중심으로 이행하고 있다. 인터넷 콘텐츠의 경우에도 텍스트 형태보다 동영상과 같은 이미지 형태로 제시되는 서비스가 점차 더 큰 비중을 차지하고 있다.

이러한 이미지 형태의 서비스에 대한 선호도는 동영상 사이트의 인기를 통해서도 알 수 있다. 세계적인 동영상 공유 사이트인 유튜브에는 하루에 7만 개 이상의 새로운 동영상이 올라오며 하루 방문자

수는 1,000만 명에 이른다. 우리나라의 판도라TV 역시 하루 방문자가 100만 명, 주간 평균 페이지뷰가 7,800만 건에 달한다.

또한 동영상이라고 하더라도 스토리와 짜임새가 중시되는 내용적 완결성보다는, 이미지의 현란함과 독특함 등을 앞세우는 외형적 느낌을 더욱 강조하는 경향이 갈수록 뚜렷해질 것으로 보인다.

03_ 엔터테인먼트 콘텐츠에서 라이프스타일 콘텐츠로

콘텐츠에 대한 선호도가 엔터테인먼트entertainment에서 생활, 지식 콘텐츠로 이동하고 있다. 이는 2006년 초 로마에서 열린 'OECD 국제 디지털 콘텐츠 컨퍼런스'에서, 공공부문 콘텐츠와 학술저술에 대한 새로운 접근을 강조하는 움직임이 알려지면서 전 세계적으로 확산되는 트렌드로 자리 잡게 되었다. 이 행사에서 소개된 '세르반테스 프로젝트'는 스페인 어로 저술된, 고전을 디지털화하는 과업으로 1차적으로 1만 8,000권의 저서를 디지털화하는 작업이 진행중이다. 이 밖에도 영국 BBC가 공공정보 콘텐츠를 확보하는 작업을 담당하고 있는 사례가 있다. BBC는 보유한 음악, 다큐멘터리, 사진, 드라마 등의 콘텐츠를 제공하는 'Creative Archives'라는 자료보관소를 운영하고, 웹사이트를 통해 일반인들에게 제공해 공공성을 제고하는 한편, 콘텐츠를 활용하고자 하는 기업과 개인들에게 비즈니스 기회를 제공 중이다.

04_ '아트큐베이터' 전략 확산

예술art과 인큐베이터incubator를 합친 용어인 '아트큐베이터artscubator'

전략이 세계 각 지역에서 주요한 정책 프로그램으로 통용되기 시작했다. 뉴질랜드가 피터 잭슨 감독의 영화 〈반지의 제왕〉, 〈킹콩〉 제작을 계기로 영화 산업의 신흥 거점으로 부각되면서, 수도 웰링턴의 이름을 딴 '웰리우드'라는 신조어를 낳고 있는 것이 좋은 본보기다. 또한 이는 국가가 고유한 예술 창작물 개발 쪽으로 정책 지원 방향을 선회하고 있음을 시사한다.

영국이 새로운 커뮤니케이션 법 개정을 통해 소규모 창작자 보호를 강조하고 나선 것도 같은 맥락이다. 이 법안은 특히 방송과 통신이 융합하는 거대 트렌드 속에서 문화 콘텐츠 창작자들의 권리를 보호하고, 창작을 향한 열정과 자유의지, 창의성을 북돋우려는 사회적 합의라는 점에서 이제 갓 미디어 융합 관련 논의를 시작한 우리나라에도 중요한 시사점을 던져주고 있다. 예술과 창작 기반을 중시하는 이러한 흐름은 '문제작이 나오지 않는 순간, 화려한 뉴미디어 산업은 종결된다'는 현실 인식에 기인한 것이기도 하다.

05_ 콘텐츠 가치의 기준 : 웰 메이드 콘텐츠

인터넷 공간 안에서 콘텐츠의 객관성보다 정확성과 철저함이 더욱 중시되고 있다는 지적이 나오고 있다. 미디어 이용자들이 뉴스나 동영상 오락물을 보면서 콘텐츠의 근거가 있고 없음을 따지기보다는 이용하는 콘텐츠가 얼마나 잘 만들어졌느냐를 더욱 중시한다는 해석이 가능한 대목이다.

이를테면 근거가 명확한 사실 위주의 다큐멘터리보다 다소 픽션이 가미되었다고 하더라도 제대로 잘 만들어져 완결성이 높은, 이른바

'웰 메이드 콘텐츠well made contents'를 더 인정하는 분위기로 전환하고 있다는 분석이다.

06_ 창조계급 출현

우리나라의 창조계급creative class은 누구인가? 어디에 있나? 그들은 어떤 콘텐츠를 만들려 하는가? 미래 콘텐츠 흐름을 주도할 새로운 인간형을 일컫는 창조계급이라는 개념이 급부상하고 있다. 창조계급은 미국의 리처드 플로리다 교수가 펴낸 저서인 《창조적 계급의 출현 The Rise of The Creative Class》(Basic Books, 2002.)에 등장한 개념으로, 자신만의 스타일, 문화, 예술적 표현을 생성하며 사회의 창조적 변화를 주도하는 사람들을 뜻한다. 이러한 신인류의 출현은 우리나라와 같이 변화무쌍한 콘텐츠 흐름을 보이는 곳에서도 오롯이 적용될 전망이다. 앞으로는 새로운 가치관과 특별한 기량, 창의성을 지닌 숨어 있는 창조계급이 전체 문화 콘텐츠 산업을 선도할 것이다.

07_ 퍼블릭 소셜 미디어 개념 확산

일부 엘리트 집단, 특정 연예인 집단 등이 주도하던 대중문화가 다양한 디지털미디어의 보급으로 급격하게 해체·재편되고 있으며, 이러한 흐름은 앞으로 더욱 강화될 것이다. 누구든지 인터넷에 접속해 글이나 영상을 올리고 의견을 공유할 수 있는 웹2.0 환경이 이러한 흐름을 뒷받침하고 있다. 개인이 보다 손쉽게 콘텐츠를 제작·편집·서비스할 수 있게 돕는 소프트웨어, 기기, 네트워크, 솔루션 수단이 등장하면서 콘텐츠 경로가 매스미디어에서 퍼스널미디어로 급속히 이행중이다.

이러한 새로운 인터넷 질서와 환경 속에서 문화의 소비자Consumer 임과 동시에 생산자producer의 역할을 하는 프로슈머prosumer가 등장했으며, 최근 붐을 이루고 있는 이용자 제작 콘텐츠user creative contents/UCC가 프로슈머의 확산을 증명하고 있다.

문화 생산과 소비의 고정적인 질서와 관념이 혁파되고 있는 중이다. 이제부터는 수동적 위치에 머물렀던 대중과 개인이 새로운 문화 산업의 창조계급으로 떠오르면서 문화를 생업으로 삼는 새로운 인간형 또는 집단이 본격적으로 등장할 전망이다.

이러한 흐름 때문에 종전의 영리 추구형 상업적 비즈니스 모델은 일대 도전을 받고 있다. 이윤 추구를 지상 목표로 하는 상업적 비즈니스와 차별화하는, 공유와 상호 교류 중심의 퍼블릭 소셜 비즈니스public social business가 새로운 인터넷 질서에 관한 논의에 맞춰 확산되고 공감을 얻기 시작한 것이다.

08_ 프로 암, 콘텐츠 게릴라 출현

UCC가 각광을 받게 되면서 '아마추어리즘의 승리' 라는 표현까지 나오고 있다. 그러나 전문성 면에서 상당히 떨어지는 아마추어 제작 콘텐츠는 지속적인 흡인력을 발휘하지 못하고 있다. 특히 남의 콘텐츠를 출처 불문하고 퍼오는 형태가 잦아지면서 저작권 시비를 부르는 사례가 늘고 있다.

아마추어리즘의 참신함과 창의적 면모에 전문가 집단이 지닌 노하우를 결합한 개념인 프로 암Pro-Am(professional과 amateur의 합성어)

형태의 콘텐츠 게릴라가 실질적인 주역이 되어 활발한 활동을 펼치기 시작했고, 이러한 흐름은 앞으로 2~3년 단기간에 걸쳐 아주 두드러지게 나타날 것이다.

09_ 암묵지 시장 창출

콘텐츠가 갖고 있는 무형 자산의 성격을 십분 활용하는 비즈니스 모델이 속속 등장하고 있다. 이 가운데 특히 흔히 노하우라 불리는 암묵지tacit knowledge(암묵적 지식)의 성격을 띤 무형 콘텐츠를 전문적으로 거래하는 시장이 주목을 끌고 있다.

동영상 포털을 통해 주로 개인의 숨은 비법을 UCC 형태로 중개, 서비스하고 있는 비법닷컴과 같은 사이트가 다양한 성격을 띠며 나타나고 있다. 시험 경험담 알선 서비스를 하는 데이콤 비지트, 시험 또는 취업 대학생들의 경험담을 주로 다루는 해피캠퍼스, 몸짱만들기나 소호몰 창업, 1억 만들기 등 다양한 노하우를 판매하는 인포마스터, 리포트만 전문 거래하는 리포트월드 등이 있다. 이러한 새로운 시장을 개척하는 콘텐츠 서비스가 앞으로도 더욱 기발한 형태로 선보일 것으로 전망된다.

10_ 문화 개방 가속화

사회 · 문화 교류는 점점 더 민족과 지역을 초월해 확대되고 있다. 이를 간단하게 줄여 하이브리드hybrid(서로 다른 2개의 시스템 결합)와 하이퍼링크hyperlink(서로 다른 요소간의 연결), 하이테크high-hech, 하이터치high-touch 등이 동시 다발로 일어나는 '4H 트렌드'라고 일컬을 수 있다. 문화 혼성을 보여주는 하이브리드와 전 방위적 연결을 의미하는 하이퍼링크, 최첨단 디지털·정보통신 기술이 원동력으로 작용하는 하이테크, 그리고 언제나 새롭고 넓은 무언가를 쫓는 인간의 숨결을 가리키는 하이터치가 도도한 흐름처럼 자리 잡기 시작했다. 이 가운데 시청각 서비스 시장으로 불리는 사회·문화 교류 현장이 다자간·양자간 국제협상에서 개방과 관련한 논의를 통해 다뤄지면서 범세계적인 교류가 더욱 촉진되는 양상이다.

이런 분위기 속에서 기존 질서가 바뀌어나가는 구체적인 현장을 찾아볼 수 있다. 대표적인 예를 들면, 세계 문화 권력의 한 축이 우리나라가 있는 동아시아로 이동하고 있는 현상이다. 그 속에서 우리나라는 한류의 확산에 힘입어 변방 로컬 문화에서 권역중심문화로 극적으로 이동중이다. 글로벌 사회·문화 교류의 최대 수혜국으로 떠오르고 있는 셈이다.

11_ 콘텐츠와 미디어의 분리

미디어로부터 콘텐츠가 분리되어 다른 미디어에 탑재되는 것이 가능해지면서 콘텐츠가 자유롭게 여러 플랫폼을 오가는 새로운 현상이 예고되고 있다. 소비자가 원할 경우에 매체는 따지지 않고 콘텐츠 자체만 접할 수 있도록 해주는 지원 시스템이 구비된다면, 콘텐츠는 TV나 PC에 의존하거나 구애받지 않고 단일 파일 형태로 존재하게 된다.

독립된 콘텐츠는 다양한 미디어를 경유해 서비스되는 새로운 개념의 다이렉트 유통이 가능해질 전망이다. 더 나아가 극장과 같은 공간이나 휴대전화 같은 기기 없이 영상물 콘텐츠가 직접 소비자에게 전해져 문화체험을 일으키는 특수 가상환경도 개발될 수 있을 것으로 보인다.

물론 콘텐츠가 미디어라는 의상을 벗어버리는 먼 미래로 가는 길목에는 새로운 매체, 새로운 서비스에 적합한 콘텐츠 등장에 관심이 모이지 않을까 한다. 좀더 자율적인 콘텐츠가 등장한다면 미디어를 통해 보는 '눈의 미디어'에서, 미디어 없이도 어떤 계기를 통해 느끼게 되는 '생각의 미디어'로 개념이 바뀔 수 있다. 또한 '오락 콘텐츠'의 개념에서 탈피해 미디어의 도움 없이, 일을 위한 콘텐츠를 활용한다는 차원에서 나타날 '과업 콘텐츠task content'도 뚜렷한 흐름을 형성할 것으로 보인다.

12_ 요소 투자 활성화

드라마의 3대 요소를 보자. 작가와 연기자, 연출가가 아니겠는가? 여기서 연기자는 과거부터 스타였다. 연출가도 기존 방송국에서 안정된 직장생활을 하며 우월적 지위를 갖고 있는 그룹이다. 게다가 김종학 프로덕션을 필두로 역량 있는 연출가들이 독립 프로덕션을 차리거나 편입되어 하나의 뚜렷한 섹터를 이루게 되었다. 한동안 드라마 제작사 진영의 약진이 두드러지는가 싶더니, 한류가 아시아 스타, 월드 스타를 만들면서 연기자 그룹이 급작스레 세를 얻기 시작했다. 스타 연기자들의 몸값을 그야말로 천정부지로 치솟게 해버린 것이다.

이러한 흐름에 비하면 드라마 산업에서 최후의 헐벗은 게릴라로 남아 있던 작가라는 존재는 너무나 오랫동안 주변부에 머물러 있었다. 현재 우리나라의 방송 프로그램 생산 양식이기도 한 1인 집필 시스템으로는 점점 산업화하는 드라마 콘텐츠 부문의 수요를 도저히 따라갈 수 없게 되면서, 혼자서 모든 걸 떠맡는 전형적인 원톱 시스템을 벗어나야 한다는 공감대가 형성되기 시작했다.

이제는 작가 집단이 콘텐츠 성과에 기여한 만큼 제 몫을 찾아야 했기에 〈종합병원〉과 〈허준〉, 〈올인〉의 최완규 작가, 〈대장금〉, 〈서동요〉의 김영현 작가, 〈다모〉의 정형수 작가, 〈아줌마〉, 〈장미와 콩나물〉의 정성주 작가, 〈해신〉의 정진옥 작가, 〈남자 셋, 여자 셋〉의 박선자 작가, 〈피아노〉, 〈봄날〉의 김규완 작가, 〈도시남녀〉, 〈모델〉의 이선희 작가 등이 모여 새로운 조직을 만들게 되었다. 이렇게 탄생한 'A스토리'는 우리나라 최초의 방송작가 전문기획사로, 낙후된 창작 시스템을 개선해야 한다는 작가들의 문제의식 위에서 생겨난 실험적 벤처 회사라고도 할 수 있다.

A스토리의 이상백 대표가, "〈대장금〉이 그렇게 성공한 콘텐츠가 되었는데 이게 미국 드라마였으면 그 작가가 평생 생활을 할 수 있을 정도의 수입이 생겨야 되는 게 정상 아닌가요?"라고 토로한 것처럼, 우리의 콘텐츠 환경도 콘텐츠를 생산하는 모든 주체가 적절한 보상을 받을 수 있는 '정상'적인 시스템으로 바뀌어야 한다. 콘텐츠의 모든 요소들이 이미 창조적 활동영역을 보장받을 수 있는 환경으로 변화하기 시작했다.

13_ 창의성 생태계 생성

앞으로는 창의적 콘텐츠가 지속적으로 생성될 수 있는 인프라 생태계가 어떻게 기능하느냐에 따라, 한 국가와 사회의 문화적 자원이 지

속 가능한 성장세를 보이느냐 마느냐가 판가름 나게 될 것이다. 창의
성 생태계란 콘텐츠와 미디어가 중심이 되어 개인의 마니아, 사회의
콘텐츠 비즈니스, 문화 속의 장인정신과 생활환경 등이 선순환 구조
를 이루는, 문화의 일대 거점이자 거대한 수자원을 지칭한다.

창의성 생태계 속의 개별 요소들을 중재하는 중간자는 바로 미디
어다. 미디어는 개인이 창의적인 아이디어를 생성, 변형하고 사회적
조직인 현장과 교류, 상호관계를 원활하게 할 수 있도록 돕는다. 이
어서 현장에서 여러 전문가 등이 새로운 아이디어를 평가하고 선택
해 하나의 상징체계인 영역으로 만드는 과정에서도 미디어가 촉매로
개입한다. 연이어 문화적 상징체계가 형성된 영역이 다시 환류해 지
식체계로 성립되고 전달되도록 하는 피드백 과정에서도 미디어가 결
정적으로 작용한다. 이러한 미디어가 발달한 사회에서 창조적인 콘
텐츠 상품이 생성될 수 있다.

창의성 생태계를 조성하고 문화선진국으로 이르기 위해서는 디지
털 문화 콘텐츠 분야를 선도할 창의적 전문인력을 키우는 일에 사회
적 역량을 집중해야 한다.

| 문화 콘텐츠의 미래
: 일과 놀이가 일치하고 현실과 환상이 교차하는 세계

인터넷의 확산과 다양한 통신기기의 보급은 개인의 다양한 의
견과 목소리를 낼 수 있는 통로를 마련해주었다. 이와 마찬

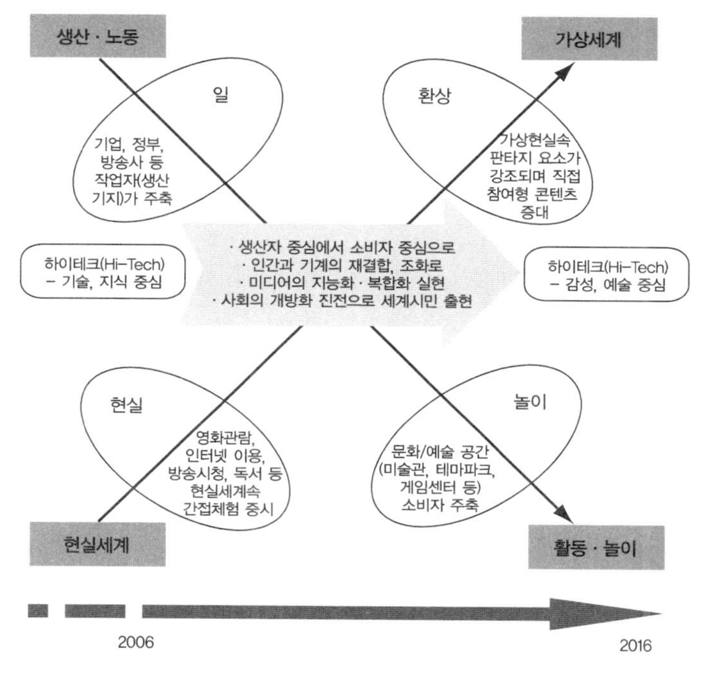

가지로 문화를 생산하고 주도하는 문화 권력 역시 소비와 유희의 주체인 콘텐츠 향유자(소비자)에게로 이행될 것으로 전망된다. 경제사회의 기본적인 구도가 생산자 중심에서 소비자 중심으로 이동하게 됨에 따라, 콘텐츠 부문 역시 사업자나 정책 당국자 중심에서 점차 소비자 또는 향유 공간으로 '파워 시프트power shift(힘의 이동)'가 일어나게 될 것이다.

아울러 컴퓨터와 디지털미디어의 비약적인 발전으로, 과거 수동적인 관계를 강요당했던 소비자의 자기권리 회복에 따라 기술과 지식

(하이테크)보다는 예술과 감성(하이터치)이 강조되는 메가트렌드가 구체화할 것으로 보인다.

또한 현실적 감각과 체험을 중심으로 이루어졌던 콘텐츠의 창작과 소비 양상이 앞으로는 현실을 재창조한 가상현실virtual reality의 환경 속에서 환상(환타지)을 중시하는 방향으로 일대 변모할 것이다. 특히 미디어의 지능화와 복합화에 따라 콘텐츠의 표현과 구성 자체가 점차 가상현실을 강조하는 방향으로 바뀌게 될 것으로 보인다. 콘텐츠 수용자들도 영화 관람이나 방송 시청, 독서 등 수동적 소비형태에서 벗어나, 가상현실을 보여주는 콘텐츠 서비스를 통해 직접 참여하며 즐기는 능동형 소비형태로 변화할 것으로 예상된다.

문화 콘텐츠의 기본적인 진화발전은 일과 놀이가 하나로 일치하고 현실과 환상 또한 일체화하는 본질적 통합화를 추구할 것이다. 20세기 후반의 후기산업사회에 이어 하이테크, 디지털 시대로 급속히 이행하면서, 상대적으로 인간의 놀이와 정신, 감성, 예술성에 비해 기술과 지식, 기계가 우위를 점했던 불균형과 부조화가 시정될 것으로 기대된다.

| 참고문헌 |

- 김경동, 《한국의 문화정책: 현황과 미래 방향》, 국제심포지엄, 2002.
- 김준동 · 강인수, 〈서비스산업의 개방효과: 업종간 파급효과를 중심으로〉, 대외경제정책연구원, 2000.
- 김준동 · 강준구, 〈WTO서비스협상은 우리에게 어떤 영향을 미칠 것인가?〉, 대

외경제정책연구원. 2001.

- 대외경제정책연구원, 《WTO 도하개발 아젠다 협상 방송서비스 분야의 논의 동향과 대응방향》, 도하개발 아젠다 세부 의제별 간담회 토의자료, 2002. 11. 20.
- 문화관광부, 《문화산업백서》 각 연호
- 방송위원회, 《월간 방송 21》, 방송통신산업 DB, 2002.
- 송경희, 〈방송서비스 시장 및 규제현황〉, 도하개발 아젠다 세부 의제별 간담회 토의자료, 2002. 11. 20.
- 정상철, 〈DDA 서비스협상과 동북아 문화산업 협력방안〉, 《제6차 CT 정책포럼 자료집》, 한국문화콘텐츠진흥원, 2002.
- 심상민·김휴종, 《한국 주력산업의 경쟁력-엔터테인먼트 산업》, 삼성경제연구소, 2001.
- ______, 민동원, 《문화마케팅의 부상과 성공전략》, 삼성경제연구소, 2002.
- ______, 《미디어는 콘텐츠다》, 김영사, 2002.
- ______, 《콘텐츠비즈니스의 새 흐름과 대응전략》, 삼성경제연구소, 2002.
- ______ 외, 《한국 주력산업의 경쟁력 분석》, 삼성경제연구소, 2002.
- ______ ·고정민, 《한국문화산업발전을 위한 긴급과제》, 삼성경제연구소, 2002.
- ______ 외, 《지역경제 새싹이 돋는다》, 삼성경제연구소, 2003.
- ______ 외, 《클러스터, 한국의 산업경쟁력》, 삼성경제연구소, 2003.
- ______, 《미디어기업 수익다각화 전략》, 커뮤니케이션북스, 2005.
- ______, 《블루콘텐츠 비즈니스》, 커뮤니케이션북스, 2005.
- ______ 외, 《차세대 디지털 컨버전스 DMB 서비스》, 전자신문사, 2005.
- ______ 외, 《정보화시대 신성장국가론》, 나남출판, 2006.
- ______ 외, 〈미래를 여는 문화·관광의 새로운 지평〉, 《GRI 연구총서》, 경기개발연구원, 2006.
- ______ 외, 〈시대의 좌표를 찾아서〉, 《GRI 연구총서》, 경기개발연구원, 2006.
- ______ 외, 《문화콘텐츠 입문》, 인문콘텐츠학회 북코리아, 2006.
- ______ 외, 〈문화콘텐츠와 창의성〉, 《호서대 문화콘텐츠총서》, 역락출판사, 2006.
- 한국문화콘텐츠진흥원, 내부자료, 2006.

- 문화관광부 홈페이지 www.mct.go.kr
- 한국방송광고공사 홈페이지 www.kobaco.co.kr
- 영화진흥위원회 홈페이지 www.kofic.or.kr
- 후버스 온라인 www.hoovers.com
- INCP 홈페이지 http://incp-ripc.org

음악 산업, 위기 속에서 미래를 꿈꾸다

방극균 | 예전미디어 대표 **안석준** | 워너뮤직코리아 부사장

| 10년 후, 뮤직 인 마이 라이프

2015년 어느 날, 직장인 A씨의 하루다. 아침이면 A의 바이오리듬을 고려한 음악이 잠을 깨운다. 욕실에 들어가면 거울 속 영상을 통해 샤워하면서 뉴스를 본다. 옷을 입고, 아침 식사를 준비하는 동안 개인용 미디어 플레이어에서는 음악을 틀어준다. 한 곡이 마음에 들어서 '테이스트 메이트Taste Mate' 프로그램에 이 곡을 추가시킨다. 이 Taste Mate 프로그램은 개인용 미디어 플레이어와 연동해서 A가 좋아하는 곡을 입력시키면 그 가수의 신곡이 나오거나, 비슷한 스타일의 신곡이 나왔을 때 들어볼 것을 추천해준다. 뿐만 아니라 평소 A가 선택하고 즐겨듣는 음악들을 분석해 기분이나 바이오리듬을 고려해 적절한 곡을 틀어주기도 한다.

출근길에 나서면서 안경을 쓴다. 안경에는 네트워크 오디오 이어폰이 장착되어 있다. 눈에 보이지 않을 정도로 아주 작은 이어폰을 귀에 꽂는다. 어제 친구가 A를 위해 골라놓은 음악을 틀어놓는다. 점심 식사 후 회사에 들어갈 때 개인용 미디어 플레이어가 어제 듣기 시작했던 오디오북을 계속 듣겠냐고 물어본다. 오후 업무에 도움이 될 듯해서 듣겠다고 한다. 퇴근길에는 보통 그렇듯이 그 날의 뉴스, 스포츠, 날씨, 연예 소식 등을 청취한다. 이어폰을 3D 디스플레이 프로젝트에 연결하면 음향과 함께 영상도 즐길 수 있다.

하루 종일 개인용 미디어 플레이어와 이에 연결된 무선기기는 친구들과 연락할 수 있도록 도와주고, 듣고 싶은 음악을 들을 수 있도록 도와준다. 음악은 하루 종일 A를 떠나지 않는다.

이렇게 매일 즐기는 음악, 뉴스, 영화 등은 매번 선택할 때마다 결제할 필요가 없다. 한 달에 한 번씩 수도세나 난방비 청구서가 날아오는 것처럼 한 달간 자신이 선택하고 즐긴 모든 콘텐츠들을 한 번에 결제할 수 있도록 미디어 & 엔터테인먼트 청구서가 날아온다.

미국의 뮤직비즈니스 전문가인 데이비드 쿠섹이 전망한 10년 후 음악의 모습이다. 쿠섹은 미래의 음악을 물과 같을 것이라고 표현했다. 미래의 음악은 어디에나 존재하고ubiquitous, 이동할 수 있으며mobile, 전파력이 강하며pervasive, 매우 다양하며diverse, 주위 사람들과 공유할 수 있을sharable 것이라고 설명했다.

물은 공기와 더불어 삶에서 절대적으로 중요한 요소며 어디에서든 쉽게 구할 수 있다. 우리는 물에 가격을 지불하지만 쉽게 알아차리지 못한다. 지불행위가 일상생활에 포함되어 있기 때문이다. 마찬가지

로 미래의 음악 역시 물처럼 항상 일상생활 속에서 무의식적으로 쉽
게 접하고 즐길 수 있으며, 결제 역시 간단하게 이루어질 것이다.

| 음악, '상품'이 아닌 '경험'과 '서비스'로

다가오는 미래의 음악환경은 초고속 휴대 인터넷의 빠르고 저
렴한 네트워크와 단말기의 저장공간 증가, 디지털 저작권 보
호digital rights management/DRM 기술의 강화에 따라 급속도로 변화할 것
이다.

19세기 축음기가 처음 발명되었을 때, 사람들은 더 이상 음악을 듣
기 위해 공연장에 갈 필요가 없어졌다. 축음기의 발전은 음악의 형태
를 '경험'에서 '상품'으로 전환시켰다. 음악이라는 개념은 음악을 담
고 있는 음반과 동일한 개념으로 혼용되어왔다. 그런데 최근 디지털
혁명으로 말미암아 음악의 개념이 '상품'에서 '경험'과 '서비스'로
되돌아가고 있다. 음악이라는 개념은 예전처럼 레코드판이나 콤팩트
디스크CD와 같은 음반에 가두어둘 수 없게 되었다.

음악 개념의 전환은 창작자와 소비자 모두에게 큰 변화를 가져올
것이다. 서비스로 전환된 음악 콘텐츠는 소비자의 일상에 한층 더 가
까이 다가갈 수 있을 것이다. 특정 가수 중심의 앨범에서 다양한 가
수의 곡 패키징이 가능해져 '나만을 위로해주는 음악들'이 서비스될
것이다. 또한 아티스트와 소비자의 직접적인 커뮤니케이션이 이루어
지는 등 개인 취향을 고려한 맞춤형 서비스가 가능해질 것이다.

특히 다른 장르의 엔터테인먼트 산업과 매우 긴밀하게 연계되어 원 소스 멀티 유즈one source multi use/OSMU(하나의 소재로 다양한 상품을 개발하여 고부가가치를 창출하는 비즈니스 구조를 일컫는다) 창구로 활용될 것이다. 이와 동시에 각 서비스를 제공하는 방식과 결제방법은 단일화·단순화해 소비자들의 편의성을 한층 높일 것이다.

매년 음반 판매량이 급감하면서 전통적인 음반 산업이 붕괴되고 있는 반면, 라이브 콘서트, 뮤지컬, 페스티벌 등의 공연 산업은 매년 성장세를 보이고 있다. 전통적인 음악 산업구조에서 음악 콘텐츠는 서비스가 아닌 상품이었기 때문에 음반이 핵심상품이자 주 수입원이었으며, 콘서트 등의 공연은 부가수입원이자 마케팅 수단이었다.

그러나 음악 콘텐츠의 개념이 서비스로 바뀌면서 같은 서비스 개념인 공연 산업 역시 성장세를 보일 것으로 기대된다. 또한 기술의 발전도 공연 제작, 마케팅, 발권 등에서 혁신을 가져오며 공연 산업의 성장세를 도울 것이다. 예전보다 훨씬 생동감 있고 환상적인 무대가 가능해질 것이며, 보다 편리하게 공연문화를 접하게 될 수 있을 것이다.

현재까지 음악 콘텐츠 관련 부가상품은 공연장에서 판매하던 티셔츠, 캐릭터 상품 등에 불과했다. 그러나 앞으로는 관련 머천다이징merchandising 비즈니스가 본격적으로 전개될 것으로 기대된다. 음악이 다른 엔터테인먼트 산업, 문화, 패션, 브랜드 마케팅 등과 밀접하게 연계되어 음악 콘텐츠는 보다 더 다양한 형태가 될 것이다.

우선 다른 브랜드와 산업이 음악 콘텐츠를 활용해 부가 서비스를 만드는 경우가 있다. 예를 들어 스타벅스는 커피에 어울리는 음악

CD를 제작해 만들어 판매한다. 앞으로는 각 브랜드를 상징하는 음악 서비스 상품이 제공될 수도 있을 것이다.

음악 콘텐츠가 다른 상품으로 변형된 예도 있다. 미국에서는 힙합 DJ들이 자신의 이름을 브랜드로 사용해 패키지 앨범을 만들고, 액세서리나 패션 브랜드를 만드는 것이 자연스러운 일이 되었다. 이제는 음악과 별 관련 없던 상품과 서비스도 음악 콘텐츠의 부가상품으로 인식할 수 있게 된다.

| 현재 한국의 음악 산업

전문가들은 1970년대 한국 대중음악 뮤지션들의 음악적 수준을 세계적 수준과 비교했을 때 전혀 차이가 없다고 한다. 그러나 지금 우리나라의 음악 수준이 미국이나 영국과는 20년, 일본과는 10년 정도의 차이를 보인다고 말한다. 이 격차를 어떻게 메울 것인가? 저작권을 둘러싼 끊임없는 분쟁을 보면 아직 갈 길이 멀어 보인다. 컨버전스 환경이다, 유비쿼터스 시대다, 기술은 끝도 없이 순식간에 발전해가는데 우리의 음악 산업은 아직도 나아갈 방향타를 잡지 못하고 제자리에서 소용돌이만 치고 있다.

음반 산업의 붕괴, 디지털 음원의 성장

'1990년대 가수들이 음반을 100만 장, 200만 장씩 팔 때 우리나라의 음악 산업은 황금기였다. 1990년대에 100만 장, 200만 장 음반 판매의 주인공이던 가수 이승철은 지난 5년간 〈네버 엔딩 스토리〉 40만 장, 〈긴 하루〉(7집) 30만 장, 〈소리쳐〉(8집) 18만 장의 음반 판매에 그쳤다.

불과 10여 년 전만 해도 인기 가수의 새로운 앨범이 발매되면 음반 매장으로 달려가서 테이프나 CD를 샀다. 또 그 몇 년 전에는 레코드 판에 지문이라도 묻을까 조심조심 턴테이블에 올려놓고 듣던 때가 있었다. 지금은 몇백 곡의 음악을 엄지손가락만 한 MP3에 넣고 언제 어디서든 듣는다. 이제 음악은 음반으로 만들어지는 것이 아니라 디지털 음원으로 존재한다.

과거에는 '음악 산업 = 음반 산업'이라는 등식이 성립할 만큼 음악 산업의 역사는 음반의 변천사와 궤를 같이해왔다. 그러나 21세기에 접어들어 음악 산업은 혁명적 변화를 겪고 있다. 음악 감상에 필수적이던 음반이라는 매체 자체가 부정되기 시작한 것이다. 사람들은 음원을 담는 용기인 음반을 구입하는 대신, 디지털 신호화한 음원 파일을 유·무선으로 다운받아 디지털 뮤직 플레이어를 통해 음악을 즐기게 되었다.

음반이 불필요하게 됨에 따라 음반 산업은 침체의 길을 걷고 있다. 한국의 음반 산업은 침체 정도를 넘어 붕괴되고 있다고 말해도 과언이 아닐 것이다. 2000년 4,100억 원이던 국내 음반 시장의 규모는 2006년 800억으로 80%나 감소했다. 음반 시장의 붕괴는 음반 제조 공장을 문 닫게 했고, 음반 도매상의 폐업을 초래했다. 한때 전국에 걸쳐 1만 개 이상이던 음반 소매점은 현재 300개 미만으로 급격히 감소되었다.

음악 산업의 핵심은 바야흐로 음반에서 음원으로 재편되는 전환기에 놓여 있으며, 이에 따라 새로운 시장구도와 질서를 갖게 되었다. 이는 전 세계적 현상으로 각국의 디지털 인프라 발전 속도에 따라 정도의 차이만 있을 뿐이다. 국내시장은 이미 디지털 음악 산업이 정착되었다고 말할 수 있다. 2007년 음악 시장의 규모는 음반 650억 원, 모바일 음악 2,000억 원, 온라인 음악 1,300억 원으로 모바일과 온라인을 합한 디지털 음악 시장이 3,300억 원에 달해 전통적인 음반 시장의 5배를 기록했다.

모바일 음악 정체, 온라인 음악 성장

벨소리, 통화 연결음으로 대표되는 모바일 음악상품은 휴대전화의 액세서리로 개발된 파생상품이지만 예상 외의 대박을 터뜨려 일약 디지털 음악 산업의 최대 수익 모델로 자리 잡았다. 2005년 통계에 따르면, 디지털 음악 서비스의 시장규모는 2,485억 원으로 그중 모바일 음악 서비스가 80%인 2,026억 원이었다. 그러나 2006년 휴대전화의 보급대수가 4,000만 대에 이르러 포화상태가 되고 요금 부담 때문에 벨소리, 통화 대기음의 교체주기가 길어짐에 따라 모바일 음악 서비스 시장은 성수기를 지나 정체상태에 도달한 것으로 보인다.

음반을 대체하는 온라인 음악 서비스인 다운로드, 스트리밍 서비스이다. 앞으로 음악 산업의 성패는 이 온라인 음악 시장을 어떻게 가꾸느냐에 달려 있다고 해도 과언이 아니다. 우리나라의 온라인 음악 시장은 정부의 무관심과 업계의 무기력으로 불법복제, 전송, 공유의 조기 진압에 실패함으로써 불법 사이트가 범람했으나 불법 사이트들의 유료화와 저작권법의 개정으로 온라인 음악 시장도 비로소 성장의 기반을 갖추게 되었다.

그러나 그동안 업계의 잠정 피해액은 무려 1조 원에 이를 것으로 추산되며, 첫 단추를 잘못 끼운 결과, 온라인 음악 서비스는 상당한 후유증에 시달리고 있다. 온라인 사이트 중 현재 흑자를 내는 회사는 소리바다를 제외하고는 찾아보기 힘들다. 흑자를 낼 수 없는 이유는 두 가지다. 첫째, 가입자 수가 2007년 들어서면서 정체되고 있다. 공짜에 길들여진 소비자들이 여전히 무료 사이트와 웹하드를 이용하면서 유료화에 동참하지 않는 것이다. 둘째, 서비스 가격이 지나치게 낮게 책정되어 있는 점이다. 음악 산업의 미래가 달린 온라인 음악 산업은 가입자 수 증가의 한계와 저가경쟁으로 적자의 늪에서 허우적거리고 있다.

대기업 음악 산업 진출

음악 산업의 투자자는 음반제작사에서 음원 유통 배급사인 중계업자나 네트워크를 확보한 대기업으로 교체되고 있다. 특히 장기간의 침체로 자금이 고갈된 음반업계는 자금의 수혈이 시급했고, 망 사업체인 대기업은 콘텐츠 확보가 필요해 서로간의 이해관계가 맞아떨어졌다.

모바일 음악 서비스의 성공에 고무된 SKT는 국내 대표적 음반사인 서울음반을 인수하고, 워너뮤직과 공동 출자해 'WS뮤직'을 설립해 유통에서 제작까지 가능해졌다. 또한 CJ도 엠넷미디어를 본부로 맥스엠피쓰리를 인수해 온라인 유통망을 정비하고 GM 기획 등 다수

기획사를 인수, 지분 참여를 통해 음악 콘텐츠 확보에 박차를 가하고 있다. 시장점유율 측면에서 보면 2007년 상반기의 100위까지 가요순위에 양사가 직·간접적으로 투자한 타이틀이 55개가 차지함으로써 대기업의 시장 참여는 성공적으로 보인다.

2007년 상반기를 지나면서 대기업들은 지금까지의 공격적 투자를 망설이고 있는 듯하다. 음악 산업, 특히 온라인 음악 시장의 성장에 대한 과잉기대와 인수·합병M&A의 시너지 효과에 대한 과장된 예측, 덧붙여 음악업계의 불합리하고 불투명한 관행 등에 대한 실망감으로 대기업들은 전략의 수정을 고민하고 있는 것으로 보인다.

수익성 악화 ― 대박에서 박리다매로

음반 사업은 고위험high risk 고수익high return의 전형적인 벤처 사업이었다. 그러나 디지털 음악 시대로 바뀌면서 국내 음악 사업은 저수익 구조로 인한 재정적 위기에 봉착했다. 구체적으로 살펴보면, 가요 CD 한 장을 팔면 음반제작사에 돌아오는 마진은 약 5,000원, 10곡 수록 기준으로 곡당 500원의 수익이 발생하지만, 온라인 음원 1곡을 팔면 약 50원(월 정액제 기준으로 추정) 내외의 수익이 제작사에 분배된다. 물론 이 때의 수익은 음반 제작과 홍보 투자비를 감안하지 않은 수치다. 과거의 수익을 보전하려면 10배 이상의 고객들이 음원을 다운로드해야 하는 셈이다.

해외시장의 경우 다운로드 가격은 일반적으로 곡당 0.99달러의 종량제가 일반적이다. 월 정액제는 예외적으로 일부 사이트에서 서비스될 뿐 아니라 서비스 곡수도 제한적이고 정액제 가격 또한 1만

5,000원 선이다. 애플의 아이튠스는 3년 만에 40억 곡을 낱개로 판매했다. 반면, 국내 온라인 판매의 대부분은 월 5,000원 미만의 정액제이고, 극히 예외적으로 곡당 500원짜리의 단품 판매가 이루어지는 데차이가 있다. 따라서 해외시장에서는 음반이 음원 파일 판매로 바뀌어도 그다지 큰 손실이 없는 데 반해, 국내의 경우는 단가의 차이가10배에 이르러 도저히 수익성을 맞출 수 없는 구조가 되고 말았다.

현재의 월 정액제와 가격, 분배율을 기준으로 국내 음악 시장이 손익분기점에 도달하려면 최소한 420만 명이 유료회원으로 가입해야한다. 하지만 2007년 상반기 유료 가입자 수는 230만 명에서 멈춰 더이상 증가하지 못하고 있다. 결국 국내 음악 산업이 선순환 구도로가기 위해서는 지금의 유료 가입자 수가 2배가 되거나, 업체간 경쟁이 반으로 줄거나, 가격과 요율이 2배로 인상되어야 하는 어려운 난관을 극복해야 한다.

| 음악 산업의 미래를 위한 과제

음악 산업은 위기상황이다. 음악 산업을 둘러싼 숱한 이해관계자들, 기획사, 제작사, 가수, 작사자, 작곡자 등의 음악 생산자는 물론, 음반 도·소매상, 온라인 서비스 업체와 같은 음악 유통업자들을 통틀어 돈을 버는 기업이나 사람들은 손가락을 꼽을 정도다. 음악 산업은 중장기적 혁신 없이 현 상태가 지속된다면 산업으로서의 독자적 가치를 상실해 타 산업에 종속될 것이고, 음악 사업을 영위하는 기업들은 이동통신사나 유비쿼터스 기업의 콘텐츠 납품 하청회사로 전락할 것이다.

이러한 위기상황에서 음악 산업의 미래를 전망하는 것은 무의미해 보인다. 암울한 미래를 화려하게 덧칠해 전망하는 대신, 음악 산업의 재활 과제를 제시하는 것이 현시점에서 보다 의미 있는 일로 생각된다.

현재 음악 산업의 위기를 극복하려면 저작권 침해의 근절, 가격과 요율의 적정화, 음악의 다양성 확보, 공연 활성화, 투명성, 체계화 정립, 음악진흥기구 설립이 필요하다.

2007년 6월 말로 저작권법이 시행되었지만 여전히 저작권 불법 침해율은 70%에 육박하고 있다. 기업형 사이트는 대부분 유료로 전환하거나 문을 닫았지만 웹하드와 같은 스토리지형 파일 공유는 오히려 증가하는 추세다. 이른바 풍선효과가 작용하는 셈이다. 저작권 침해를 근절하지 않고서는 적법한 유료시장을 활성화할 수 없다. 불법을 정리하는 것이 음악 산업 살리기의 초석임을 잊어서는 안 된다.

오프라인이 붕괴된 마당에 음악업계가 기댈 수 있는 수익 모델은 디지털 음악 서비스뿐이다. 그러나 유감스럽게도 국내 디지털 음악 서비스의 현재 가격과 요율대로라면 음악업계는 수년 내 도산할 수밖에 없다. 모바일 음악상품의 경우, 소비자 과금(콘텐츠 이용료 기준)의 25%가 저작인접권료로 음악 제작자의 몫으로 돌아온다. 온라인의 40%에 비하면 무려 15%의 차이가 있다. 일본의 경우는 이동통신사가 9%의 수수료만 받고 배달원 역할만 담당하고 있다. 국내의 이동통신사도 음악업계와 상생을 도모해야 한다. 또한 유통단계의 축소를 통해 그 수익을 권리자에게 돌려주는 방법도 고려해야 할 것이다.

미래 음악의 주 시장인 온라인 음악 시장은 가격제도가 걸림돌이다. 대부분의 온라인 음악업체가 수익을 내지 못하고 있는 현시점에서 생산자와 유통업자는 머리를 맞대고 가격제도를 개선해야 한다.

우선 스트리밍과 다운로드를 분리해 과금해야 한다. 다운로드 서비스는 곡당 과금을 원칙으로 하되, 보완적으로 곡수 제한 또는 기간 제한을 옵션으로 하는 월 정액제를 도입할 수 있다. 다만 유명무실한 곡당 과금제를 활성화하기 위해서는 단가를 인하하고 신보와 구보의 가격차별화를 검토해야 한다.

소비자들의 다양한 음악적 욕구를 충족시키지 못하고 정형화·획일화한 10대 위주의 음악에만 매달려온 책임에서 음악업계도 자유로울 수는 없다. 우리나라의 음악 소비층은 10, 20대가 83%를 차지한다. 선진국의 음악 소비층이 10~40대 심지어 50대까지 고루 분포되어 있는 폭넓은 저변과는 사뭇 다르다. 너도나도 10대를 위한 음악만 만들고, 방송국은 10대 시청률에만 목을 매는 이상 우리나라 가요 시장의 발전을 기대할 수 없다. 더욱이 10대의 인구는 점점 줄고 있다.

10대가 20대가 되고 30, 40대가 되어도 듣고 즐길 수 있는 음악의 다양성 회복이야말로 우리나라 음악의 미래를 담보하는 일이다. 우리나라 음악 시장의 다양한 장르 개발과 두터운 저변 확대야말로 음악 산업의 펀더멘틀(기초체력)을 향상시켜 산업으로서의 굳건한 뿌리를 내리게 할 것이다. 다양성이야말로 문화를 이야기할 때 빠져서는 안 될 중요한 가치인 것이다.

음악 산업의 주 시장(1차 시장)은 음원의 판매이고 파생시장(2차 시장)은 공연, 매니지먼트, CF 등이라고 할 수 있다. 그중 선진국에서는 공연 시장의 규모가 가장 크다. 그런데 우리나라 음악의 주 시장은 이미 파산 지경이고 공연 시장마저 시들하다보니, 음반사는 물론 가수들(공연수익은 가수 몫이 기획사보다 크다)의 생활도 궁핍하게 되어 어쩔 수 없이 본업인 노래보다 쇼 프로그램에 매달리게 된다. 더구나 5%를 밑도는 가요 프로그램보다는 시청률이 높은 오락 프로그램이 프로모션에서도, 수익에도 더 도움이 된다. 그러나 가수의 지나친 미디어 노출과 외도는 부메랑이 되어 가요 프로그램과 공연의 침체 원인이 되고 있다.

우리나라의 콘서트 공연의 침체는 공연문화의 부재, 전문기획사의 부재, 전문공연장의 부재, 말초적 볼거리가 아닌 감동적 들을 거리를 제공하는 라이브 가수의 부재가 총체적으로 어우러진 결과다. 이를 극복하기 위해서는 티켓 값의 합리적 조정과 신인 가수들이 상시적으로 옴니버스 형태로 출연하는 소규모 전문공연장 설립을 위한 국가 지원 등이 필요하며, 궁극적으로는 쇼가 아닌 공연다운 공연을 할 수 있는 재능 있는 뮤지션과 전문 기획자가 육성되어야 한다.

음악 산업은 지금까지 전근대적 방식으로 운영되어왔다. 조직보다는 개인의 역량에 지나치게 의존했고, 새로운 선진 시스템의 도입 없이 어깨너머 배우는 폐쇄적인 도제식 전수 시스템이었다. 따라서 매사가 인맥으로 연결되고 정식계약보다는 뒷거래에 익숙했다. 영화산업이 일찍이 세대교체를 통해 우수인력이 유입됨으로써 비약적 발전을 거듭한 것과는 대조적이다. 음악 산업도 산업으로서의 틀을 갖추고 업계도 기업화와 전문성을 갖추려면 거래의 투명성을 제공하고, 플레이어들의 도덕성이 강화되어야 하며, 신뢰를 지키는 풍토가 정착되어야 한다. 그래야만 고급 우수인력을 영입할 수 있고, 이들을 통해 음악업계가 선진화할 수 있을 것이다.

국내 음악업계는 타 엔터테인먼트 산업에 비해 긴 역사에도 불구하고 규모, 구성원, 시스템 등 거의 모든 면에서 뒤처져 있다. 영화 산업의 경우, 이미 1973년에 영화진흥공사를 설립해 영화 산업의 진흥과 육성에 힘썼으며, 1999년에 영화진흥위원회로 바뀌어 그 역할을 지속하고 있다. 다양한 주체의 등장과 각각의 이해관계의 중첩, 충돌 등 이른바 사공이 많아서는 하루가 다르게 변하는 음악업계의 복잡한 문제를 해결할 수 없다. 음악 산업도 더 늦기 전에 음악산업진흥위원회와 같은 민·관 합동의 특단의 통합상설기구를 설립해 시급한 문제들은 신속하고 집중적으로 해결하고, 중장기적 로드맵을 만들어 이를 강력하게 추진해야 한다.

한국 영화 르네상스여, 다시 한 번

최평호 | CJ 엔터테인먼트 영화사업 본부장

| 대박 영화의 조건은 무엇일까?

대박 영화가 되려면 어떻게 해야 할까? 항간에는 최근 인기리에 방영되고 있는 TV 오락 프로그램에 나오는, 무릎이 닿기도 전에 모든 걸 꿰뚫어본다는 도사님을 만나면 흥행을 한다는 소문이 있다. 실제로 영화 개봉 시점에 이 프로그램에 출연해 '무르팍 도사'를 만난 곽경택, 심형래, 장진 감독의 영화들이 손익분기점을 넘기거나 흥행에 성공했다.

우스갯소리 같지만 이러한 것도 영화 홍보의 한 방법이 될 것이다. 진짜로 영화가 흥행하기 위해서는 무엇이 필요할까? 영화가 흥행하기 위해서는 시나리오, 출연 배우, 감독의 영향력과 마케팅 등 여러 가지 조건이 필요하다.

영화 흥행의 조건에는 제품효과, 매체효과, 배급효과의 세 가지가 있다. 첫째, 제품효과product effect로는 소재와 장르, 감독, 그리고 출연 배우를 들 수 있다. 특히 스타급 배우와 감독의 작품이나 〈올드보이〉, 〈밀양〉과 같이 권위 있는 해외 영화제에서 감독상, 여우주연상을 수상한 경우는 흥행에 한 발짝 더 다가가는 경우가 많다. 둘째, 매체효과media effect로는 마케팅과 홍보를 꼽는다. 시장에서 관객의 인지도를 얼마만큼 확보하느냐는 영화 흥행의 주요한 요소로 작용한다. 최근에는 인터넷을 이용한 홍보나 각종 이벤트가 영화 마케팅의 필수요소로 자리 잡고 있다. 셋째, 배급효과distribution effect는 스크린 확보, 상영일자와 시기의 확보를 말한다. 많은 수의 스크린을 확보할수록 영화의 흥행 가능성이 증대하기 때문에 최대한으로 스크린 수를 확보하기 위해 배급사는 전력을 다한다. 추석이나 설 연휴, 크리스마스, 방학이나 휴가철 등 극장으로 관객이 몰리는 시기 확보도 중요한 변수가 된다.

| 영화 산업, 제대로 알기

영화진흥위원회 자료에 따르면, 2007년 1~9월에 개봉한 우리나라 영화의 총제작비는 마케팅 비용까지 포함해 약 64억 7,500만 원으로 집계되었다. 반면, 같은 기간 벌어들인 수입은 약 24억 원에 불과했다. 일부 영화를 제외하고는 대다수의 영화들이 적자를 본 셈이다.

위 사례에서 볼 수 있듯이, 영화 산업의 첫번째 특징은 고위험high risk 고수익high return 산업이라는 것이다. 엄청난 비용을 투자했음에도 불구하고 흥행에 실패할 확률이 상당히 높다. 반대로 흥행을 하게 되면 투자한 비용 이상의 수익을 안겨다준다. 영화 제작 시 기성감독과 스타급 배우의 기용은 위험률을 낮추는 대신, 고비용이 필요하기 때문에 수익성이 낮으나, 잠재력 있는 신인감독의 경우는 참신한 작품이 흥행에 성공할 때 수익성이 아주 높게 된다.

적은 제작비를 들였지만 작품성으로 성공한 〈왕의 남자〉의 경우는 관객 수 1,032만 9,670명(영화진흥위원회 발표 기준)이라는 흥행을 기록했다. 부가세를 제외한 입장료 수입만 약 584억 원, 여기에 극장 배분 후 마케팅과 수수료 비용 등을 제외한 순이익은 225억 원 정도로 추산된다. 〈왕의 남자〉는 평균제작비 미만의 예산을 투입한 작품이지만 철저한 기획과 탄탄한 시나리오로 흥행할 수 있다는 교훈을 남겼다.

두번째로 원 소스 멀티 유즈one source multi use/OSMU라는 강점이 있다. 원 소스 멀티 유즈란, 하나의 소재를 여러 장르에 적용하는 마케팅 방법이다. 극장에서 상영을 마친 영화는 비디오/DVD, 공중파/케이블 TV, 그리고 최근에는 VOD와 인터넷 등 여러 가지 형태의 플랫폼을 거쳐 소비되며 캐릭터, 테마파크, 게임 등 다양한 형태로 만들어 부가 수익을 창출한다.

영화 산업의 기본구조를 살펴보면, 영화 산업의 부가가치가 발생하는 가치사슬은 크게 제작-배급-상영으로 이루어진다. 각본, 감독, 배우라는 원재료에 자금이라는 지원 활동과 제작이라는 주 활동이

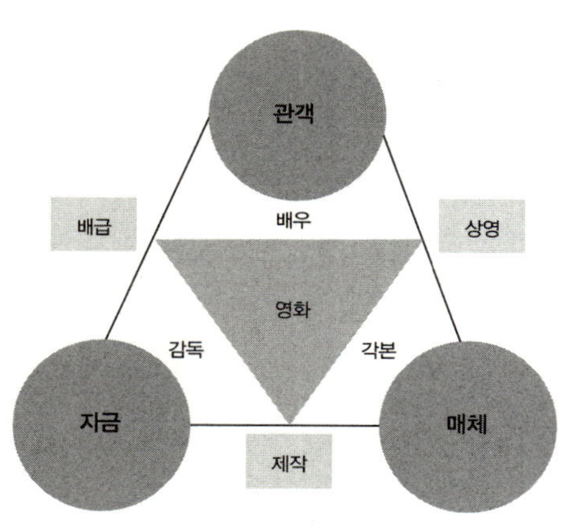

더해져 영화가 만들어진다. 그리고 마케팅이라는 지원 활동과 배급이라는 주 활동을 통해 관객에게 전달되면서 부가가치가 더해진다.

우리나라 영화 산업의 수입과 수익 배분 구조를 살펴보면, 영화 입장권의 판매로 얻은 총극장수입을 극장과 배급사가 50%씩 배분한 후에 제작비, 배급사 수수료 등 직접 비용을 제외한 나머지가 영화의 투자수익이 된다.

투자자와 제작사는 계약에 따라 영화 투자수익의 각 60%, 40%로 분배한다. 배급사는 극장 흥행 수입에서 극장 측에 배분되는 50%를 제외한 나머지 금액 중 8~10%를 배급 수수료로 할당받는다. 비디오/DVD, TV 관련 부가 판권 판매액에 대해서는 배급 대행사가 10% 정도의 수수료를 가져간다. 해외 배급사가 수출을 대행할 경우는 판권 판매액의 15% 정도가 수수료로 지급된다.

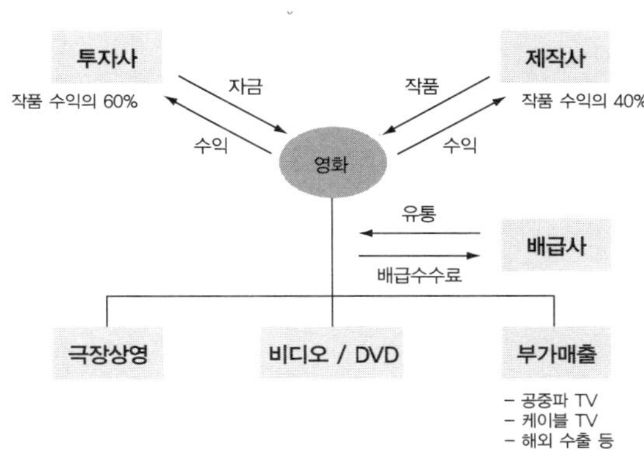

영화 배급 시스템에서 홀드백holdback은 영화가 각 배급단계에서 다음 배급단계로 넘어가기 전까지의 기간을 의미하며, 이는 각 단계의 수익 창출을 보호하는 기간이다. 현재 우리나라 영화가 극장에서 비디오/DVD, 인터넷/VOD로 넘어가기까지의 홀드백 기간이 약 3개월, 위성 페이 퍼 뷰pay-per-view/PPV(유료방송)로 넘어가는 기간이 약 3개월, 유료 케이블 TV까지의 홀드백 기간이 다시 약 3개월, 이후 지상파의 홀드백 기간이 약 6개월 등이다. 미국의 경우를 보면 각 단계별 기간이 약 9개월, 6개월, 7개월 등으로 우리나라에 비해 수익 창출을 보호하는 홀드백 기간이 긴 것을 알 수 있다.

19 60년대에 우리나라 영화의 전성기가 있었다. 텔레비전이 널리 보급되지 못한 시절에 대중은 영화를 보는 일을 하나의 큰 재미로 여겼다. 당시 흥행 영화는 신성일·엄앵란 주연의 〈맨발의 청춘〉, 신영균·문희 주연의 〈미워도 다시 한 번〉 등이 있다.

1970년대 중반부터 1990년대 초반까지는 우리나라 영화의 암흑기로, 당시 〈다이하드〉나 〈록키〉, 〈터미네이터〉와 같은 할리우드 액션 영화와 주윤발의 쌍권총 액션, 성룡의 코믹 무술 등을 내세운 홍콩 영화가 우리나라 관객들의 마음을 사로잡았다.

우리나라 영화 산업은 1990년대 중·후반부터 10년간 비약적으로 발전했다. 1998년 〈쉬리〉가 약 680만 명의 관객 동원을 이루면서 당시 대흥행을 기록한 것을 시작으로 할리우드 블록버스터가 부럽지 않을 만큼 기술이 발전되고, 소재와 촬영기법 또한 다양해지고 세련되면서 관객의 발걸음을 영화관으로 이끌었다.

이후 〈실미도〉(1,108만 명), 〈태극기 휘날리며〉(1,174만 명), 〈왕의 남자〉(1,230만 명), 〈괴물〉(1,301만 명)이 1,000만이 넘는 관객을 동원하면서 이른바 우리나라 영화 산업의 '천만 관객 시대'를 열게 되었다. 따라서 극장 매출액 또한 1995년 1,920억 원에서 2006년 9,250억 원으로 연평균 15%씩 증가했고, 관객 수는 4,513만 명에서 1억 3,517만 명으로 연평균 13%씩 증가했다.

그리고 '베니스 영화제'에서 감독상(김기덕, 이창동), 신인 배우상(문소리), '칸 영화제'에서 감독상(임권택), 심사위원대상(〈올드보이〉),

여우주연상(전도연)을 수상하면서 작품성 또한 인정받고 있다. 뿐만 아니라 〈중천〉, 〈괴물〉을 비롯해 최근에 개봉되었던 심형래 감독의 〈D-War〉는 실사와 거의 유사한 컴퓨터 그래픽으로 관객들에게 할리우드 영화 못지않은 '보는 재미'를 선사해주었으며, 우리나라 영화의 컴퓨터 그래픽 기술이 얼마나 발전했는지 입증해주기도 했다.

| 한국 영화, 성장 요인

우리나라 영화 시장에서 전 세계 흥행 보증수표인 할리우드 영화의 설 자리를 위협할 만큼 성장하게 된 요인은 무엇일까? 첫 번째로 꼽을 수 있는 것이 바로 우수한 창작 인력의 영화계 유입이다. 국내외 전문 영화학교 등을 통해 훈련된 신인 작가, 프로듀서, 감독 등이 영화업계를 주도하게 되고, 1980년대 말부터 창의적인 아이디어를 가진 새로운 인력들과 대기업 자본이 결합해 관객들의 흥미를 유발하는 다양한 소재와 장르의 기획영화들을 제작하면서 양적·질적 성장이 본격화했다.

둘째, 삼성, 대우, SK 등 대기업들이 비디오 사업을 시작으로 영상 산업 진출을 본격화하면서 합리적인 영화제작 시스템과 과학적인 마케팅, 홍보기법 등이 도입되기 시작했다. IMF(국제통화기금) 외환위기 이후 삼성, 대우, SK 등은 영화 산업에서 철수했지만, CJ와 동양이 영화의 투자, 배급, 상영, 케이블TV 등에 진출했다. 이 기업들은 영상 관련 사업의 수직 계열화를 통해서 영화 산업의 분야별 예산기획과 운영기법 등을 체계화했고, 일본, 동남아 등 해외수출 확대를 통해 영화 산업의 질적 성장을 가속화했다.

셋째, 안락하고 쾌적한 상영설비를 완비한 멀티플렉스 극장의 등장으로 관객 수가 증가했다. 멀티플렉스는 통상 6개 이상의 복합 상영관을 말하는데, 쾌적한 관람환경, 최첨단 장비, 예매와 좌석의 편리성 등 기존 극장과 차별화한 서비스로 기존 관객의 관람횟수 증가와 가족단위, 노·장년층 등 새로운 관객 수요 확산을 유발시켰다. 1998~2006년의 국내 총스크린 수가 507개에서 1,867개로 확장되면서 평균 16%의 증가율을 보였고, 1인당 관람횟수도 연간 1.0회에서 3.4회로 늘어나게 되었다.

넷째, 정부의 법적·제도적 지원 또한 우리나라 영화 산업 발전에 많은 기여를 해왔다. 1995년 영화진흥법이 제정되었고, 1999년부터 영화투자 조합에 1,670억을 투자해 시네마테크, 예술영화 제작, 배급사업 지원, 필름라이브러리 구축, 미디어 센터 설립 등 다양한 인프라 구축을 지원했다. 한편, 논란이 많았던 스크린쿼터제 폐지 문제는 2006년 7월 이후 한국 영화의 의무상영일수가 73일로 축소되면서 일단락되었다.

다섯째, 일본, 동남아 등 해외수출 확대로 한류문화의 확산과 우리나라영화 시장의 저변이 확대되었다. 우리나라 영화의 해외 수출액은 1998년 300만 달러에서 2005년 7,600만 달러로 급신장했으며, 미주와 유럽 시장까지 넓혀가고 있다. 최근에는 리메이크 판권판매, 공동제작 및 투자 등 다양한 형태로 해외 진출이 이루어지고 있으며, 해외 주요 영화제에서의 수상으로 인해 세계 영화계에서 우리나라 영화의 입지도 확대되고 있다.

┃ 다시 찾아온 한국 영화의 슬럼프, 어떻게 극복할 것인가?

2007년 3월부터 〈300〉을 시작으로 〈스파이더맨 3〉, 〈캐러비안의 해적—세상의 끝에서〉 등 할리우드의 대작들이 상륙하면서 같은 시기에 개봉한 우리나라 영화들은 저조한 성적을 보였다. 우리나라 영화의 해외 수출은 지난 2005년까지 연평균 58%의 높은 성장률을 보여왔으나 2006년 수출액이 2,500만 달러로 급감하면서 해외시장 확대 가능성에 대한 대응책 수립이 요구되고 있다.

현재 우리나라 영화의 주요 수출국가는 일본을 비롯한 아시아 지역으로, 총수출액의 78%를 차지하며, 특히 일본으로의 수출이 69%로 수출시장의 절반 이상을 의존하고 있다. 2003년부터 북미 지역과 유럽 지역의 수출은 지속적으로 증가되고 있지만 2006년부터 한류의 냉각화로 일본을 비롯한 아시아 지역으로의 수출이 급감하기 시작했다. 앞으로 지속적인 수출지역 다변화를 추진함과 동시에, 다양하고 신선한 소재로 흥행성 있는 작품들이 제작되어야 한다.

우리나라 영화 시장 규모는 비약적인 성장을 했으나, 제작 · 투자 부문의 수익성은 여전히 낮은 수준이다. 이는 급격한 제작비용의 증가와 극장 스크린 수 증가에 따른 마케팅과 홍보비용 증가의 영향으로 볼 수 있다. 우리나라 영화의 매출구조에서 극장의 매출구성비율은 2001년 이후 70%를 상회하고 있으며, 해외수출 외에 부가판권 매

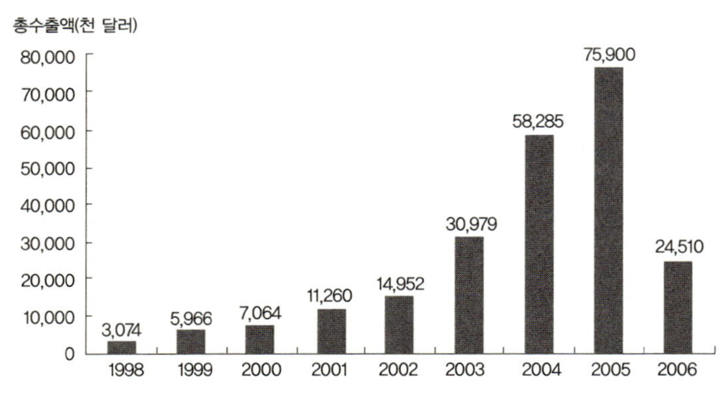

자료 영화진흥위원회, 2007.

출 비중은 비디오 부문의 급격한 감소와 이를 대체할 DVD 부문의 매출 부진으로 정체되고 있는 상황이다.

또한 현재 영화에 투자되고 있는 자본의 수익성을 보면, 부가 윈도 판권의 수익 창출이 취약하며, 극장 매출 의존도가 높아 투자위험이 매우 크고 투자수익률도 저조한 편이다. 또한 극장 매출의 상위 20%에 해당하는 영화가 전체 관객의 80%를 차지하고 있어 영화 투자의 위험성은 배가 된다.

이러한 상황에서 영화 투자를 활성화하기 위해서는, 첫째, 투자자의 다변화가 촉진되어야만 한다. 기존 투자자 외에 신규 투자자본이 영화 산업에 지속적으로 투자될 수 있도록 상호 협력할 수 있는 적극적인 환경기반을 조성해 새로운 투자자본이 계속 유입토록 해야 한다. 현재 국내 주요 투자자로는 CJ, 동양, 롯데 등 극장 유통 체인을 보유한 투자 배급사, 벤처 캐피탈 업체 등의 금융업체와 방송국 등이다. 최근에는 영상 사업으로의 진출을 시작한 SKT, KT 등 통신업체가 새로운 투자자로 참여하고 있다.

둘째, 국·내외 업체와의 공동제작과 공동투자 방식으로 투자위험을 줄이면서 수출 증대를 통한 해외시장 개척을 활성화해야 한다. 셋째, 수익 창출 기회를 확대해야 한다. 부가판권 침체의 주요인인 불법복제와 유통에 대해서는 영화업계 차원에서 근절 방안과 법적 대응책의 수립이 필요하다.

| 한국 영화 산업, 미래를 위한 길

최근 개봉한 영화 〈세븐데이즈〉의 리메이크 판권이 할리우드에 100만 달러(한화 약 9억 원)에 판매되었다. 〈괴물〉은 60만 달러, 〈조폭마누라〉는 95만 달러에 판매되어 〈세븐데이즈〉가 역대 최고가를 기록한 것이다. 또한 한류 스타 송승헌, 권상우 주연의 〈숙명〉은 2007년 최고 수출가로 일본에 선판매되기도 했다. 이러한 한류문화의 확산과 우리나라 영화의 해외수출이라는 성과는 엔터테인먼트 산업의 무한한 가능성을 보여준다.

우리나라 영화의 성장 잠재력은 우선 기술적인 측면에서 찾아볼 수 있다. 고도로 숙련된 인적 자원과 초고속 통신망, 무선 네트워크 등 세계 수준의 인프라는 영화 산업의 디지털화, 개인화, 글로벌화를 이끌 것이다. 또한 세계와 아시아가 공감할 수 있는 정서적 측면의 강점은 스토리텔링에 능한 우리의 창의성과 맞물려 세계 문화의 중심 역할을 하는 데 기여할 수 있을 것이다.

우리나라 영화가 세계 문화 흐름의 주류로 자리 잡기 위한 해외 진출 전략은 무엇인가? 첫째, 팬아시아Pan-Asia(전체 아시아)용 영화 제작과 유통을 통해 수익을 확대하고 세계 시장 진출을 위한 교두보로서 아시아 영화 시장을 주도해가야 한다. 이를 위해 드라마, 액션, 코미디 등 다양한 소재와 장르를 개발하는 한편, 애니메이션, 드라마, 공연 등 콘텐츠를 다각화해야 한다.

둘째, 창의적인 우수인력을 적극 육성·발굴한다. 해외 파트너십을 통해 제작·배급·상영의 네트워크를 구축하고 해외 메이저사들과 공동제작, 배급을 진행하면서 지역별 전문인력을 양성해야 한다.

셋째, 지역별 특화전략과 마케팅 전략을 수립한다. 조인트벤처joint-veture(공동기업) 또는 기업 인수·합병 등의 방법으로 현지기반을 마련하고 국가별 관객의 특성을 파악해 차별화한 마케팅 전략을 수립하고 실행해야 할 것이다.

넷째, 디지털 플랫폼의 발전에 따라 DVD와 케이블TV 등 2차 원도 배급전략을 수립하고, 불법 복제를 방지하기 위한 기술과 법적 제도를 마련한다.

우리나라 영화의 해외 진출 시 고려해야 할 과제는 수출지역 다변화와 해외 관객수요 개발이다. 이를 단계별로 살펴보면 진출 초기단계에서는 인기 배우를 통한 한류열풍을 지속시키고 해외 영화제 수상으로 지명도를 높이면서 우수작품의 수출과 국내 흥행작품의 리메이크를 통해 수출확대 기반을 마련해야 한다.

진출 본격화 단계에서는 네트워크 중심의 전략으로 우리나라 영화를 상영할 극장을 확보해 안정적인 해외 배급 라인을 구축하고 공동제작, 공동투자 시스템을 확보해야 한다. 이와 함께 게임과 음악, 공연 등 영화와 관련된 부가 콘텐츠도 동반 진출시켜 시너지를 제고해야 할 것이다. 이를 위해서는 자본과 네트워크, 해외 파트너십, 제작 및 서비스 운영과 관련한 역량을 축적해야 할 것이다.

Future Code

4부

기술의 미래

유비쿼터스 미래와 글로벌 선도 전략 **천경준**

미래 디지털 기반 사회 시스템 **김현곤**

정보통신 산업에서 경쟁의 힘 **양승택**

소프트웨어의 미래와 새로운 도약의 기회 **고현진**

미래 도시로의 초대 **연해정**

FUTURE CODE 퓨처코드

유비쿼터스 미래와 글로벌 선도 전략

천경준 | 삼성전자 부사장

| 점점 현실로 다가오는 유비쿼터스 세상

오전 7시가 되자 감미로운 음악과 함께 전동식 커튼이 열리면서 방안으로 따스한 아침 햇살이 비친다. 침대에 있는 센서는 내가 잠들어 있는 동안 혈압, 맥박, 체온 등을 측정하고 병원으로 송신해 건강상태의 이상 여부를 매일 체크하도록 해준다. 또한 센서가 측정한 나의 건강상태를 바탕으로 부족한 영양소를 보충해줄 수 있는 식단으로 오늘의 아침 메뉴가 제시된다.

아침 식사를 마치고 옷장으로 간다. 이제 더 이상 예전처럼 이것저것 옷을 입어보느라 시간을 낭비할 필요가 없다. 옷장에 부착된 스크린에서는 오늘 날씨에 어울리는 의상을 입은 나의 모습들이 시뮬레이션으로 나타나기 때문에 나는 단지 그것들 중에서 선택하기만 하면 된다.

차에 올라 목적지를 말하면 자동차는 음성을 인식하고 회사를 향해 출발한다. 출근시간의 교통체증도 걱정할 필요가 없다. 지능형 교통 시스템ITS과 네비게이션이 현재의 교통정보를 실시간으로 수집하며 교통 정체 구간을 우회하여 길 안내를 하기 때문이다. 자동 운전 모드로 하고 회사로 이동하는 동안 나는 차량 내에 설치된 노트북으로 오늘 제출해야 할 보고서를 마무리한다.

회사에 도착한 후 출입문에서 나의 부서와 이름을 말하면 보안 시스템이 나의 얼굴과 홍채를 자동으로 인식하고 문을 열어준다. 사무실로 올라가는 동안 도우미 로봇이 아침마다 즐겨 마시는 원두커피가 준비되어 내 자리로 배달되고, 컴퓨터가 켜지면서 오늘 해야 할 업무를 일목요연하게 보여준다. 의자에도 헬스 케어 장치가 부착되어 나의 컨디션을 지속적으로 체크하고 피곤을 느끼면 자동으로 안마를 해주기도 한다. 그리고 사무실의 공기정화 시스템이 실내 온도와 습도를 실시간으로 체크하고, 전동식 블라인드는 사무실로 들어오는 햇빛의 양을 조절해 최적의 근무상태를 유지시켜준다.

대부분 〈아일랜드〉나 〈마이너리티 리포트〉와 같은 영화를 통해 미래의 모습들을 상상해보았을 것이다. 그런데 영화 속의 미래 모습이 더 이상 영화 속에서만 가능한 상상물이 아니라 현실로 다가오고 있다. 그 변화를 이끄는 중심에 유비쿼터스 정보통신기술이 자리 잡고 있다.

'언제 어디서나 존재한다'는 뜻을 가진 '유비쿼터스ubiquitous', 신문이나 방송에서 수없이 들어왔던 말이다. 정보통신부가 2005년 6~7

월에 실시한 설문조사에서 우리나라 국민 10명 중 7명은 '유비쿼터스'라는 용어가 무엇인지 알고 있는 것으로 나타났다. 특히 국내 공공기관과 기업의 유비쿼터스 인지율은 90%가 넘었다. 지금 2년 반이 지나가는 시점에서 유비쿼터스라는 단어에 어색한 이들은 이제 그리 많지 않을 것이다. 그러나 '유비쿼터스 세상이 어떤 세상입니까?'라고 물어봤을 때 '대답할 수 있다'라고 응답할 수 있는 사람들은 과연 몇 퍼센트나 될까? 단어는 귀에 익숙하나 실제 체험이 부족해 여전히 유비쿼터스 세상이 막연하게 느껴지는 이들이 많을 것이다.

그래도 우리는 와이브로로 이동중에 인터넷을 하고, 로봇을 원격으로 조정하고, 리모콘 하나로 가정 내의 가전제품을 제어할 수 있는 서비스를 체험해가면서 무의식중에 유비쿼터스 세상으로 차근차근 들어가고 있다. 이 글에서는 유비쿼터스 서비스, 네트워크를 살펴보면서 유비쿼터스 세상을 보다 구체화할 것이다. 그리고 그동안 정보통신 부문만큼은 강한 자긍심을 갖고 있는 우리가, 유비쿼터스 부문에서도 지속적으로 경쟁력을 이어가고 강화하기 위해서는 어떻게 해야 하는지 살펴보고자 한다.

| 유비쿼터스 변화의 키워드

과거 통신이나 방송, 인터넷은 고정된 곳에서 서비스를 받는 것이 대부분이었다. 그러나 통신의 발전은 집안이나 사무실에서만 사용하던 유선통신과 달리 야외에서나 차를 타고 이동중에도 가능하게 했으며, TV 방송의 경우에도 거실 또는 안방에서 고정된 TV를 통해 시청하던 것이 DMB가 서비스됨에 따라 간편히 들고 다니거나 차량에 부착해 이동중에도 시청이 가능하게 되었다. 또한 와이브로WiBro(고속으로 이동중인 차 안에서도 휴대 인터넷을 즐길 수 있게 해주는 기술)가 상용화하면서 인터넷도 이동하면서 보다 쉽게 사용할 수 있게 되었다.

어린아이나 노인까지 편하게 유비쿼터스 서비스를 받을 수 있도록 음성인식이나 영상인식과 같은 기술이 발전하고 있다. 모든 기기들은 주인의 음성을 인식해 명령을 수행하고, 주인이 원하는 바를 스스로 알아서 처리하는 유비쿼터스 서비스로 발전하게 될 것이다. 한편, 각 단일 서비스로 제공되던 방송과 통신 분야는 융합된 통신방송 서비스로 제공될 것이다. 단말기의 경우, 서로 다른 기능을 하던 기기들은 소형화해 하나의 제품으로 복합화하고 있다. 뿐만 아니라 모든 네트워크는 음성, 인터넷, 방송, 멀티미디어 통신을 함께 처리할 수 있게 되고, 이동통신의 데이터 전송속도도 계속 높아지고 있다.

요약하면, 유비쿼터스 세상은 '이동성', '지능화', '융·복합화', '광대역화'라는 키워드로 정리된다. 즉 언제 어디서든지 광대역화한 네트워크를 통해 융·복합된 지능형 서비스를 받을 수 있는 세상이 곧 유비쿼터스 세상인 것이다.

| 언제 어디서나 지능형 서비스

유비쿼터스는 IT를 바탕으로 인간에게 필요한 여러 가지 기술들을 유기적으로 결합시켜, 언제 어디서나 제공하는 높은 지능의 복합적인 서비스를 통해 인간에게 더 편리하고, 더 즐겁고, 더 안전한 서비스를 목표로 한다. 이러한 유비쿼터스가 실현할 미래는 언제 어디서나 가능한 자유로운 통화, 인터넷 접속, 방송수신, 지능형 로봇 이용, 편리하고 안전한 자동차, 건강 체크, 물류, 상거래 등의 서비스가 사용자 편의 위주로 제공되는 환경이다. 그러나 이들 서비스 뒤에는 보이지 않는 통신망의 발전이 뒷받침되어야만 가능하다(유비쿼터스 서비스의 구성요소는 세 부분으로 나눌 수 있는데, 인간에게 여러 가지 서비스를 제공하는 콘텐츠 분야와, 우리 눈에는 보이지는 않지만 어딘가에 존재해 필요한 콘텐츠를 인간에게 연결해주는 이동통신, 유선통신, 디지털 방송, 인터넷 등과 같은 네트워크, 그리고 인간이 직접 접하면서 사용하는 단말기와 센서가 있다).

유비쿼터스 홈 네트워크 서비스

초고속 차세대 인터넷이 가정까지 보급되고, 이를 이용해 차세대 HD방송, 영화, DVD 등을 집안의 어느 방에서나 TV로 접속할 수 있으며, TV를 이용해 홈쇼핑, 홈뱅킹, 증권거래, 부동산시세, 양방향 TV교육, 온라인 게임, 온라인 바둑, 온라인 노래방, 고화질 화상통화 등의 서비스를 받을 수 있게 될 것이다. 이러한 서비스는 방에서뿐만 아니라 가정 내 어디서나 가능하다.

이와 같은 기능은 1개의 리모콘으로 조작할 수도 있고, 음성으로도 조작할 수 있게 될 것이다. 예를 들어 음성으로 'KBS1'이라고 하면 TV는 알아서 KBS1 채널을 선택한다. 또한 '전등 켜'라고 말하면 전등이 자동으로 켜진다. 이와 같이 집안의 모든 가전기기를 음성으로 조작하게 될 것이다.

미래 자동차

길 안내의 경우, 주행경로의 실시간 교통정보를 유비쿼터스 센서 네트워크로 측정해 유비쿼터스 네트워크로 전송하면 막힌 도로를 피해 목적지까지 갈 수 있게 될 것이다. 도로상에 사고가 발생한 경우에는 다중충돌사고를 예방하기 위해 후방의 차량에 사고 정보를 전달하는 애드 혹Ad-Hoc 통신기술(상호통신기술)이 출연할 것이며 표준화할 것이다. 이 Ad-Hoc 기술을 이용하면 사고, 결빙구간, 사고위험지역을 후방 차량에 무선으로 통보해줄 수 있다.

이동중 주변 목적지를 음성으로 검색, 명령해 쉽게 찾아갈 수 있고 예약도 할 수 있게 된다. 또 이동중 이메일을 수신하는 경우에는 음성으로 읽어주고, 이메일 송신도 음성으로 할 수 있게 될 것이다. 그 밖에 타이어의 온도와 압력을 측정해 근거리무선으로 전송하게 하는 기술개발로, 더 안전하고 편리한 자동차가 될 것이다.

유헬스 서비스

인간의 건강상태를 모니터링하는 u-헬스health 서비스는 앞으로 의학과 BT와 IT가 결합된 매우 중요한 산업분야가 될 것이다.

과거 사람들은 자신의 건강진단을 하기 위해서 병원을 찾아가야만 했다. 그러나 대부분 일상생활에 쫓겨 자주 병원을 찾지 못해 병이 한참 진행되고 자신이 견디기 힘들 정도가 되어서야 병원에 가게 된다. 그러나 의료관련 진단기술과 통신의 발달로 사람들이 집에서나 사무실 또는 이동중에도 자신의 건강을 체크할 수 있게 될 것이다. 이것을 u-헬스 서비스라 한다. 온 가족이 u-헬스 단말기를 이용해 건강상태를 체크하면 여기서 검출된 데이터는 통신망을 통해서 건강관리 센터로 전송이 된다. 예를 들어 가정에서 이러한 서비스는 의자에 앉기만 하면 자동으로 체온, 체중, 비만, 맥박 수, 호흡수 등 기본사항을 체크하고, 양변기에서 대·소변 체크도 가능하게 한다. 이처럼 u-헬스 단말기는 몸속의 혈액을 소량 자동 추출해 유전자 검사를 하고 이 데이터를 u-헬스 컴퓨터로 전송해 질병을 조기에 진단하고 질병을 예측할 수 있게 한다. 이상이 있다고 판단될 경우, 의사는 환자와 통화해 원격 문진을 하고 병원에서 정밀 진단을 하게 할 수 있다.

이러한 u-헬스 서비스는, 모든 사람들이 발병하기 전에 일상생활 속에서 자동으로 조기질병 진단을 가능하게 함으로써 건강한 생활을 할 수 있게 해줄 것이다.

유비쿼터스 로봇 서비스

인간을 닮은 로봇은 가격만 비싸지고 기능은 떨어져 실용성이 없다. 이러한 단점을 개량한 가정용 u-로봇은 로봇 내의 지능 및 부품을 최소화해 원가를 낮춘다. 이러한 로봇의 지능을 높이기 위해서 네트워크를 통해 로봇 제어 서버에 접속해 고지능의 서비스를 제공받는다.

네트워크의 로봇 제어 서버는 여러 대의 u-로봇을 동시에 제어할 수 있어 원가가 낮다. 이런 방식의 로봇은 가격은 싸지만 서버의 지능을 이용하므로 매우 똑똑한 일을 할 수 있다. 예를 들어 청소 로봇의 경우, 로봇에 부착된 카메라로 청소할 곳의 영상을 서버에 전송하면 로봇 제어 서버는 영상을 인식해 집안청소를 사람처럼 똑똑하게 하도록 제어한다. 여러 방을 이동하기도 하고 장애물 회피 기능도 있으며 전원충전 필요 시 충전할 곳을 찾아가 스스로 충전하기도 할 것이다. 청소 로봇 이외에도 가정용 u-로봇의 종류에는 아기 돌보는 로봇, 노인이나 장애인을 돌보는 로봇, 정보통신 로봇 등이 출현할 것이다.

모든 망이 통합하고 4세대 이동통신으로 진화하다

비쿼터스 세상에는 모든 네트워크가 하나로 통하게 된다. 미래의 통신망은 유선과 무선의 통합, 방송과 통신의 통합, 음성과 인터넷의 통합이 이루어지는 광대역 통합망BcN으로 진화할 것이다. 이 통합망은 우리에게 가정, 사무실, 자동차, 이동중에도 끊임없는 서비스를 제공하고, 서로 다른 기기간의 연결도 자유롭게 만든다. 또한 고도의 보안성도 유지될 것이다.

이들 망은 차세대 인터넷 서비스 체계인 IPv6를 채용해 인터넷 주소를 획기적으로 확대하고, 하드웨어 변경 없이도 기능을 바꿀 수 있게 한다. 또한 공개 인터페이스open API를 채용해 외부 애플리케이션 서버와 유연하게 연결됨으로써 보다 다양한 콘텐츠와 서비스를 가능하게 할 것이다. 가정 내의 네트워크도 오디오, 비디오, 인터넷, 가전기기, 전화, 홈로봇, 각종 센서 등이 유·무선으로 접속되어 상호 연동 될 것이고, 외부 네트워크와의 연결도 자유로워질 것이다.

이렇게 통합되는 네트워크 환경에서 이동통신은 4세대로 진입하게 될 것이다. 초기의 이동통신 네트워크는 음성, 즉 아날로그 신호만 전달하는 망이었다. 이를 1세대1G라고 칭한다. 1G 방식은 음질이 나쁘고 잡음이 많으며 데이터 전송 기능이 없다.

이는 음성을 디지털로 변환해 전송하는 디지털 이동통신망인 2세대2G로 발전하게 된다. GSM, CDMA가 2G에 해당되고, 음질은 좋으나 데이터 전송능력은 떨어진다는 단점이 있다. 그러나 이동통신의 용도가 음성 위주에서 데이터 통신까지 확대되어, 음성교환기와 데이터 교환기가 분리되는 구조로 변천되면서 3세대3G까지 진화했다. 하지만 이 방식도 음질은 좋고 데이터 전송능력이 있지만, 데이터 전송효율이 떨어진다는 단점이 있다. 이에 문자 메시지 전송에 적합하나 멀티미디어 신호 전송에는 적합하지 못하다.

데이터 전송효율을 획기적으로 올리는 방식이 와이브로, HSDPA(3세대 서비스인 WCDMA가 진화된 방식으로, 영화 1편을 내려받는 데 WCDMA가 5분 정도 걸렸다면 HSDPA는 불과 30~40초 정도밖에 안 걸린다) 등인데 이를 3.5세대3.5G라고 부른다. 이 기술은 이동중에도 인터넷을 효율적으로 사용하는 것을 목표로 한다. 하지만 앞으로 인터넷, 동영상 등의 전송으로 데이터 트래픽이 급격히 늘어나는 추세이므

로, 이동중에도 음성, 데이터, 멀티미디어를 동시에 보다 효율적으로
처리하는 광대역 이동통신망이 필요하다. 우리는 그러한 통신망을 4
세대4G로 칭한다. 4G에서는 음성도 가능하면서 데이터 전송효율은
와이브로나 HSDPA보다 더 올리는 것을 목표로 한다. 4G 서비스는
이동중 100Mbps, 정지중 1Gbps급 전송속도를 제공할 수 있을 것이
다. 현재 4G용 주파수 결정이 막바지에 이르고 있고, 2010년경 표준
화 확정을 거쳐 사업화할 전망이다.

　4G가 되면 어떤 변화가 일어날까? 우선 단말기 하나로 모든 일을
처리할 수 있게 된다. 음성통화와 TV 시청, 인터넷 사용, 영화 및 음
악 감상 등을 하나의 기기로 이용할 수 있게 된다. 또 가정 내에서나
외부에서 자신의 휴대전화 하나로 집안의 가전제품을 제어할 수 있
다. 이러한 원격제어가 가능하다는 것은 교육, 금융거래, 행정 서비
스 등 여러 분야에 걸쳐 휴대전화 하나로 모두 서비스를 받을 수 있
게 된다는 것을 암시한다. 또 4G 시대가 되면 원스톱 서비스가 더욱
확대될 것이다. 휴대전화로 티켓이나 여권 등을 다운받아볼 수 있으
므로 극장을 가거나 해외여행을 떠날 때도 훨씬 간편해질 것이다. 한
편, 휴대전화로 영화나 TV 드라마를 보다가 배우의 옷이 맘에 들면
곧바로 정보를 얻거나 쇼핑몰로 들어가 그 옷을 구입할 수 있다. 그
리고 세계 어느 장소에 있든지 인터넷에 손쉽게 접근할 수 있게 되
면서 지구촌이 더욱 하나로 거듭날 것이다. 해외 출장을 가서도 자
신의 휴대전화를 통해 마음대로 인터넷을 사용할 수 있으며, 영상통
화에서도 제약이 크게 줄어들게 된다. 곧 현재 PC를 통해 누릴 수
있는 인터넷의 영역을 장소에 제약 없이 마음대로 즐길 수 있게 되

는 것이다.

| 유비쿼터스 분야에서도 리더십을 유지하라

우리는 IT분야에서 1980년대 중반 처음으로 우리가 스스로의 힘으로 개발한 전전자식교환기TDX(순수 국내기술로 개발된 교환기로, 이를 계기로 우리나라는 통신, 인터넷 분야의 강국으로 도약할 수 있는 계기가 되었다) 이후, 1990년대의 CDMA(기존 아날로그 방식보다 수용용량이 크고 통화품질도 우수한 방식으로 1995년 연구개발에 성공해 세계 최초로 1996년 1월부터 서비스 개시), 메모리 반도체, 초고속 인터넷, 2000년대의 DMB, 와이브로 등 20여 년 동안 지속적으로 혁신을 거듭해왔다. 이제 유비쿼터스 시대를 눈앞에 두고 있는 이 시점에서 기존의 IT 리더십을 계속 유지·발전시키기 위한 방안은 무엇일까?

유비쿼터스 기술의 선행 개발이 이루어져야 하고, 이를 위해 학교, 국책연구소, 민간연구소가 유기적으로 역할 분담해 중복기술, 공백 기술 없이 효율적으로 선행 기술을 개발해야 한다. 또한 많은 특허를 확보해서 우리의 기술을 보호할 수 있어야 한다.

국제표준화를 추진해야 한다. 일본은 1979년 당시 일본전신전화에 의해 세계 최초로 셀룰러 방식의 이동전화 서비스를 도입했다. 그 기술력을 바탕으로 다시 세계 최초로 셀룰러 시스템을 상용화시켰다. 하지만 그 기술을 세계표준으로 가져가지 못하고 국내 독자 표준으로만 활용한 채 큰 성과를 거두지 못했다. 오히려 일본의 통신장비 및 단말기 산업을 위축시키는 결과를 낳고 말았다. 2세대 이동통신에서 자기만의 독자표준을 추진하다 실패한 일본은 3G부터 다시 전 세계표준화로 합류하고 있다. 우리는 그러한 전철을 밟지 않기 위해 국제표준화에 많은 노력을 기울여야 하는데, 정부나 국책연구소가 앞장서 국제표준화를 지원해야 할 것이다. 해외 표준회의에서 같은 우리나라 업체끼리 자사의 이익을 위해 경쟁사의 표준 채택을 방해하는 경우가 있다. 이는 국내 조율기관을 만들어 해외에서 우리의 기술이 국제표준에 많이 채택되도록 국익차원에서 조정해야 한다. 우리 기술이 국제표준에 많이 채택되기 위해서는 선진사들과 전략적인 협력도 필요하다.

우리나라 시장이 유비쿼터스의 테스트베드Test Bed(시험무대) 역할을 해야 한다. 우리나라에 CDMA 테스트베드가 없었다면 CDMA 기술은 세계화할 수 없었을 것이다. 당시 CDMA는 미완성 기술이었는데, 한국전자통신연구원과 국내 여러 제조사들이 협력했고 우리 정부가 강력한 지원을 해주어 우리나라가 CDMA 테스트베드 역할을 할 수 있었다. 마찬가지로 유비쿼터스도 시범 서비스를 하고 상용화를 대비한 관련법을 만드는 한편, 인프라와 콘텐츠 개발에 국가, 국책연구소, 민간연구소가 협력해 상용 서비스를 앞당겨야 할 것이다.

다양하고 편리한 단말기를 확보해야 한다. 우리나라는 단말기 분야에서 세계적으로 경쟁력 있다고 볼 수 있다. 우리 국민은 세계에서 가장 앞선 단말기를 요구하므로, 우리의 시장요구에 맞는 단말기를 계속 개발해나가면 세계적인 경쟁력을 갖게 될 것이다. 또한 단말기에 필요한 핵심부품을 국산화해 해외 특정 업체에 종속되지 않아야 한다. 유비쿼터스 단말기는 소프트웨어 기술이 매우 중요하다. 개방형 소프트웨어 기술을 확보해야 하고 미들웨어를 표준화하며 다양한 응용 소프트웨어를 개발해야 한다.

킬러 애플리케이션killer application의 콘텐츠, 서비스 개발에 주력해야 한다. 이를 위해 기술과 사회과학 분야 등 다양한 분야의 전문가들이 협력해야 한다. 즉 국민들이 어떤 서비스를 요구하는지, 유비쿼터스가 어떤 서비스를 할 수 있는지를 파악해 킬러 애플리케이션의 콘텐츠와 서비스를 개발한다. 개발된 킬러 애플리케이션의 서비스도 사전에 충분한 시범 서비스를 통해 지속적으로 보완해야 성공할 수 있다.

적정한 서비스 요금체계를 성립해야 한다. 유비쿼터스 서비스 요금도 경제성을 갖기 위해서는 서비스 가치를 높이고 서비스 원가는 낮춰야 한다. 서비스 가치를 높이기 위해서는 킬러 애플리케이션을 개발해야 하고, 서비스 요금을 낮추기 위해서는 인프라장비가격과 단말기 가격을 낮추고 센서 및 RFIDradio frequency identification(무선 식별 시스템으로, 각 사물에 전자 RFID 태그를 부착하고 사물의 고유 ID를 근거리 무선으로 인식해 해당 정보를 수집·저장·가공·추적하고 사물에 대한 정보의 원격 처리와 관리를 가능하게 한다) 가격, 콘텐츠 가격까지 낮춰야 한다.

우리나라가 유비쿼터스 분야를 세계적으로 경쟁력을 갖춘 수출산업으로 육성하기 위해서는, CDMA와 같이 국가, 대학, 국책연구소, 민간연구소가 서로 역할분담을 잘하고 협력해 우리나라에서 세계최초로 시범서비스 및 상용 서비스를 이뤄야 한다. 그리고 국제표준화를 선도하며 전 세계 시민들이 요구하는 다양한 단말기를 확보하는 한편, 인간에게 필요한 킬러 애플리케이션을 계속 개발하고 지속적인 원가절감을 통해 서비스 요금을 낮춰야 한다. 우리나라에서 성공한 유비쿼터스 서비스를 전 세계에 확산시킨다면 이는 유망한 수출산업이 될 것이다.

미래 디지털 기반 사회 시스템

김현곤 | 한국정보사회진흥원 연구위원

| 시스템이란, 사회를 구성하는 틀

"네오는 낮에는 컴퓨터 프로그래머로, 밤에는 해커로서의 삶을 살아가고 있다. 하지만 이것은 현실이 아니라 중앙의 인공지능 컴퓨터에 의해 그러한 삶을 살도록 프로그램된 세계일 뿐이다. 이른바 매트릭스라고 하는 공간 속에 있는 모든 사람들은 네오처럼 각자의 역할을 부여받아 마치 현실의 세계처럼 살아가고 있는 것이다. 그리고 그들이 보고 느끼고 생각하는 바는 모두 인공지능 컴퓨터에 기록되고 분석된다. 하지만 그들은 자신이 기계에 의해 시스템으로 짜인 공간 속에서 생활한다는 사실을 전혀 모른 채 매트릭스라는 시스템 속의 삶을 현실이라 여기며 살고 있다."

이것은 〈매트릭스The Matric〉라는 영화의 내용 중 일부로, 우리가 이야기하고자 하는 시스템이란 것이 무엇인지 독자들의 이해를 돕기 위해 소개해보았다. 영화는 매트릭스라는 미래사회 시스템 속에서 사람들이 각자의 직업과 역할을 부여받아 프로그램된 채로 살아가고 있는 모습을 묘사한다. 하지만 영화 속 미래는 인간이 기계가 만들어 낸 시스템에 의해 지배당하고 있는 암울한 모습이다.

사람들은 흔히 시스템이 중요하다고 말한다. 한 가정에서는 남편과 아내가 각각 할일이 있고, 또한 부모와 자식이 할일도 있다. 적절한 역할과 관심을 통해 그 가정은 계속 행복하게 유지될 수 있다. 이 경우에 '그 가정의 시스템이 좋다'라고도 할 수 있을 것이다. 한 조직에서는 특정 구성원이 빠져도 알아서 그 자리를 메우고 지속적으로 운영될 수 있도록 하는 시스템이 필요하고, 계속 새로운 아이디어를 내놓고 혁신을 거듭할 수 있는 혁신 시스템이 중요하다. 그렇다면 가정과 조직을 넘어 그들이 뭉쳐진 이 사회의 시스템은 어떻게 구성되어 있고, 또 잘 구성됐다는 것은 어떤 경우를 가리킬까?

현재 우리는 미래사회 시스템을 형성할 국가전략으로 u-코리아u-Korea 전략을 시행해나가고 있다. u-Korea 전략은 유비쿼터스 컴퓨팅 기술을 통해 행정, 의료, 교통, 건설, 금융, 자동차, 에너지 등 사회 모든 분야를 더욱 지능화하고 네트워크화해 경제와 삶의 질을 향상시키기 위한 대한민국의 국가전략이다. u-Korea 전략으로 앞으로 지식정보사회가 더욱 고도화하고 사회 시스템이 똑똑하게 변할 것으로 전망된다.

u-Korea 전략은 단순히 개인이나 조직이 아니라 사회 전반에 걸쳐 커다란 변화를 가져올 것으로 보인다. 그리고 사회 시스템 역시

크게 바꿔놓을 것이다. 이제 u-Korea 전략으로 사회 시스템이 잘 구성될 수 있는 가능성을 차근차근 점검해보고자 한다.

| 사회 시스템이 선진화한다는 것

보통 사회 시스템이라고 하면 다양한 기준에서 의미를 찾아볼 수 있다. 한 국가를 구성하는 좁은 의미의 사회 시스템은 경제, 정치, 교육, 복지, 의료, 행정 등 주요 '사회 기능' 별로 구분해볼 수 있다. 이러한 좁은 의미의 사회 시스템은 다시 기술, 산업, 법제도, 인적 자본 등의 '사회 인프라' 위에서 작동한다. 그런데 사회 기능별로 구분하는 사회 시스템이나 그 시스템을 받쳐주는 사회 인프라 모두 개인 그룹, 가정, 기업, 사회 커뮤니티, 정부 등 다양한 사회 계층에서 존재할 수 있다. 또한 특정 사회 시스템의 세부 구성요소를 살펴보면, 사람(사회 구성원), 활동, 구조(사회구조), 환경과 인프라, 특정 시간과 공간 등이 포함될 수 있다.

결국 사회 시스템은 특정 사회기능, 사회 인프라, 사회 계층, 세부 구성요소 등이 함께 어우러져 있음을 알 수 있다. 사회 시스템의 선진화를 논의할 경우에도 이러한 측면들을 고려해야 할 것이다.

그렇다면 특정 사회 시스템이 선진화한다는 것은 무슨 의미일까? 우선 경제적인 측면에서는 생산성, 효율성, 비용절감, 소득증대, 자원공유 등 선진화 기준들이 있다. 다음으로 기술적인 측면에서 신속성, 편리성, 신뢰성, 안전성, 서비스의 질 등이 있을 것이다. 한편, 사회적 측면에서는 투명성, 민주성, 자율성, 참여성, 복지증진 등이 이에 속할 것이다.

그런데 사회는 더욱 디지털 중심 토대로 진화하고 있다. 앞으로 더욱 강화될 디지털 기반의 사회 시스템을 평가할 경우에는 위에서 제시한 기준들 외에 추가로 몇 가지를 더 고려할 필요가 있다. 먼저, 특정 디지털 기반 시스템을 사용하는 이용자 수는 가능한 한 잠재 이용자 전체에 가까울수록 좋고 이용빈도가 높을수록 좋다. 또한 그 시스템 이용에 대한 만족도도 높을수록 좋다. 그리고 이용자들에게는 시스템이 일상적인 활동의 하나로 인식되고 정착될수록 바람직하며, 해당 디지털 시스템이 단순히 기술 측면에 머무르지 않고 비즈니스 중심 시스템으로 작동해야 한다.

선진화한 디지털 기반 사회 시스템을 찾아서

IT(정보기술)가 확산되기 이전의 사회 시스템 중 대표적인 선진사례가 있다. '한글 창제'가 그 대표적인 예다. 한글은 국가 지식기반 구축의 핵심 원동력이 되었기 때문이다. 또 '새마을운동'과 '경부고속도로'를 들 수 있다. 전국적인 새마을운동은 전쟁 후 국가경제를 부흥시키는 데 주역이 되었고, 경부고속도로는 국가 교통기반 선진화의 출발점이 되었다.

위의 세 가지 사례를 소개하는 데는 두 가지 이유가 있다. 첫째, 잘 고안된 시스템은 한번 만들어지면 오랜 기간 지속된다는 점이다. 둘째, 미래를 위한 진취적이고 전략적인 사전 설계만이 선진 시스템을 가능하게 한다는 점이다. 현재 진행되고 있는 디지털 기반 사회 시스템에서도 이 원칙은 그대로 유지될 것이다.

그렇다면 디지털 기반 사회 시스템은 어떤 양상으로 변화하고 있을까? IT가 사회 전체에 확산되어온 과정을 살펴보면 처음에는 전화 중심의 음성통신이었다가 점차 인터넷 기반의 멀티미디어 통신으로 변해왔고, 이제는 다양한 경제사회활동의 중심 수단으로 자리 잡고 있다. 이상의 변화과정을 한마디로 말하자면 '통신에서 사회활동으로' 요약할 수 있다. 그리고 유비쿼터스 기술의 진전으로 사회 시스템에서 IT의 비중이 더욱 높아지고 있으며, 그 변화 속도도 빨라지고 있다.

이처럼 디지털 기반 사회 시스템 변화가 앞으로 가속화하는 시점에서 우리는 현재의 변화를 모니터링하고 수용하면서, 디지털 기반의 선진 사회 시스템 확립을 위한 전략적인 사전 설계를 해야 할 것이다. 다시 말해, IT를 활용해 사회 시스템을 전략적으로 재설계해야 하는 것이다.

IT를 활용해 전략적으로 사회 시스템을 구축한 사례로 우선 전자정부를 들 수 있다. 지난 20여 년간 추진되어온 공공정보화와 전자정부는 선진 국가경영을 위한 공공정보 시스템의 굳건한 토대를 확립했다는 점에서 의의가 크다. 앞으로 전자정부는 정부혁신을 선도하는 데서 한 걸음 더 나아가 사회 전반에 걸친 국가운영 시스템 및 국가경영 선진화 모델을 제시하는 핵심역할을 해야 할 것이다.

더 구체적인 사례로, 정부통합전자조달 나라장터를 살펴볼 수 있다. 나라장터는 3만 4,000여 개의 정부·공공 기관을 위한 단일 온라인 조달 시스템임과 동시에, 정부·공공 부문과 거래하는 20여만 민간 기업에도 동일하게 단일접점으로서의 역할을 하고 있다. 따라서 조달업무에 투명한 업무 프로세스가 갖춰지게 되었고, 정부조달과 관련된 수요·공급 관련자 모두에게 이 시스템을 사용하는 것이 이제는 일상 활동으로 정착되었다.

해외 주요 사례로는 오스트레일리아의 통합복지 서비스 시스템인 Centrelink를 꼽을 수 있다. Centrelink는 25개의 정부부처로부터 통합된 2만 7,000여 명의 복지 서비스 관련인력이 104여 개의 공공 서비스를 제공하고 있다. 국민복지를 위한 진정한 다부처 통합 서비스로서 우리가 충분히 벤치마킹할 만한 시스템이다. 영국의 의료 콜센터인 NHS Direct도 좋은 사례다. 콜센터, 전국의 수간호사 네트워크, 의료통합 홈페이지, 최고의 의료정보DB, 오프라인 의료 서비스센터 등이 상호 연계되어 운영되고 있다.

위에서 기술한 국내외 선진사례에는 하나의 공통점이 있다. 커다란 사회 시스템 또는 국가경영 선진화를 떠받치는 핵심 주춧돌이 다름 아닌 '보이지 않는 작은 디지털 기반 시스템'이라는 점이다. 결국 선진 국가경영, 사회 시스템 선진화를 위한 디지털 기반 솔루션을 어떻게 개발하고 확산시키느냐가 주요 관건으로 보인다.

| 유비쿼터스 사회로의 진전, 그리고 새로운 선진화 가능성

정보기기의 지속적이고 급격한 발전과 수요자들의 높은 기대 수준이 맞물려 우리 사회는 이제 정보사회의 문턱을 넘어 모바일 중심 사회로 진입했다. 그리고 지능 기반의 유비쿼터스 사회를 향해 달려가고 있으며, 그 속도는 갈수록 가속화할 것이 틀림없다. 구체적인 IT 통계가 이러한 변화의 모습을 잘 말해준다. 우선 국내에서 1999년에 모바일 정보통신기기의 보급이 기존의 유선 정보통신기기의 보급수준을 상회했는데, 1996년부터 모바일 기기가 본격적으로 보급됐다는 점을 고려하면 그 변화속도가 얼마나 빠른지를 짐작할 수 있다. 모바일 사회로의 이러한 변화는 단순히 통신에만 그치지 않고 문화, 금융, 거래와 같은 일반적인 사회경제활동에서도 나타나고 있다. 예를 들어 2003년을 기점으로 MP3 시장이 기존의 음반 시장 매출액 규모를 넘어섰고, 2004년도에는 인터넷뱅킹 이용이 현금자동지급기ATM 이용보다 높은 비율을 차지했다.

한편, 2010년이 되기 전에 디지털TV가 아날로그TV보다 더 많이 보급되어 있을 것으로 예상되며, 2010년을 전후해서 무선 인터넷 사용인구가 유선 인터넷 사용인구보다 많을 것으로 보인다. 몇 가지 작은 예들이지만, 우리 사회가 기존의 정보사회에서 모바일 사회, 더 나아가 유비쿼터스 사회로 급속히 이동하고 있음을 보여주는 수치들이다.

유비쿼터스 강국으로 거듭나기 위한 정부와 민간의 현재 노력은 매우 고무적이며, 개인적으로는 IT에 관한 한 우리 사회의 미래가 매우 낙관적이라고 본다. 그러나 바람직한 미래의 모습을 그릴 때 우리가 간과해서는 안 될 중요한 철학이 있다. IT는 그 자체가 목적이 되어서는 안 되고, 반드시 더 나은 사회 건설을 위한 핵심적인 도구의 역할을 해야 한다는 점이다.

일반적으로 유비쿼터스 사회란 보다 편리하고 지능화한 사회로 정의되고 있다. 그러나 단순한 편리성과 지능화의 차원을 넘어 유비쿼터스 IT의 지혜로운 활용을 통해 개인, 기업, 정부, 사회 전 분야를 보다 선진화함으로써 '지능 기반의 선진사회'를 실현해야 한다.

| 미래사회 시스템의 선진화를 위한 길

지금까지 사회 시스템이 선진화한다는 것의 의미를 되새겨보고, 점차 유비쿼터스 사회가 도래하면서 새로운 선진사회 시스템이 가능할 수 있음을 살펴보았다.

우리는 과거 20여 년간에 걸친 성공적인 국가 정보화 노력으로 현재 세계 최고 수준의 디지털 강국으로 평가받고 있다. 또한 1990년대 중반 이후 IT가 사회변화를 이끄는 핵심 원동력임과 동시에, 사회 시스템 혁신을 위해 가장 강력하면서도 가장 효율적인 수단의 하나임을 확인했다. 앞으로 유비쿼터스 사회에서도 IT의 활용도를 높여 선진화한 사회 시스템을 확장시켜 나아가야 한다.

경제사회가 선진국형으로 갈수록 서비스 산업 부문의 비중이 높아진다. 캐나다, 프랑스, 미국, 영국 등 OECD 주요 국가들의 서비스 산업 비중을 보면, 1990년대 중반 이후 이미 고용이나 GDP에서 서비스 산업이 차지하는 비중이 70%를 넘어서고 있다.

서비스 부문의 비중이 증가하는 현상은 앞으로도 지속적으로 일어날 것으로 예상되며, 한 걸음 더 나아가 모든 산업의 서비스화 현상이 심화될 것이다. 따라서 앞으로 급속히 전개될 산업구조 및 경제사회활동의 서비스 경제화에 대비한 국가 차원의 대응전략 수립과 선도적 전략과제의 적극적인 발굴, 추진이 필요하다.

사회간접자본은 경제사회 발전과 더불어 고도화·선진화해왔다. 이와 더불어 도로, 항만과 같은 하드웨어적 사회간접자본뿐만 아니라 우편, 전화, 방송과 같은 소프트적인 성격의 사회간접자본도 괄목할 만한 발전을 이루어왔다.

소프트한 사회간접자본의 본격적인 발전은 이동통신의 발달과 유·무선통신의 통합을 가능하게 했고, 이동하면서 볼 수 있는 디지털 멀티미디어 방송digital multimedia broadcasting/DMB, TV와 인터넷을 하나로 묶은 IPTV 등 서비스의 진보를 이끌었다. 뿐만 아니라 초고속 인터넷과 광대역 통합망broadband convergence network/BcN, 다양한 소프트웨어, 디지털 콘텐츠 식별체계, 물리세계와 인터넷을 연결하는 유비쿼터스 센서망USN 등 다양한 종류의 소프트 사회간접자본의 비중과 중요성이 높아지고 있다. 이들을 모두 '디지털 사회간접자본'이라 총칭할 수 있을 것이다.

인터넷이 우리들의 일상생활에서 빼놓을 수 없는 기반이 된 것처럼, 다양한 디지털 사회간접자본은 이제 전통적인 사회간접자본과 더불어 사회 전반의 활동을 위해 필수불가결한 인프라로 자리 잡았다. 그리고 그 중요성은 앞으로 한층 더 높아질 것이다.

그렇다고 물리적인 사회간접자본의 중요성이 떨어지는 것은 아니다. 문제는 보다 나은 미래사회를 위해, 전통적인 사회간접자본과 디지털 사회간접자본을 어떻게 연계하고 통합해나가야 하는지에 대해 발전적이고 종합적인 청사진을 그려가는 것에 있다. 다시 말해 전통적인 사회간접자본과 디지털 사회간접자본의 발전적인 융합을 통한 사회간접자본의 선진화 전략을 종합적으로 수립하는 것이 필요하다.

기업이 국가 경제활동의 중추라는 점을 고려하면, 정부의 기업지원 서비스 관련 시스템에 대한 선진화 노력도 사회 시스템의 선진화 논의에서 빼놓을 수 없는 요소다.

현행 기업지원 서비스에는 장점들도 많이 있지만 부처별 중복·분산으로 인한 시너지 부족, 기업식별번호의 공유체계 미흡, 고객 지향적 기업지원 포털 기능 부족 등 해결해야 할 과제들도 산적해 있다. 스웨덴의 경우에는 우리의 주민번호와 같은 공통 기업식별번호체계가 있고, 캐나다의 경우 부처별 기업지원 업무의 연계와 통합 노력이 매우 활발하게 이루어지고 있으며, 기업지원 서비스 정부 포털도 매우 고객 지향적이고 실질적인 항목으로 이루어져 있다고 한다. 필요하다면 선진 기업지원 서비스를 벤치마킹해 기업지원 서비스의 선진화 노력을 배가하는 것이 바람직하다고 본다.

선진사회 시스템 확립을 위해서는 국민생활을 선진화하는 노력도 중요하다. 또한 이미 사회 전반에 걸쳐 잘 확산된 디지털 인프라와 디지털 이용기반을 최대한 활용해 21세기형 선진국민 기본교육을 범국가적으로 추진하는 등의 아이디어도 유용할 것으로 보인다.

그 외에도 국가경영 선진화를 위한 디지털 콘텐츠를 보다 체계적으로 정비해나가야 한다. 예를 들어 민간 포털과의 제휴나 교육 콘텐츠 등을 포함한 국가 디지털콘텐츠 10년 대계를 사전에 전략적으로 수립하는 것은, 자연발생적으로 콘텐츠가 생성되고 확산되어나가는 것보다 선진사회 시스템 확립에 기여하는 바가 훨씬 클 것이다. 앞으로 가치 창출, 교육, 문화, 콘텐츠 등 다양한 측면에서 국민생활을 선진화하기 위해 디지털 기반의 솔루션을 전략적으로 발굴하고 확산시켜야 할 것이다.

정보통신 산업에서 경쟁의 힘

양승택 | 부산과학문화진흥회 이사장, 전 정보통신부 장관

| 무한 경쟁이 발전을 만든다

" 시장 내에 경쟁이 존재하면 각 기업들은 그 경쟁에서 살아 남기 위해 가격을 내리고 품질을 개선하는 노력을 하게 된다. 그러면 자연스럽게 소비자들은 보다 값싸고 질 좋은 상품과 서 비스를 구매할 수 있다."

이는 경제학 교과서의 가장 첫머리에 나올 법한 누구나 알고 있는 경쟁의 이점이다. 굳이 경제학의 기본원리까지 가지 않더라도 우리 주변엔 경쟁을 통해 발전하고 성공하는 사례가 많다.

1등을 하기 위해서 열심히 시험공부를 한 학생은 하지 않은 학생 보다 좋은 성적을 거두게 된다. 차별화한 기술력과 뛰어난 시장창출 능력을 가진 삼성전자는 세계 반도체 시장의 치열한 경쟁 속에 선두

를 달리고 있다. 이제 곧 도입하게 될 로스쿨 제도의 목적 역시 법률시장에 변호사를 대량 공급하고 변호사들 사이에 치열한 경쟁을 유발함으로써 경쟁의 이점을 극대화하자는 것이다. 1등은 1등대로 그 위치를 지키기 위해 노력할 것이고, 열등한 위치에 있는 자는 1등을 따라잡기 위해서 노력을 하게 됨으로써 혁신과 발전을 이루는 것이 경쟁의 본질이다.

그러나 이러한 경쟁의 이점에도 불구하고 사실 우리가 처해 있는 상황이 모두 다 경쟁하에 놓여 있는 것은 아니다. 평준화 정책을 시행한 이후에 경쟁요소를 잃어버린 공교육은 '학생들의 평균성적 저하와 비대해진 사교육 시장' 이라는 부작용을 낳았다. 사기업에 비해 경쟁에 덜 노출되어 있는 공기업들은 여전히 재정적자와 직원들의 도덕적 해이를 보이고 있다. 이처럼 경쟁상대가 없을 때 대부분의 경우에는 나태해지고 퇴보하게 될 가능성이 높음을 많은 사례를 통해 알 수 있다.

우리나라가 지금과 같은 IT 강국의 위치를 차지하게 된 것도 정보통신분야에서 유효경쟁이 존재해왔기 때문이다. 정보통신 시장 발전의 원동력은 바로 속도와 기술력을 바탕으로 한 치열한 경쟁이었다.

| 정보통신 분야에서의 유효경쟁

탄국이 괄목할 만한 성공을 이룬 분야는 초고속 인터넷과 디지털 이동통신CDMA 분야라는 데 이견이 없을 것이다. 여기서 정부의 정책은 비중 있게, 그리고 직접적으로 영향을 미쳤고 이것이 정보통신 분야에서 한국을 선진국의 위치에 올려놓았다.

정보통신 분야에서 유효경쟁체제의 중요성에 대한 역설에도 불구하고 실질적으로 유효경쟁이 일어나는 시장은 많지 않다. 주요 선진국 시장을 보더라도 후발업체가 지배적 사업자의 독점적 장벽을 넘어 성공적으로 시장에 진입한 예가 별로 없다. 후발업체가 성공적으로 시장에 진입했다고 하더라도 치열한 경쟁보다는 독과점적 이윤을 공유하는 방식으로 경쟁을 회피하기 때문에 우리나라와 같이 치열한 시장경쟁과 이로 인한 성장신화를 만들어내지 못하고 있다.

정부는 통신환경의 변화에 대처하기 위해 1990년부터 세 차례에 걸쳐 통신사업구조 개편을 단행했고 1991년부터 단계적으로 경쟁을 도입했다. 2002년 KT의 정부 지분 28.36%를 전량 매각해 KT 민영화를 완료함으로써 공기업에 의한 통신 시장 체제를 마감하고 민간기업체제로 나아갔다. 이 과정에서 실질적인 경쟁이 있었던 이동전화와 초고속 인터넷은 경쟁에 의한 효과로 비약적인 성장을 했지만, 국제전화, 시내·외 전화 서비스와 같은 유선 시장에서는 지배적 사업자인 KT와 경쟁할 수 있는 사업자가 존재하지 못한 채 정체상태를 지속하고 있다.

유효경쟁체제가 형성된 초고속 인터넷과 이동전화의 사례를 통해 유효경쟁체제가 어떻게 통신 시장을 발전시켰는지, 통신 산업의 지속적인 발전과 세계 경쟁력 향상을 위한 정부의 정책방향에 대해 살펴보고자 한다.

우선 미국의 사례를 통해 시사점을 얻어보기로 한다. 미국의 경우, 통신 필수설비의 개방 의무화가 통신업체의 투자를 지연시키면서 설비기반의 경쟁시장을 창출하는 데 실패했다. 설비투자가 지연되면서 다른 설비를 사용하는 동일 서비스간 경쟁도 활발하지 못했다. 우리나라와 같은 지리적인 장점이 존재하지 않은 것도 큰 이유겠지만, 서로 다른 기종의 네트워크끼리 낮은 경쟁강도로 보급이 지연된 점이 가장 큰 문제였다. 최근 필수설비의 의무제공이 완화되면서 통신 사업자의 설비투자가 탄력을 받고 있고, 이종 네트워크에 의한 경쟁이 초고속 인터넷 보급에 추진력을 제공한 것에서 볼 수 있듯이 경쟁강화정책은 시장의 성장과 소비자의 효용 증대에 많은 장점이 있음을 알 수 있다.

우리나라에서는 1998년 7월에 두루넷이 최초로 케이블TV(종합유선방송) 망을 이용한 초고속 인터넷 서비스를 시작했고, 1999년 4월에 하나로 통신이 검증되지 않은 기술로 평가되던 ADSL(기존에 사용하던 전화선으로 통신이 가능한 기술)을 통해 초고속 인터넷 시장에 진출, 뒤이어 KT(당시 한국통신)가 경쟁 대열에 가세함으로써 세계적으로 유례없는 확산속도와 확산율을 자랑하게 되었다.

1999년 말 36만 5,000만 명에 불과하던 가입자 수가 2002년 1,000만 명으로 크게 늘었고, 2007년 4월 현재 1,431만 명이라는 가입자 수를 기록하고 있다. 어떻게 2000년 한 해 동안 10배가 넘는 성장을 할 수 있었을까?

우리나라의 초고속인터넷 확산은 서로 다른 망간의 경쟁과 지배적 사업자의 늦은 시장진입 때문이라 볼 수 있다. 후발사업자인 하나로텔레콤이 기술적 위험에도 불구하고 1999년 ADSL에 대한 과감한 투자를 진행한 것과 대조적으로 KT는 ADSL에 대한 투자를 지연시켰다. 그러나 2000년부터 과감하게 ADSL에 대한 투자를 진행했고 가입자 회선 부문의 절대적인 우위를 바탕으로 시장을 탈환했다.

만약 후발 사업자들이 가입자 회선 개방이 미약한 상태에서 KT와 동일한 네트워크로 경쟁했다면 경쟁 초기에 KT 위주의 시장으로 고착되었을 가능성이 높다. 하지만 초기시장에서 두루넷은 케이블모뎀으로, 하나로 텔레콤은 케이블모뎀과 ADSL을 함께 제공하면서 KT의 ADSL과 경쟁관계를 유지할 수 있었다. 케이블 네트워크는 방송서비스를 묶음으로 제공하면서도 낮은 비용으로 초고속 인터넷을 제공해 아파트를 포함한 광범위한 지역에서 경쟁우위를 차지할 수 있었다.

신개념 서비스에 대한 별도의 규제가 없었던 것도 초고속 인터넷의 초기 확산의 원인이라 할 수 있다. 우리나라에서 초고속 인터넷의 유효경쟁이 가능했던 것은 처음부터 초고속 인터넷이 부가 서비스로 분류되면서 규제가 약했고, 인터넷 활성화에 따른 초고속 인터넷의 사업적 가능성을 사업자와 정책당국 모두가 예측하지 못했기 때문이었을 것이다.

이처럼 성숙기 시장에서의 자유로운 경쟁은 초고속 인터넷이라는 새로운 서비스의 확산에 대단히 긍정적으로 기여했음에도 불구하고, 전체 통신 시장 구조를 변화시키지는 못했다. 통신 서비스 발전과정을 고려한 경쟁정책이 적절히 시행되지 못했기 때문이다.

시장이 성숙기에 진입하게 되면 앞으로 새롭게 도입될 혁신적인 서비스를 위해서 지배적 사업자와 경쟁관계를 유지할 후발사업자를 육성하지 않으면 안 된다. 이런 관점에서 2005년 9월에야 KT를 지배적 사업자로 지정, 후발사업자를 보호하려는 움직임은 너무 늦은 감이 있다. 이미 시장이 포화상태로 진입한 시점인 2002년에 이 조치가 이루어져야 했던 것으로 판단된다. 기존 사업자의 공세적인 마케팅이 규제되지 않은 결과 개인이나 기업에게 인터넷 접속 서비스, 웹사이트 구축 등을 제공하는 많은 사업자들이 시장에서 퇴출되었으며 제3사업자인 두루넷이 제2사업자인 하나로 텔레콤에 인수되는 상황에 이르렀다.

초고속인터넷 확산의 과정에서 지배적 사업자에 대한 규제가 적절하게 진행되었다면 하나로 텔레콤을 비롯한 후발 사업자들이 3세대 이동통신과 와이브로(무선 휴대 인터넷), 텔레메트릭스(차 안에서의 인터넷) 등 새로운 분야에서 경쟁자 역할을 할 수 있었을 것이다.

| 이동통신 사례

우리나라의 이동전화 서비스는 1989년 '디지털 이동통신 시스템 개발사업'이 한국전자통신연구소 주도로 시작하면서 당시에는 검증되지 않은 CDMA가 1993년 11월에 디지털 이동통신 기술표준으로 결정되었다. 모험적인 투자에 의한 CDMA 성공으로 우리나라는 이동통신 강국으로 발돋움할 수 있게 되었다. 1996년 이전에는 SK텔레콤(전신은 한국이동통신)에 의해 독점체제가 유지되었으나, 1996년 제2 이동통신 사업자인 신세기통신, 1997년 KT프리텔, LG텔레콤, 한솔PCS 등 PCS 3개 사가 추가해 5개 사 경쟁체제로 변화되었다. 경쟁의 양상은 단말기 보조금의 무한지출로 이어져 후발 사업자 2개 사가 시장에서 퇴출되기에 이르렀고, SK텔레콤과 신세기통신, 그리고 KT프리텔과 한솔PCS가 각각 서로 통합함으로써 3개 사업자에 의한 시장구조가 지금까지 유지되고 있다.

산업정책 측면에서 보면 현재 800MHz 대역을 SK텔레콤이 모두 확보하고 있다. 상대적으로 우수한 대역폭을 선발 사업자인 SK텔레콤이 독점하면 선·후발 사업자가 동일한 노력을 기울였을 때 후발 사업자의 이익이 상대적으로 적을 수밖에 없다. 낮은 원가를 무기로 시장 약탈적 가격을 행사하는 최악의 상황마저도 고려해볼 수 있기 때문에 이동통신 분야의 이종 네트워크간 경쟁을 유지시키는 정책이 매우 중요하다.

현재 800MHz 대역의 셀룰러 방식(800MHz의 저주파를 사용하는 방식으로, 1.8GHz의 고주파에 비해 도달거리가 멀어 통화 가능지역이 많지만, 한 번에 보낼 수 있는 데이터의 양이 적어 통화품질이 다소 떨어진다)과 1.8GHz 대역의 PCS 방식 간 대결에서 그 점유율은 정부의 인위적인 규제에 힘입어 50 대 50 정도의 비율로 안정적으로 유지되며 경쟁관계가 유지되고 있다.

소비자에게는 인지되지 않지만 상이한 주파수 대역은 서로 다른 물리적 특성을 가지고 있기 때문에 효율성 측면에서 큰 차이가 발생

한다. 상대적으로 우수한 대역폭을 선발사업자가 독점함으로써 선·후발 사업자가 동일한 노력을 기울였을 때 후발 사업자의 이익이 상대적으로 적을 수밖에 없다. 낮은 원가율을 무기로 시장약탈적 가격을 행사하는 최악의 상황마저도 고려해볼 수 있기 때문에 당국은 요금규제를 통해 후발 사업자의 생존을 모색하지 않을 수 없게 된다.

이러한 정책적 고려가 선발 사업자인 SK텔레콤이 천문학적 이익을 갖게 된 주요 배경 중 하나임은 부인하기 어렵다. 사업자들이 차세대 네트워크에 대한 투자를 지연하면서 수익이 급증한 측면도 존재한다. 이제 3세대 이후의 투자가 본격화하는 상황에서 소비자의 후생만큼이나 투자여력을 고갈시키지 않도록 하는 것도 중요하다. 투자여력을 고갈시키는 방향으로 법제 또는 사회적 여론이 형성되면 산업의 역동성에 심각한 악영향을 미칠 수 있음을 주지해야 할 것이다.

한 지배적 사업자와 두 후발 사업자에 의한 독과점적 구조상에서 후발 사업자들은 인구밀집 지역에서만 영업활동을 함으로써 수익을 창출했다는 지적이 있으며, 이는 실제로 존재하는 부분이다. 그러나 앞서 초고속 인터넷을 언급한 부분에서 지적했듯이 정보통신 서비스의 발전과정에서 경쟁관계를 유지하기 위해 필요한 잠재 경쟁자를 남겨두어야 한다는 것은 이동전화 부문에서도 동일하게 적용될 것이다. 선발 사업자가 독점하고 있는 주파수 대역의 물리적 우수성으로 인한 낮은 원가와 높은 수익성의 상관관계를 깨뜨릴 수 있는 방안은 주파수를 개방하고 높은 가치에 합당한 대가를 지불하도록 하는 것이다. 이를 위해서는 특정 대역대의 망을 한 사업자가 독점하지 못하도록 하고 이동통신 서비스를 제공하기 위해 주파수를 보유하지 않은 사업자가 주파수를 보유한 사업자의 망을 빌려 이동통신 서비스를 제공하는 제도를 통해 충분히 망을 개방해야 할 것이다.

차세대 이동통신으로서 최근 많은 주목을 받고 있는 와이브로와 고속 하향 패킷 접속HSDPA(기존 3세대 이동통신 방식보다 5배 빠른 속도로 데이터를 주고받을 수 있는 3.5세대 이동통신방식) 간에도 새로운 경쟁이 시작되고 있다. 특히 와이브로는 이동형 초고속 인터넷 서비스로 2006년 6월에 국내에서 세계 최초로 상용화했다. HSDPA도 2006년 5월에 SKT가 상용 서비스를 개시했고, 이어 6월에 KTF가 서비스를 시작했다. 우리나라는 와이브로와 HSDPA가 초기에 경쟁하게 될 세계 최초의 국가가 된 셈이다.

와이브로와 HSDPA는 서비스의 유사성으로 인해 경쟁이 불가피할 것이며, 이종 망간의 경쟁을 통한 서비스 활성화는 국내외에 많은 상승효과를 일으킬 수 있을 것으로 보인다. 이를 위해서는 무엇보다도 사업자간의 경쟁이 활성화할 수 있는 환경을 만들어주어야 하며, 특히 유선전화 망, 국제이동통신 망, 무선망, 패킷 데이터 망 등 기존의 모든 통신망이 하나로 결합된 미래의 시장을 선점하고 통합 IP기반 네트워크에서 주도권을 행사할 수 있도록 광대역 모바일 서비스에 대한 적극적인 정책적 지원이 필요하다.

우리나라는 정보통신 부문에서 선도적인 지위를 확보하고 있어 다양한 차세대 서비스를 성공시킬 기반이 확립되어 있다. 예를 들어 우리나라는 세계적인 자동차 생산국이라는 지위와 정보통신분야의 선도적인 지위를 결합해 자동차를 타면서 인터넷을 하는 서비스 분야를 주도할 수 있을 것이다.

이제 우리 사회는 시간과 장소에 구애받지 않고 언제나 네트워크에 접속할 수 있는 유비쿼터스 통신 환경으로 진행될 것이다. 이런 사회는 다른 사업 기회를 만들어내게 되는데, 지능화된 네트워크에서 인간과 인간뿐만이 아닌, 기계와 기계 또는 기계와 서비스 간의 네트워크라는 현재와는 다른 차원의 비즈니스를 만들어낼 것이다. 미국에서 가장 큰 인터넷 경매 사이트인 이베이(www.ebay.co.kr) 등이 인터넷이라는 새로운 네트워크에서 새로운 비즈니스를 만들었듯이 말이다.

유비쿼터스 사회로의 진전과 정책방향을 크게 여섯 가지 측면에서 살펴보고자 한다.

우선 서로 다른 기종의 망에 의한 경쟁을 활성화해 선순환 구조의 사업자 생태계 를 조성하는 일이 필요하다. 즉 서로 다른 기종의 망 간의 유효경쟁을 유도해 서비스를 활성화시키고, 시장을 확대하는 일이 중요하다. 국내시장을 통해 기술력과 시장성을 검증받은 기업들은 기술적 우위와 앞선 사업모형을 바탕으로 세계 시장에 진출할 수 있도록 해야 한다.

두번째는 무선주파수 정책이다. 무선주파수는 새로운 서비스의 개발과 제공에 가장 필수적인 자원으로 수요는 폭발적으로 증가하고 있으나 공급은 상당히 제한적이다. 따라서 합리적이고 효율적인 주파수 자원의 관리야말로 앞으로 모바일 브로드밴드 서비스 시장의 성장을 이끄는 견인차라 할 수 있다. 정부는 아날로그 방송에서 디지털 방송으로의 전환으로 발생하는 잉여 주파수 대역의 활용방안을 적극적으로 검토하되, 앞으로 모바일 브로드밴드 서비스 시장에서의 국제적인 공조를 염두에 두고 세계 각국 주파수 정책의 흐름을 주시해야 할 것이다.

세번째는 다양한 서비스의 등장에 따른 각종 응용 프로그램과 콘텐츠(인터넷이나 컴퓨터 통신 등을 통해 제공되는 각종 정보나 그 내용물)의 중요성이다. HSDPA, 와이브로, 휴대전화로 방송을 보는 DMB, 집 안의 가전제품을 모두 연결해 한꺼번에 제어하는 홈 네트워크 등 다양한 서비스가 등장한다 해도 결국 고객들이 최종적으로 전달받는 것은 애플리케이션 서비스와 콘텐츠다. 하나의 소재를 영화, 게임, 음반, 애니메이션, 캐릭터 상품, 장난감, 출판 등의 다양한 방식으로 판매해 부가가치를 극대화하는 방식처럼 일단 개발이 이루어질 경우 다양한 경로를 통해 소비자에게 전달될 수 있다는 측면에서 새로운 서비스를 활성화하고 유비쿼터스 사회를 앞당기는 중요한 요인이 된다. 또한 다른 제조업에 비해 한계 제조원가가 제로에 가깝고, 활용 영역이 매우 다양하다는 점에서 산업적인 파급효과도 매우 크다고 할 수 있다. 그러나 이 분야는 일본이나 미국과 같은 문화강국에 비해 상대적으로 산업적 기반이나 경쟁력이 취약한 것이 사실이다. 따라서 창조적인 인재를 양성하고 지적 재산권 관리와 같은 제도적 기틀을 마련함으로써, 중·장기적인 관점에서 문화 산업 발전을 이끌 수 있는 정책적 지원과 기반조성이 절실하다.

네번째로 앞으로 미래는 통합 망구조 기반의 시대가 될 것이라는 점이다. 세계 각국에서 추진중인 차세대 통신망 프로젝트(우리나라의 경우 BcN으로, 음성·데이터, 유·무선, 통신·방송 융합형 멀티미디어 서비스를 언제 어디서나 편리하게 이용할 수 있는 서비스 통합망)에 대비해 사업모형을 다양화하고, 우리 기술을 이용한 다양한 상품과 서비스가 제공될 수 있도록 해야 한다.

다섯번째는 기술적 진보와 혁신사업자의 수용이다. 우리와 마찬가지로 세계 각국은 앞으로 전개될 유비쿼터스 사회에서의 주도권을 확보하기 위해 많은 노력을 기울이고 있다. 우리나라가 현재 우위에 있는 기술 분야를 바탕으로 미래 세계시장에서 사실상의 표준de facto standard을 이끌어내어 마지막 승자가 될 수 있도록 해야 한다.

마지막으로 여섯번째는 현재 정보통신부가 수립해 추진하고 있는 u-IT839전략을 심도 있게 준비해야 한다. 보다 세밀하고 현실적인 전략을 통해 네트워크를 고도화하고 이를 이용해 선진적인 서비스를 개발해 지속적인 성장동력을 육성해야 한다.

소프트웨어의 미래와 새로운 도약의 기회

고현진 ｜ LG CNS 부사장

｜ 소프트웨어, 미래 경쟁력의 원천이 되다

소프트웨어는 세상을 똑똑하게 만드는 역할을 한다. 우리가 운전해야 할 자동차가 스스로 작동하게 만들고, 전화기가 자신의 비서 역할을 하게 한다. 병원에서 쓰이는 의료기나 전쟁 때 사용하는 무기에도 소프트웨어는 그 성능을 판가름하는 기준이 된다. 소프트웨어는 이미 한 산업의 범위를 넘어 국가경쟁력과 미래를 결정지을 핵심 인프라가 된 지 오래다. 이러한 소프트웨어가 지금 어떤 모습으로 변해가고 있을까? 그리고 그 변해가는 과정에서 우리는 무엇을 어떻게 준비해야 할까? 인터넷을 중심으로 변모해가는 소프트웨어의 모습을 바라보며 그 미래를 설계해보고자 한다.

우리가 흔히 사용하는 디지털 기기는 하드웨어와 소프트웨어로 구성된다. 하드웨어는 기계장치부에 해당하며, 소프트웨어는 컴퓨터를 이용해 특정 업무를 처리하게 하는 컴퓨터 프로그램과 그와 관련된 문서들을 총칭하는 용어다. 쉽게 말해 모든 컴퓨터 기기, 휴대전화 등을 작동할 수 있게 만들어주는 역할을 하는 것으로 윈도, 리눅스와 같은 운영체제를 비롯해 우리가 평소에 자주 사용하는 한글, 파워포인트뿐 아니라 게임, 수치연산 등도 모두 소프트웨어에 포함된다.

하드웨어의 성능을 최대한 이끌어내는 것이 소프트웨어의 몫이기 때문에 하드웨어만큼 또는 그 이상으로 소프트웨어가 중요하다. 세계 소프트웨어 시장의 성장규모가 그 중요성을 말해주고 있는데, 6,209억 달러(2002년)에서 8,338억 달러(2007년)로 연평균 6.07%의 성장을 하고 있다. 또한 소프트웨어 산업의 부가가치율은 제조업 27.4%, 서비스업 50.1%에 비해 월등히 높은 62.7% 수준이다.

그러나 이러한 무궁한 소프트웨어 산업의 잠재력에도 불구하고, 우리나라 소프트웨어 산업은 아직 갈 길이 멀다. 세계 IT 산업에서 소프트웨어의 비중은 25% 내외인 반면, 국내 IT 산업에서 소프트웨어의 비중은 10% 미만에 불과한 것만 보아도 알 수 있다.

소프트웨어의 발전 없이 여타 산업의 발전도 기대하기 어렵다. IT에 기반을 둔 산업융합, 즉 휴대전화로 텔레비전을 시청하는 것이나 인터넷으로 전화통화를 하는 것, IT가 생명기술, 나노 기술과 융합하는 것에도 모두 소프트웨어가 필수적이다. 따라서 소프트웨어 산업은 앞으로 기업과 정부의 혁신 및 글로벌 경쟁력을 좌우하는 핵심분야가 될 것이다.

이제 소프트웨어 산업은 새로운 변화를 맞이하고 있다. 변화는 기회를 동반한다. 그러나 준비하지 않는 자들에게 변화는 기회가 아닌 재앙이다. 지금 일어나고 있는 변화가 우리에게 기회가 될지, 재앙이 될지는 바로 우리 스스로에게 달렸다. 이것이 변화의 흐름을 이해하고 시장과 호흡을 같이해야 하는 이유다. 세계 이곳저곳에서 벌어지고 있는 소프트웨어 생태계 변화의 작은 조짐들을 눈여겨 살펴보고, 그 속에서 맞이하게 될 거대한 변화의 흐름을 읽어야 한다.

| 소프트웨어 생태계 변화의 중심, 웹의 플랫폼화

요즘 인터넷은 단순히 PC와 PC를 연결하는 네트워크를 넘어서 세상과 세상을 연결하는 플랫폼이 되고 있다. '웹의 플랫폼화'란 기존에 컴퓨터 하드에 소프트웨어를 깔아서 서비스를 이용하던 시대와는 달리, 웹 자체가 서비스가 구동되는 기반이 된다는 말이다. 예를 들어 컴퓨터에 한글 프로그램이 미리 설치되어 있지 않더라도 웹상에서 바로 구동 가능한 상황을 말한다. 이는 기존 소프트웨어 산업의 생태계를 근본적으로 변화시키고 있다.

첫째, 웹의 플랫폼화로 소프트웨어 제공방식이 변화하고 있다. 과거 기업들은 서비스를 이용하기 위해 소프트웨어 전체full 패키지를 사서 설치해야 했고 때가 되면 업그레이드 버전을 사야 했다.

그러나 웹이 서비스 제공의 플랫폼으로 변화하면서 서서히 다른 양상이 나타나고 있다. 웹을 통해 서비스에 필요한 소프트웨어만 골라서 사용하는 '온디맨드On-demand 환경(주문사용 환경)'으로 바뀌어가고 있는 것이다. 이러한 환경에서 사용자는 자신들이 원하는 다양한 서비스들을 마치 백화점의 진열대에 진열되어 있는 기성복처럼 취사선택할 수 있다. 또한 더 이상 한 옷가게에서 바지부터 벨트까지 모든 세트를 일괄로 구매하지 않아도 된다. 기업들은 사서 쓰는 환경에서 점차 필요한 것만 필요한 만큼 빌려 쓰고, 그에 해당하는 비용만 지불하는 새로운 방식으로 변화된 것이다.

웹을 플랫폼으로 하는 소프트웨어 제공방식의 변화는 기업용 소프트웨어 시장에서 빠르게 확산되고 있는데, 이것이 바로 '서비스로 제공되는 소프트웨어software as a service/SaaS 모델'이다. SaaS 모델은 서버의 컴퓨터상에 소프트웨어를 설치해두고 사용자는 웹 브라우저를 통해 사용한 만큼 비용을 지불하는 방식을 말하는 것이다. 이러한 SaaS 모델이 최근 5년 사이에 급격한 성장세를 보이고 있는데, 앞으로 수년간 소프트웨어 산업의 성장동력으로 부상할 전망이다. 가트너에 의하면, SaaS 시장은 2005년 소프트웨어 전체 매출액의 5%에 불과하나 2011년에는 25%에 이를 것으로 예상하고 있다.

현재 세일즈포스닷컴, 베이스캠프 등이 대표적인 SaaS 사업자로 활동중이며, 최근 마이크로소프트도 '오피스라이브 전략'을 통해 SaaS 시장에 진출했고, 구글도 이 시장으로의 진출을 서두르고 있다.

현재 우리나라의 SaaS 시장은 도입기를 이제 막 지나고 본격적인 성장을 준비하는 상황으로, 국내의 대표적인 SaaS 업체로는 KT의 '비즈메카' 서비스가 있다. KT 비즈메카는 국내 우수 솔루션벤처와의 제휴를 통해 70여 종의 비즈니스 애플리케이션을 제공중이다.

표 4-1 한국의 SaaS 시장 전망

(단위 : 십억 원)

	2004	2005	2006	2007	2008	2009	CAGR(%)
Spending	50.2	64.2	79.2	95.4	112.2	129.0	20.8
성장률(%)	32.0	27.9	23.5	20.4	17.6	15.0	–

출처 IDC

이러한 소프트웨어 제공방식의 변화는 소프트웨어 회사들의 수익모형의 변화를 동반한다. 최근 리서치 기관인 포레스터Forrester가 조사한 결과에 따르면, 현재 많은 사용자들이 소프트웨어를 한번 구매해 영구적으로 사용하는 현재의 방식에 대해 많은 불만을 품고 있는 것으로 나타났다. 지금까지 사용자들은 소프트웨어에 대한 정확한 정보나 사전 경험 없이 소프트웨어 제공자가 제공하는 제품정보에 의존해 구매결정을 내리게 된다. 판매자는 대부분 제품에 대한 긍정적인 정보만 제공하며 부정적인 정보는 제공하지 않을 것이다. 따라서 사용자가 정확한 판단능력이 부족하거나, 제품에 대한 충분한 경험이 없다면 소프트웨어의 구매로부터 실제 얻을 수 있는 가치보다 더 높은 비용을 지불할 위험이 커진다.

또 일단 구매가 일어나게 되면 설사 그 기능이나 가치가 기대에 못 미치더라도 취소하지 못함은 물론, 기능의 업데이트나 유지를 위한 비용이 지속적으로 발생하게 된다. 또한 사용자는 실제 필요하지 않는 기능에 대해서도 전체 패키지 소프트웨어의 일부로 구매해야 함으로써 비용을 지불하는 문제를 지니고 있다.

그러나 가장 큰 문제는 일단 특정 판매자가 제공하는 소프트웨어를 구매해 사용하게 되면서 그 시스템에 회사의 전체 프로세스가 연계된다는 것이다. 이는 결국 사용자가 특정 기업의 제품이나 소프트웨어에 의존할 수밖에 없는 상황을 발생시킨다.

그러나 앞으로는 사용자가 필요한 서비스를 사용한 만큼 지불하는 방식으로 바뀌게 된다. 이는 제품을 패키지로 구매하는 것이 아니라, 사용자가 필요한 서비스를 선택적으로 사용함으로써 실제적으로 사용되는 서비스에 대해서만 비용을 지불함을 의미한다.

이러한 서비스 제공방식의 변화는 특정 소프트웨어 제공자들에 대한 의존도를 낮춰 새로운 사업자들이 시장에 진입할 수 있는 기회를 제공한다. 세일스포스닷컴Salesforce.com의 성공으로부터 우리는 가능성을 보았다. 마이크로소프트가 시장에 진입하고, 구글과 같은 온라인 기업들이 준비를 하고 있는 이유도 이 때문이다. 외국의 특정 소프트웨어 공급자의 제품에 종속된 우리나라 IT서비스 시장 환경을 생각해볼 때 웹을 플랫폼으로 하는 서비스 제공방식의 변화는 우리나라의 낙후된 소프트웨어 환경에 변화를 야기할 수 있는 하나의 동기를 부여한다.

우선 특정 제품에 대한 의존도가 낮아짐으로써 사용자의 제품에 대한 선택권이 높아질 수 있다. 이는 협상의 주도권이 특정 소프트웨어 제공자에서 사용자로 옮겨감을 의미한다.

또한 이러한 환경은 특정 대기업과 외국의 솔루션 제공업체에 편중된 IT 서비스 시장의 환경에서 전문화한 소프트웨어 제공자들이 성장할 수 있는 토양으로의 변화를 의미한다. 전국이 초고속 인터넷망으로 연결된 우리나라의 인터넷 환경을 생각해본다면 가능성은 충분하다. 이제 필요한 것은 전문화한 소프트웨어 기업이 마음껏 능력을 발휘할 수 있는 비옥한 토양을 만들어주는 일이다.

두번째 변화는 소프트웨어 개발방식의 변화다. 지금까지의 소프트웨어 시장에서는 주로 특정 회사가 개발하고, 이 소프트웨어는 지적 재산권에 의해 보호되었다. 그러나 이제는 점차 웹을 중심으로 다양한 개발자들이 함께 개발하고 공유하는 환경으로 변하고 있다. 이러한 소프트웨어 개발방식의 변화는 무료 소프트웨어 공개와 응용 프로그램이 작동할 수 있도록 명령하는 컴퓨터 언어의 공개를 통해 이루어지고 있다.

요즘에는 기업들이 '오픈 소스 소프트웨어open source software/OSS라 해 소프트웨어의 설계도에 해당하는 소스코드를 인터넷 등을 통해 무상으로 공개해 누구나 사용하거나 개량할 수 있도록 하고 있다. 오래전부터 OSS 프로젝트를 지원해온 IBM과 썬마이크로시스템즈는 자사제품의 오픈소스 전환을 서두르며 주도권 확보를 위한 경쟁에 나서고 있다. 오픈소스의 빠른 확산은 마이크로소프트의 높은 시장지배력에 대한 국가적인 차원의 반발이 중요한 역할을 했다. 현재 많은 유럽 국가들과 아시아 국가들은 특정 기업에 대한 기술 종속성에서 탈피하고, 자국 내 소프트웨어 산업을 발전시키고자 정부나 지방조직, 국영기업 등의 IT 인프라를 구축할 때 모든 소스를 공개하기로 했다.

뿐만 아니라 수많은 포털들이 자사가 제공하는 APIapplication program interface(웹서비스 프로바이더와 인터넷 서비스를 연결시켜주는 프로그래밍 인터페이스 기준)를 공개하면서 매쉬업Mashup을 통해 많은 웹서비스가 만들어지고 있다. 매쉬업은 공개되어 있는 웹서비스나 데이터소스를 조합해 독자적인 콘텐츠나 서비스를 만들어내는 방법이다. 즉 기존의 웹서비스가 새로운 서비스의 기초가 될 수 있도록 콘텐츠를 활용하는 주요 기능을 일반에게 공개함으로써 새로운 웹서비스가 쉽게 개발되고 전파될 수 있도록 하겠다는 것이다. 이미 구글, 야후, 아마존 등 200여 개 이상이 주요한 웹서비스의 API를 공개했으며, 우리나라에서는 네이버와 다음도 API를 공개했다.

또한 IT계 구직 사이트인 파인드잡(www.findjob.co.kr)은 구글의 지도 서비스를 기반으로 해 지도상에서 기업의 위치를 소개하고 기업 소재지의 주변 환경을 살펴볼 수 있도록 돕는 서비스를 제공한다. 패키지맵퍼닷컴packagemapper.com은 야후의 지오코딩, 구글맵스, 페덱스 등과 같은 세 가지의 웹서비스를 이용해 택배의 수송상황을 확인할 수 있도록 하고 있다. 이처럼 API의 공개는 마치 많은 웹서비스 개발자들이 레고 조각을 맞춰나가는 것처럼, 다양한 사업자의 다양한 서비스를 조합해 새로운 서비스를 만들어가도록 함으로써 웹서비스의 개발을 새로운 빌딩블록쌓기와 같이 변화시키고 있다.

웹의 플랫폼화에 따른 새로운 개발방식은 많은 개발자들이 웹을 통해 새로운 아이디어를 구체화하고 공유하도록 함으로써 소프트웨어 개발시간을 단축하고 개발비용 또한 크게 줄일 수 있게 해준다. 또한 기술과 서비스를 널리 개방함으로써 기술이나 서비스의 확산이 매우 빠르게 일어날 수 있는 환경으로 변하고 있다.

이러한 환경이 무엇을 의미하며, 우리에게 주어진 기회는 무엇인가? 오픈소스를 이용한 새로운 사업기회가 나타나고 있다. 기존의 소프트웨어 제공방식에 의하면 소프트웨어를 납품했던 업체만이 유지·보수를 할 수 있었다. 그러나 소스와 프로그램 언어를 공개하게 되면서 다른 많은 기업들이 소프트웨어를 유지·보수할 수 있게 되었기 때문이다. 기존의 특정 회사의 제품을 통한 시스템 구축과 유지·보수 방식에서 벗어나 보다 빠르고, 저렴하고, 유연하게 기업의 정보 인프라를 구축할 수 있도록 한다.

이러한 환경은 지금까지 우리나라 기업들이 넘기 어렵던 기술이나 플랫폼에 의한 진입장벽을 크게 낮아지고, 우리나라 기업들이 아이디어와 서비스 모형, 그리고 신속함을 무기로 새로운 기회를 창출할 수 있는 기회가 만들어지고 있음을 의미한다. 앞으로 오픈 소스 소프트웨어는 점차 중소기업을 중심으로 확산되어갈 것이다. 저렴한 비용과 신속한 고객화가 가능하다는 점이 중소기업 시장의 특성이기 때문이다.

세번째 변화는 소프트웨어 플랫폼의 중립성 확보다. 아직까지 일반 사용자들에게 익숙한 컴퓨터 작업환경은 특정 운영체제(현재의 윈도)와 이 운영체제를 바탕으로 연동되는 응용 프로그램을 이용하는 환경이었다. 그러나 이제는 어떤 운영체제에서도 웹만 연결되어 있으면 서비스를 이용할 수 있는 환경으로 변화했다. 구글의 예에서 알 수 있듯이 점차 어떤 운영체제에서도 작동이 가능한 웹 기반 서비스들이 속속 나타나고 확산되고 있다.

웹의 플랫폼화가 전통적인 소프트웨어 산업 영역에서만 나타나는 현상도 아니다. 최근 대두되고 있는 인터넷을 통한 전화 서비스나 인터넷TV와 같은 다양한 융합 서비스들 역시 웹을 플랫폼으로 하고 있다. 이미 웹은 기기와 서비스를 넘어서는 종합적인 산업영역의 플랫폼으로 자리 잡아가고 있다.

이러한 환경은 유선과 무선이 통합된 인터넷 망을 통해 하나의 서비스가 다양한 형태로, 즉 PC, 이동단말기, TV 등을 통해 다양하게 구현되어지는 환경을 의미한다. 예를 들면 구글의 지도 서비스를 응용한 차량용 네비게이션 서비스도 모바일 기기를 통해 제공될 수도 있다. API가 공개되어 있을 경우에는 새로운 서비스의 개발과 확산도 빠르게 이루어질 수 있다.

이러한 환경은 결국 서비스 개발자들에게 특정기기나 OS에 독립적으로 제공될 수 있는 서비스를 개발하도록 유도하는 강력한 힘으로 존재할 것이다. 또한 융합환경에서 결국 모든 서비스들은 웹이 연결되어 있으면 무엇을 통해서도 제공받을 수 있는 형태로 발전할 것이다. 결국 웹이 연결되면 어떤 기기나 OS를 통해서도 이용할 수 있는 서비스가 확산되는 환경으로 발전하게 될 것이다.

또한 융합이 진행되면서 유선과 무선으로 연결되는 다양한 기기들을 통해서 웹서비스를 접할 수 있게 되었다. 유선과 무선으로 연결되는 다양한 기기들에 의해 서비스를 이용할 수 있다는 말은 서비스에 대한 사용자들의 선택권이 넓어진다는 의미이자, 특정 플랫폼에 대한 의존도가 점차 낮아진다는 의미다. 특정 OS를 중심으로 한 플랫폼에 대한 의존도가 낮아질수록 다양한 시장기회가 존재한다. 결국 얼마나 좋은 아이디어로 서비스를 제공함으로써 시장을 선점할 수 있느냐의 싸움으로 발전할 수 있는 환경이 만들어지는 셈이다.

우리나라는 세계 어느 나라보다도 빠르게 융합환경으로 발전해 가고 있다. 또한 적어도 IT 분야가 우리나라에서 성공한 것이 세계 많은 국가들에 모범사례가 될 수 있다. 우리나라의 성공적인 서비스 모형인 싸이월드와 비슷한 모형인 마이스페이스닷컴Myspace.com이 빠르게 성장하고 있음에서 알 수 있듯이 새로운 웹서비스 모형과 아이디어가 경쟁의 원천이 되는 환경에서 우리나라 기업은 충분히 경쟁력을 가지고 있다.

구글이 우리나라에 연구소를 세우고, SKT와 같은 통신 사업자와 함께 구글 모바일 서비스의 제공을 준비하고 있다. 융합환경은 우리나라 소프트웨어 기업에는 더할 나위 없는 호재다. 기회의 시간이 다가오고 있는 것이다.

| 소프트웨어 인프라, 미래로의 도약

새로운 패러다임의 변화 속에서 우리의 생존과 미래를 이야기하려면 변화에 대한 두려움과 의문을 가슴에 묻어두어서는 안 된다. 혹 열악한 소프트웨어 산업 환경에서 우리가 무엇을 할 수 있겠냐고 이야기할지 모른다. 차라리 더 잘할 수 있는 다른 분야에 역량을 집중하자고 할지 모른다. 그러나 소프트웨어를 포기하는 것은 우리의 미래를 포기하는 것과 같다. 소프트웨어 산업은 고도화하는 차세대 성장산업, 우리 사회의 인프라이기 때문이다.

지금 우리는 변화하는 소프트웨어 세상을 보고 있다. 그리고 변화의 중심에는 웹의 플랫폼화와 컨버전스(디지털 기술 기반의 여러 제품이나 서비스가 융합되어 새로운 형태의 제품이나 서비스로 탄생하는 것)가 있다. 우리는 이러한 변화를 통해 최대한의 가치를 창출해낼 수 있는 훌륭한 전략적 자원을 보유하고 있다. 세계 최고 수준의 웹 기반 인프라, 하드웨어 부분의 글로벌 경쟁력, 사용자의 빠른 기술 수용성 등이 그것이다. 그러나 우리의 역량이 빛을 발하기 위해서는 집중화하고, 구조화한 정책과 전략이 필요하다.

정책의 핵심은 새로운 시장의 글로벌 리더십을 확보하는 것이다. 이를 위해서는 새로운 시장과 산업의 개척, 리스크를 감수하는 과감한 투자, 여러 산업과의 긴밀한 연계를 통한 글로벌 경쟁력 확보가 이루어져야 한다. 또한 규제 측면에서 시장혁신, 초기시장 활성화를 위한 과감한 규제 완화가 필요하다.

정부는 새로운 시장을 개척하고, 시장이 역동적으로 움직일 수 있도록 시장 참여자간의 공정경쟁과 상생을 위한 제도적인 장치를 마련해야 한다. 우선 공공부문의 시장을 활성화해 초기시장을 만들어주어야 한다. 특히 공공부문에서 중소 전문기업들이 글로벌 경쟁력을 키우고, 능력 있는 전문 중소기업이 세계로 진출할 수 있는 생태계를 만들어주어야 한다.

또한 공공부문에서 시작된 시장이 민간으로 확산되도록 해야 한다. 즉 플랫폼이 바뀌면서 국산제품들이 많이 나오도록 유도하고, 이를 기반으로 글로벌 기업으로 성장할 수 있는 발판을 마련해야 한다. 지금까지 재벌기업들은 소프트웨어를 자신들의 계열사 기업에 비싸게 받아서 남는 여력으로 공공기관으로 서로 덤핑하면서 공공기관의 저가입찰을 이끌었고, 이로 인해 전문 중소기업이 자생할 수 있는 여력이 없었다. 이는 대표적인 소프트웨어 시장의 실패로 이를 해결하기 위한 정책적·제도적 장치가 마련되어야 한다. 우선 대기업은 그룹의 경쟁력 있는 주력분야를 중심으로 전문화하면서 해외시장으로 진출할 수 있도록 해야 한다. 그리고 중소기업도 전문 중견기업으로 성장할 수 있도록 대기업과 중소기업 간의 영역조정이 자연스럽게 일어나야 한다.

이제 판은 준비되고 있다. 곧 벌어질 판에서 신명나게 놀아볼 수 있도록 광대도 키우고, 꽹과리도 준비하고, 장구도 꺼내들어야 한다. 정부가 해야 할 역할이 크다. 사업자들이 감당해야 할 몫도 현실도 여전히 어렵기는 마찬가지다. 그러나 어려운 만큼 기억에 남는 한판 놀이가 될 것이다. 놀음이 끝난 후 열광하는 관중의 환호가 우리 몫임을 잊지 말자.

미래 도시로의 초대

연해정 | U-Mobile(말레이시아 이동통신 사업자, KTF 지분투자) CEO

| 1단계 : 노크하기

"컨버전스? 그냥 합하면 되는 거 아닌가?"

연일 언론을 장식하는 늘씬하고 건강한 미녀, 미남 들. 소위 '몸짱 시대'라 불리는 요즘, 사람들만이 다이어트를 하고 있는 것은 아니다. 20세가 된 휴대전화도 건강한 다이어트를 하고 있다. 1998년 국내에서 처음 개발된 휴대전화는 무게가 무려 771g, 통화·대기 시간은 각각 2시간, 26시간, 그리고 당시 소비자 가격이 240만원이었다. 이렇게 태어난 우리나라의 휴대전화가 두께 5.9mm로 《2008년판 기네스북》의 '세계에서 가장 얇은 폰' 부문에 등재될 정도로 부피가 작아졌다. 그렇다고 몸만 가벼워진 것이 아니다. 전화 통화 기능만 주로 하던 무겁고 비싼 이동전화는 이제 모바일 뱅킹, 고화소 카메라, 위치추적 등과 같은 첨단 기능을 가진 가볍지만, 더 건강하고 똑똑한 녀석으로 성장해 가는 중이다.

이렇게 휴대전화가 성장해가는 배경에는 컨버전스라는 새로운 트렌드가 있다. 서로 다른 나라의 음식을 하나의 음식으로 만드는 새로운 형태의 '퓨전 레스토랑', 동서양의 '복합 패션'에서부터 교육에 놀이를 더했다는 의미의 '에듀테인먼트' 등 사회적·문화적인 융합 트렌드가 정보기술의 발달을 통해 제품과 산업에까지 확산되었고, 디지털 컨버전스digital convergence라는 새로운 트렌드로 정착되기 시작했다. 구분되었던 영역들이 하나로 모이는 현상이 확산되고, 하나로 합해지는 단순한 통합에서 한 발 더 나아가 영역의 구분 없이 새로운 사용가치를 창출하고 있다.

이러한 컨버전스가 공간Space이라는 새로운 영역까지 서서히 그 대상을 확대하고 있다. 과거의 주거공간이 단순한 가족들의 거주와 휴식의 장소였다면, 현재는 지식이 생산되고 정보를 공유하는 등 복합 디지털 주거공간으로 급속히 변화하고 있는 것이다. 나아가 도시라는 커다란 공간을 대상으로 건설과 정보통신이 만나는 컨버전스를 이루어내고 있다.

자일리톨과 노키아로 유명한 호수의 나라 핀란드. 그 남쪽 끝에 자리 잡고 있는 수도 헬싱키는 19세기의 신고전적인 건물과 현대의 건물들이 조화를 이루면서 햇살의 투명한 분위기가 이색적인 곳이다. 헬싱키 중심가에서 10분 정도 떨어진 곳에 위치한 아라비안란타 Arabianranta(아라비아의 해안)는 헬싱키 최초의 공장이 들어서 번창했던 공장지대였으나, 20세기 중반 이후 주 산업인 도자기 산업이 하향세로 들어서자 점차 활기를 잃게 되었다. 그러나 현재 이 도시는 1990년 이후로 예술과 IT를 통한 재도약을 추진하고 있다.

자연과 바다가 함께하는 사람들이 가장 살고 싶어하는 아름다운 도시로 만들고자, 리모델링이나 신축되는 건물은 총공사비의 2%를 예술 분야에 사용하게 하면서 기존의 건물과 조화를 이룬 건물을 짓게 하고, 자연 호수와 폭포 지대는 생태공원으로 조성하는 등 핀란드의 자연환경을 살린 친환경적인 발전을 구축하고 있다.

그러나 아라비안란타가 주목받고 있는 더 큰 이유는 '헬싱키 버추얼 빌리지Helsinki virtual village' 라고 불리는 가상마을 프로젝트에 있다. 집, 일터, 교육단지 등이 통신 서비스 센터를 통해 인터넷, 전화, TV 등으로 연결되어 네트워크화한 것이다. 1990년부터 20년간 추진되고 있는 이 프로젝트의 완성은 거주하는 모든 시민들에게 편리하고 안락한 삶의 보금자리를 마련해줄 것이다.

우리나라의 여러 도시들도 아라비안란타와 마찬가지로 세계적인 경쟁력을 갖춘 도시의 건설을 위한 움직임을 보이고 있다. 도시에 거주하는 주민들이 삶의 질에 대한 관심이 높아지고 있는 변화에 대응해 환경 친화적 도시를 조성하거나 지역 내 기업을 유치하는 형태로 나타나고 있다. 이러한 추세에 더해 여러 지자체가 도시를 개발함에 있어 유비쿼터스 기술을 도입한 도시 개발에 관심을 보이면서, 도시 건설 시 정보통신기술을 이용해 과학적이고 체계적으로 도시를 관리하고자 하는 시도를 하고 있다.

영화 속에서나 가능할 것 같았던 가상의 시나리오들을 현실의 공간에서 실현시켜줄 u-시티city와 우리나라는 어떻게 조우하고 있을까? 지금부터 공간의 영역으로 확대된 컨버전스인 u-시티와 우리나라의 만남을 지켜보자.

| 2단계 : 들어가기

우리나라 사람들의 집에 대한 집착은 서점에 나와 있는 수많은 '내집 마련' 관련 책만 봐도 알 수 있다. 이러한 현실을 반영하듯 우리나라에서의 도시 개발은 대부분 급등하는 주택 시장의 가격을 안정시키기 위한 주택 공급에 중점을 둔 정책적 배경하에 추진되었다. 이에 주거환경 평가에서 높은 점수를 받지 못한 것이 사실이다. 그러나 점차 삶의 질에 대한 관심이 높아지고 있고, 도시간의 기능과 역할이 세분화되면서 도시 경쟁력의 중요성이 강조되고 있다. 이러한 도시 위상 변화에 대한 요구에 부응해 시민들에게는 편리한 생활을 영위하게 하고, 기업에는 사업 효율성을 향상시키며, 지자체는 효율적인 도시 관리를 할 수 있게끔 정보통신기술을 접목한 도시를 u-시티라고 할 수 있다.

u-시티 개념은 도시건설을 위한 설계단계부터 체계적인 정보화 구현이 가능한 신규 도시와 기능 개선이 필요한 기존 도시를 포괄적 대상으로 하고 있다. 기존 도시의 u-시티화는 신도시보다 체계적인 구축이 어렵고 비용 차원에서 많은 부담이 될 수 있으나 파급효과는 신도시보다 높을 것이다. 이러한 사항들을 고려할 때 u-시티의 개념

은 도시계획단계의 신도시 기능 구현과 기존 도시의 기능 개선을 해 IT 기술 및 정보통신 인프라를 결합한 21세기형 정보도시라는 개념으로 정의할 수 있을 것이다.

| 3단계 : 마주보기

"유비쿼터스 환경, 어떤 모습으로 구현되나?"

1. 가정에서

독신자 이윤서 씨는 가전기기나 가스밸브, 출입문을 언제 어디서나 제어하고, 퇴근 후에는 원격교육을 통해 학업을 계속한다. 갑자기 아파도 혼자이기 때문에 불편한 점은 없다. 가정에서 생체신호 측정기와 센서 등을 활용해 진료를 받고 처방까지 받을 수 있기 때문이다. 주말이면 로봇 청소기가 청소를 해주고, 윤서 씨는 거실에 앉아 외국에 있는 가족과 화상대화를 나눈다. 은행이나 민원업무는 직접 방문할 필요 없이 원격으로 처리한다.

u-시티에 사는 주민들은 고속, 광대역 네트워크를 기반으로 첨단홈 네트워크 서비스는 물론, 교통, 환경, 복지, 관광 및 행정서비스 등을 가장 효율적인 방법으로 이용함으로써 편리하고 즐거우며, 안전하고 쾌적한 도시생활을 즐길 수 있는 환경을 보유할 수 있게 된다.

2. 사회에서

피곤한 몸으로 만원의 지하철에서 한바탕의 전쟁을 치러야 했던 윤서 씨의 아침이 이제 모닝커피 한 잔으로 시작하는 여유로운 시간으로 바뀌었다. 원격근무가 가능하게 되면서 출근을 할 필요가 없게 된 것이다. 집에서 접속 가능한 사무실이 실현되면서 업무처리는 물론, 원격회의가 가능해졌고, 맞춤형 정보배달 서비스, RSSreally simple syndication(각 사이트에서 제공하는 매우 간단한 배급 주소를 RSS 리더에 등록만 해두면 직접 사이트를 방문하지 않아도 자동으로 자료가 교환되는 것)를 통해 가정에서도 실시간으로 최신의 정보를 알 수 있게 되었다.

원격근무, 재택근무, 위성 사무소 근무가 시간과 공간을 초월해 언제 어디서든 업무 수행이 가능한 연속적인 작업환경을 제공하는 u-워크work를 가능하게 하는 것, 이것 또한 u-시티에서 만날 수 있는 풍경이다.

업무공간의 경우는 미래 업무환경의 설계와 지능화한 사무환경 및 효율적인 건축물의 관리를 위해 정보기술을 접목해, 언제 어디서나 이용 가능한 무선통신기술을 통해 공간적 한계를 극복하고 물리적 업무공간을 효율적으로 사용할 수 있는 유연한 네트워크 접속이 가능하게 된다.

기업은 신속하고 정확한 첨단의 멀티미디어 서비스를 저렴한 비용으로 이용함으로써 효율적인 기업 운영 및 산업 활동이 가능하고, 기업 간의 교류활성화 및 협력증진을 통해 결과적으로는 기업 활동의 국제경쟁력을 높여줄 수 있게 될 것이다.

u-시티는 직장의 변화만 가능하게 하는 것이 아니다. u-레스토랑

과 같은 서비스도 가능하게 한다. 이씨는 RFID(바코드에서 진일보한 것으로 생산에서 판매에 이르는 전 과정의 정보를 초소형 IC칩에 내장시켜 이를 무선주파수로 추적할 수 있도록 한 기술로, '전자 태그' 또는 '전자 라벨'로 불린다) 칩이 내장된 멤버십 카드를 가지고 음식점으로 들어간다. 이 씨의 축적된 주문정보, 음식과 맛의 선호도 등을 파악한 식당은 최적의 개인화된 서비스를 제공한다. 또한 정보통신과 보건 의료를 연결한 u-헬스health 서비스 제공 식당에서는 기초건강 체크를 통해 건강상태에 맞는 음식을 제공받을 수도 있다.

#3. 공공 영역에서

이 씨는 안전하고, 편안한 거리, 공원과 같은 휴식공간과 다양한 볼거리를 제공받는다. 이는 도로나 공원 등의 옥외환경에 정보통신기술을 통해 영상감시, 미디어보드 등의 IT 응용 서비스 제공이 용이한 환경이 구축되었기 때문이다. 이렇게 공공장소에서도 네트워크 접속을 포함한 다양한 정보통신 서비스를 제공받게 된다.

또한 정부의 공공정보와 공문서 등이 온라인화해 스마트 검색 엔진을 이용한 실시간 검색 이용이 가능하고, 24시간 민원업무처리가 가능해지며, 온라인을 통해 의견을 개진해 정책 결정에 영향을 미치는 것이 용이하게 된다.

"u-시티, 외국은 어떻게 추진되고 있나?"

해외 u-시티는 크게 유럽, 아시아, 북미 지역을 중심으로 추진되고 있다.

덴마크 코펜하겐에는 크로스로드Cross Roads 프로젝트가 진행중이다. 이 프로젝트는 대학, 민간기업, 공공기관이 공동으로 '리빙 랩Living Lab'을 운영하고, 문화, 미디어, 통신 기술을 결합한 도시를 건설하고자 하는 것이다. 리빙 랩은 연구개발 환경을 조성하고, 사용자 중심의 기술 및 서비스 개발을 위한 테스트베드test bed(시험무대) 역할을 수행한다.

홍콩은 아시아의 선도적 디지털 시티leading digital city를 목표로 2000년부터 정부 주도로 사이버 포트Cyber Port 건설을 진행중이다. 130억 홍콩 달러를 투자해 4개의 업무시설과 상가, 영화관, 호텔 및 주거시설 일부가 1단계로 2004년 완공됐고, 주거단지도 건설 중에 있다. 산학연이 협력해 전략적인 클러스터(일정지역에 기업과 대학, 연구소 등이 모여서 상호작용을 통해 지식과 기술을 창출하는 장소)를 구성해 정보통신인력을 양성하고, 미디어 업체를 지원하기 위한 모션캡처 시스템, 멀티미디어 워크스테이션 등의 공용장비를 구비했다. 건물내부에는 양방향 키오스크(고객의 편의를 위해 공공장소에 설치된 컴퓨터 자동화 시스템, 현금 자동 입출금기 같은 것)를 설치해 다양한 멀티미디어 정보, 오락, 인터넷 접속 서비스를 제공하고 있다. 또한 사이버 이미지를 높일 수 있는 첨단 시설물들을 설치하고, 지능형 건물관리, 사무실간 초고속 네트워킹 연결, 지역 전체의 정보화 등이 추진되고 있다.

말레이시아는 국가전역에 초고속정보통신망을 구축하고자 2020년 완공을 목표로 1996년부터 IT기업과 우수인력이 생활하는 데 필요한 주거, 문화시설을 지원하고 있다. 최근 200억 달러를 투자해 콸라룸푸르 국제공항, 기술공원Technology Park Malaysia, KLCCKuala Lumpur City Center, 사이버자야 등으로 구성된 MSCMultimedia Super Corridor를 건설중이다. 이중 기술공원은 R&D 센터로서 12개의 인텔리전트 빌딩으로 구성되어 있고, KLCC는 기존 도심이 호텔, 주거, 오피스, 문화시설 등의 복합 용도로 개발되어 페트로나스 트윈타워 등이 배치되어 있다. 그리고 사이버자야는 MSC의 핵심지역으로 IT기업의 업무시설을 중심으로 한 첨단 정보산업단지로 개발되고 있다. IT기업을 지원하기 위해 세계적 수준의 광케이블 망을 구축하고 주거시설 및 대학, 골프장, 공원 등을 갖출 것이다.

두바이는 1990년대 후반부터 정보산업의 세계적 허브를 지향, 세계 처음으로 '기술·미디어 자유구역Technology And Media Free Zone'을 조성했다. 이 자유구역은 인터넷 시티, 미디어 시티, 지식촌knowledge village 세 부분으로 구성되어있는데, 이 중에서 인터넷 시티는 e-비즈니스와 정보산업의 허브를 목표로 1999년에 공사를 시작해 2000년에 완성됐다. 중동 최고의 IT 인프라를 구축해 마이크로소프트, 오라클, HP, IBM, 캐논, 시스코 등 700개 사가 입주해 있고 5,500명의 고급인력이 근무중이다. 건물 내 어디에서나 인터넷 접속이 자유롭다. 미디어시티에는 CNN, MBC 등 세계적인 미디어기업들을 유치하는 한편 인터넷시티와 미디어시티에 우수한 인력을 공급하기 위해 지식촌을 세우고 7개 해외 우수 대학을 유치했다.

의료 공학적 미래형 도시를 의미하는 싱가포르의 원 노스One North는 오는 2010년까지 18억 달러를 투자해 암과 면역, 세포 공학 등 세계적인 15개 의학 회사 연구원을 유치, 의학도시를 건설하는 한편 광대역 무선망 확충 등을 통한 의학, 문화, 미디어 허브 도시 건설을 목표로 하고 있다.

현재 서울, 부산 등 14개 기존 도시와 세종도시, 화성 동탄 등 8개의 신도시, 즉 전국의 22개 지역에서 u-시티 사업이 추진중이다. 특히 화성 동탄에서는 가로등에 센서, 비상벨을 설치해, 화재 발생 시 화재 정보가 공공정보 상황실에 접수되고, 그 즉시 관련기관에 전송되어 현장진압을 위해 교통신호를 제어하는 시스템을 갖추고 있다.

또한 기술발전정도나 지방자치단체의 수요 등을 토대로 공공성 및 구현가능성이 크고 확산이 용이한 서비스 모델을 지속적으로 발굴하고 테스트베드 구축에 의한 검증 및 개선을 이루어 나갈 계획이다. u-국제 비즈니스 도시, u-컨벤션과 같은 도시기반시설 중심, u-세종·연기, u-태화강과 같은 도시환경중심, u-해운대, u-청계천의 관광 중심 등 도시유형별로 특화된 u-시티 사업을 추진하고 있다.

그러나 u-시티 관련법, 제도, 기술표준 등의 기준이 아직까지는 마련되지 않아 난개발과 중복투자가 우려되고 있는 것 또한 현재의 모습이다. 법과 제도를 정비해 u-시티의 밑바탕을 만들고, 그 위에 최신의 정보기술이 녹아 들어간 유비쿼터스 인프라를 구축해야 한다. 동시에 환경을 생각하는 도시 관리기술, 생태계 순환기능, 에너지 순환 및 자원사용 저감기술 등을 적용해 건강하고 쾌적한 친환경

첨단 도시를 만드는 사업을 함께 가속화시켜야 한다.

| 4단계 : 다가서기

"u-시티 어떻게 만들어 가야 할까?"

여기에서는 u-시티 구현 단계를 살펴볼 것이다. 도시별 u-시티 구현을 위해서는 도시설계 단계부터 정보통신요소를 계획적으로 반영하고, 기술 개발 로드맵에 따른 정보 서비스 모델을 개발하는 것이 요구된다. 이와 병행해 도시별 지역특성에 적합한 u-시티 모델 개발과 효율적 구현을 위한 추진 프로세스, 구현방향의 정립 등의 사업화 전략 수립이 필요하다.

u-시티 구현을 위한 주요 사업화 추진전략의 처음 단계는 u-시티 모델의 개발이다. u-시티의 개념과는 별도로 도시의 특성은 다양한 형태로 나타나고 있다. 즉 용인 흥덕, 파주 등 택지 개발을 통한 주거형 도시, 인천 경제자유구역과 같은 외국투자 유치와 산업 활성화 도시, 부산과 같이 기존 도시기능 개선을 통한 미래지향적 혁신 도시 등 도시별로 추구하는 특성이 다르게 나타나고 있다. 따라서 타 도시와 경쟁적인 차별성 도출과 경쟁력강화 분석을 통해 특성화 요소를 도출해 도시의 비전vision을 설정하고, 지역 특성별 u-시티 모델을 수립해야 한다.

다음 단계는 종합적이고 체계적으로 사업을 추진하는 것이다. 지역별 특성을 반영한 u-시티 모델을 구현하기 위해서는 도시기능과 유기적인 관계를 형성하는 정보 인프라, 플랫폼, 서비스 등의 구축이 종합적으로 이뤄질 수 있도록 사업추진에 있어서 체계적인 접근이 필요하다. 이를 위해 지자체 등 도시개발주체와 정보화 사업을 추진하는 기관과의 긴밀한 협력이 이뤄져야 하며, 각 분야의 역량결집 및 이해관계 조정이 필요하다.

또한 u-시티를 구현하는 사업추진 주체는 도시개발계획의 공간적 특성과 정보화 모델을 기반으로 통신 인프라와 다양한 정보 서비스를 접목해야 한다. 그리고 관련 기업의 적극적 참여를 유도하고 지속적으로 서비스를 개발, 유지 및 발전시킬 수 있어야 한다.

사업을 추진함에 있어서는 민·관이 협력해야 한다. u-시티 사업은 지자체나 사업 주체의 의지만으로 추진하기에는 복잡한 사항들이 얽혀 있다. 특히 건설교통부, 정보통신부, 산업자원부, 재정경제부 등 관련 중앙정부의 지원을 통해 예산확보 및 각종 서비스에 대한 규제의 문제를 해결해야 한다. 또한 민간 기업은 u-시티 관련 신기술을 개발하고, 비즈니스 모델을 개발하며, 인프라와 정보 서비스의 구축 및 운영 역할을 해야 한다. 마지막으로 학교 및 연구소는 u-시티 관련 기반기술을 개발하고, 법·제도 연구 및 u-시티에 필요한 인력 양성에 힘을 써야 할 것이다.

마지막 단계는 단계별 서비스를 개발하고 이를 적용하는 것이다. u-시티의 구현을 위한 정보통신기술 및 서비스의 적용 순위는 도시 기능 및 생활양식을 고려해 결정해야 한다. 또한 정보통신산업의 기반구축 측면에서 정부 정책에 부합하도록 해 기술 개발 결과를 유기적으로 활용할 수 있도록 해야 할 것이다. 이러한 기술의 접목은 도시의 사회간접자본과 공공 서비스 구축단계, 주거·업무 지역 구축단계, 도시정보통합 제공 서비스 구현단계 등 도시기능 구현 단계별로 정보통신기술의 진화를 반영한 서비스 개발이 필요하다. 도시기능 구현에 있어서 단계별 구현을 통해 핵심기술과 신규 서비스의 사업 적용이 가능한 테스트베드를 구축하고 이를 통해 상용서비스와 연계하는 등 도시의 개발단계에 따라 시범사업에서 본 사업으로 확장 및 연계가 체계적으로 이루어질 수 있는 기반을 마련해야 할 것이다.

이렇게 형성된 u-시티는 우선 경제적 효과를 가져다줄 것이다. 도시기능을 종합적이고 체계적으로 구축해 사후관리가 용이해지고 관리비용이 절감될 것이다. 또한 관련사업의 해외진출을 통한 국가경쟁력 향상 및 관련 산업 분야에 대한 고용창출효과가 나타날 것이다.

다음으로 산업적 측면으로 서비스들을 도시 단위의 대규모에 제공할 수 있는 환경을 조성해 적절한 규모의 초기시장을 형성하고, 이를 통해 사업자들은 규모의 경제효과로 인해 서비스나 장비 공급비용을 낮출 수 있다. 또한 서비스 활성화에 기여하고 관련 기술 개발과 이용 고객의 가치 증진 등 경제적 선순환 고리의 역할을 할 수 있을 것이다.

그리고 도시 개발 측면에서는 기존 도시와 차별화한 정보통신 인프라를 구성하고, 다양한 첨단 서비스를 제공해 도시 경쟁력을 확보하고 이를 통해 기업의 투자유치 확대와 체계적이고도 효율적인 도시관리체계를 확보함으로써 사회비용을 절감할 수 있다. 이는 삶의 질을 높이는 수단으로써 작용할 것이며 택지의 부가가치 상승효과도 있을 것이다.

| 5단계 : u−시티와 손을 잡고 세계로 달려가다

IT를 모르는 사람도, 앞에서 열거한 여러 기술적인 용어를 모르는 사람도 터치 한번으로 언제 어디서나 편리한 세상에서 사는 출발점이 바로 u−시티가 지향하는 공간이다. 이를 위해 정부는 IT 산업 활성화를 위한 1,000만 디지털 홈 구축과 9대 신성장 동력 기술개발을 추진하고 있으며 기술정책 방향으로서 IT839 전략을 제시하고 있다. 인터넷 강국의 이미지를 최고의 첨단 정보통신서비스 개발로 연결해 미래 성장동력을 확보하고 디지털 라이프를 기본으로 하는 IT 산업의 발전 모델을 확산시킴으로써 정부와 민간사업자가 협력해 국민소득 2만 달러 시대에 기여하는 경제적 효과를 달성하는 것을 의미한다.

시장 친화적인 정책을 통해 고부가가치를 창출하는 질적인 성장을 추구하는 것이 필요하다. 따라서 성공적인 u−시티 사업을 통해 걸림돌을 제거하고 적절한 규모의 초기수요를 창출할 수만 있다면 이를 통해 u−시티가 정보통신산업의 선순환 고리 역할을 충분히 할 수 있을 것으로 보인다. 또한 첨단 신규 서비스에 대한 고객들의 마인드 확산에 기여함으로써 각종 신규 서비스의 활성화도 앞당길 수 있을 것이다.

u−시티 구축사업은 국가경쟁력 향상을 위한 IT839 전략과 연계해

신규 성장동력의 발굴과 각종 신기술과 서비스의 활성화를 통해 정보통신산업 육성에 기여할 것이며, 산업의 활성화를 위한 적정 규모의 초기시장을 형성하는 기반으로서의 역할을 할 수 있을 것이다. 이를 통해 전체 시장 규모를 확대할 수 있다. 이는 단순히 IT 산업에만 국한되는 것이 아니라 u-시티를 기반으로 생명공학BT, 나노 기술NT 등 다양한 최첨단 분야까지 영향을 끼쳐 산업간의 컨버전스를 통해 산업 활성화의 근간이 되는 견인차 역할을 하게 된다.

앞서 언급한 바와 같이 초고속 통신 인프라를 기반으로 비약적 발전을 이룩한 우리나라의 IT 기술과 이러한 첨단 서비스를 잘 수용할 수 있는 국민성, 그리고 국가 발전을 이룩하려는 정부의 강력한 의지 등이 조화되어 세계 최초의 u-시티를 만들고, 이를 세계적인 사업모델로 창출해 다시 한번 u-코리아의 명성을 세계에 떨칠 수 있을 것이다. 우리나라 역사상 가장 넓은 영토를 차지했던 광개토대왕처럼 한국의 u-시티를 수출해 세계 각 도시에서 우리의 u-시티 모델을 적용함으로써 디지털 영역에서 세계적으로 가장 넓은 영역을 차지할 수 있는 날이 오기를 기대한다.

퓨처코드 대한민국 미래 트렌드

지은이 / 미래전략포럼
편　저 / IT전략연구원 · 이각범
펴낸이 / 김경태
펴낸곳 / 한국경제신문 한경BP
등록 / 2-315(1967. 5. 15)
제 1판　1쇄 인쇄 / 2008년　1월 20일
제 1판　1쇄 발행 / 2008년　2월　1일
주소 / 서울특별시 중구 중림동 441
홈페이지 / http://www.hankyungbp.com
전자우편 / bp@hankyung.com
기획출판팀 / 3604-553~6
영업마케팅팀 / 3604-561~2, 595
FAX / 3604-599

ISBN 978-89-475-2668-5

값 13,000원

＊파본이나 잘못된 책은 바꿔 드립니다.